This book belongs to

_____

Thank you for your purchase! If you enjoyed this book, please drop us a review; it'll only take 10 seconds of your time and helps small businesses like ours.

Let's Pack I

```
G O B V U P M B H A N D S A N I T I Z E R Y
S E K O H I B U N U V F H P Z C D K C X D Z
J T H Z A R N X G O C I B J V P N B R C G L
A O C R I R H W S T I U S M I W S R E O S D
F P R A U S D O H Q S B V B L H E V D O Y V
I M E S T U K I W O X A T E Y F N L I M N A
E S D H V N P B N R Z K Z R O Z O G T H A X
O O G G D H O W A G E I Z M R U H E C X S M
Q H R U Y A V C T K P G M U P M P N A B M B
I F R A E T R G Y A A A R D D L D O R L W V
O M B R E Q T Q X C Y B S A E N A H D Q W W
X P D D Y W S L A Y N R A S H V E P S D P A
B G N W M N P X E O C E A H U C H L D Y A I
I V G M D E P E I B E D G O O K L L M F S D
W F X E A E X T E J Y N S R M J A E V H S M
S V R Y R R A Y J L W E P T E F X C V T P M
Z F H N E C J Y Y O S K N S M M X F Q A O B
O S T D I S O Y C S K E C O G Y E M O Z R F
C T F D N N M C A T J E P I M V A C I U T T
X D E N I U P L R A E W L A M R O F I K Q N
A M W G O S G Q R K D Q T E N W G Q J T A N
A W L F S W W Q U S U I T C A S E Y E P K A
```

BERMUDA SHORTS
CREDIT CARDS
GLASSES
MEDICATION
RASHGUARD
SUN HAT
TRAVEL CHARGER

BOARDING PASS
EMERGENCY CONTACTS
HAND SANITIZER
MONEY BELT
SLEEPWEAR
SUNSCREEN
WEEKENDER BAG

CELL PHONE
FORMAL WEAR
HEADPHONES
PASSPORT
SUITCASE
SWIMSUITS

Let's Pack II

```
U M B R E L L A T F R D V D W G G Z Z F V Z
G T A P C W H B X F T K Z R J S Q L O L Q P
H W S B N A K O N I N D L D S Q K W K I G G
Z J H E A L V D F X A Z C U E I P X H P I U
M R U N R K T T V O L F H S A W E C A F V E
C A E T U I I D H S U R B H T O O T I L B I
L E K S S N O I T A V R E S E R L E T O H M
E W F R N G I P F T M H A T A B U Q E P F K
R G N O I S G E L W L Z S D A U G R S S L P
R N U K L H Q S B A E A V E R Y G A N L K I
S I Z E E O N J Z S P N G F P F A I E J J B
A N U A V E C H H H Z Y T L S I G N C C C P
N E T B A S Z A T M D Z Q J W M E J I A L T
D V X K R R M O L Y S P M C E E L A L R U X
A E E P T P O P I C A T I J V G O C R I W X
L R Q J O T V J R N U J V V A A C K E U O B
S N W O P T B L D U C R M N L B K E V K Y U
V R E N O I T I D N O C R R I Y S T I O T X
Y U V X Q P T E K C I T L E V A R T R D B M
M T V D V V W M M G U K W O N D Z A D L X Y
F O Z O Z P I E V I B X T F L C G J J X S Y
B K Q O G T N A R O D O E D X B Y G K Y T K
```

CONDITIONER

DRIVER LICENSE

FLIP FLOPS

LUGGAGE LOCKS

SHAMPOO

TOOTHPASTE

UMBRELLA

DAY BAG

EVENING WEAR

HOTEL RESERVATIONS

RAIN JACKET

SNEAKERS

TRAVEL INSURANCE

WALKING SHOES

DEODORANT

FACE WASH

LOCAL CURRENCY

SANDALS

TOOTHBRUSH

TRAVEL TICKET

Places To Stay

```
P S T I J V C L M W L B A D X Z R P S U
O R V C H B K O W X W X G Y Q Z E B L S
C G U E S T H O U S E C C Z B N A E R V
X A H E D C X H Q C U O A H Q Y T F A I
Y P R T A N W C C C H M X Q E O P H K L
V G A A S N W A J O D S M S H I P P Y X
H C P B V A W I T T T E U N T C A Y A C
O X A F C A F J I Q A T R R U J L A T Q
C C R M N R N K F B J U A E F K L Y S K
G W T Q P W N H A N F X E G T I I K E Z
U A H P R I V A T E H O U S E A N D M O
E P O W O N N D K D R E K V I Q C G O I
S A T F V K N G D X T B L P E E L H H R
T R E D Q O I P T D X B D P C S U B P V
R T L G I N B S Q E P O B N I Y S M J L
O M T A D C A W F J N A M Z A H I J J B
O E X D Z V C H A L E T S C W D V P F D
M N K M T Z G S W H E N H P F Q E J F S
N T T Z F T O X G L Z T N C H O K B P Y
F I T M X R L E T S O H H T U O Y J I G
```

ALL INCLUSIVE

APARTHOTEL

APARTMENT

BED AND BREAKFAST

BOAT

CAMPING TENT

CARAVAN

CATERED

CHALETS

COTTAGE

COUCHSURFING

GUEST HOUSE

GUEST ROOM

HOMESTAY

HOTEL

LOG CABIN

PRIVATE HOUSE

SHIP

YACHT

YOUTH HOSTEL

Islands I

```
E A D V D A W C T N L M I X Z B Q F I G S M
I E X C S A M O A D F X D Q H O X F I D I O
K A L P W T T R X C L C D Z O I Q T R J S A
H I K H C X L S D Q O N P R I W X Z C C I T
S S D N A L S I E O R A F Q M T Q B S T P Q
Z E E O I V A C S U I T I R U A M E H K S A
I N Y S M M P A A K D G M W B U L S R Z K M
H Y R P D I I G Q P A J B H V V N D C E C V
S L A I R N N Y Z J K N R R I N Q H I K A J
M O V U A V A I D R E Y F R E M N Q S V Y K
Z P H A Y K U L C H Y T D H G Q C O K C E X
V H W X E M S P S A S L E K A J Y O P M M S
K C D P N I H A V I N R S R G S P D Z W D G
G N Q V I C S B I V K R B Y C H R I O A H H
Z E L K V I A K U N N O E L I V U W U I U D
Y R Y V S H B K U C T X O P M U S F W A A S
O F V U A G S M U M P L H C U W Z Z W Y B F
C F G M H E A R N P C I U K Y B G B V V A Y
Q B A Q T U A Z U N J G C D H L W R I Q J
I S G E R C B U Q V E X R U I A I I F H F U
L S D N A L S I N A I T A M L A D O C F U W
U C D O M C G A T V O L Y Q L E H I M U H C
```

BAHAMAS	BVI	COOK ISLANDS
CORSICA	CRETE	CURACAO
CYPRUS	DALMATIAN ISLANDS	DOMINICAN REPUBLIC
FAROE ISLANDS	FIJI	FLORIDA KEYS
FRENCH POLYNESIA	HVAR	KO PHI PHI
MALDIVES	MARTHAS VINEYARD	MAURITIUS
SAINT LUCIA	SAMOA	

Islands II

```
U H N V E H A I N I Z U S E R O Z A E H T H
W X O X L S O H W W O F A W M R S M R S T O
D Q M Z F W M X H O D S B O R O B O R A S W
G Z V X A W M M I F G G A E C K B O J R J N
Z H S C N B F N T I R U P I X G J Q E D D T
G B F D H R I E S F A V A S N I Y J P I U T
F F H O A L B W U I N C L B U T M W E N H X
J F V M U N J S N D D M I Q S W B R P I J S
K E W I L W F H D N C A I Q U O E A Z A E A
Z I A N T I G U A F A S X S C N B B R L Q N
H V Y I H C J S Y L Y K H E M W Q Z L T N T
F U A C Q R K N I K M V V L Z X V E X G S O
H F C A P R I R S L A H Q L A F H T B M W R
Y J A L U Y U B L V N E T O T C R L N Q N I
X Y R T D O M M A Z B O V R Y E J A Z D A N
B J O X Y B A O N F C K K E B W T H B L W I
X E B Y K Y K B D Z F G S U C A G K J R A D
X A Q Z C A B R S H C U N Q O K W Q H K L J
U K Y V V Y F U M L C C O Z R X Y D H O T A A
X M O I V A U B V P O Z M O X X R L R W P I
S Z M Q U F R O C B E T N P L I O J Z Y Z U
D F P W G H B E Y R C H S E P M V Q Z N Z K
```

ANTIGUA	BORACAY	BORO BORA
CAPRI	CORFU	DOMINICA
GRAND CAYMAN	MIYAKO	MOLOKAI
PALAWAN	PORQUEROLLES	ROATAN
SAINT BARTS	SANTORINI	SARDINIA
SEYCHELLES	SIQUIJOR	THE AZORES
TURKS AND CAICOS	WHITSUNDAY ISLANDS	

Islands III

```
P A L U C R O K E F V T A H I T I K L S
A A Q M M A U I T N I D B D T Q M B I F
Z H G J S G F V X M C U H O E Y D B G E
X M J L A C R O L L A M Y W R U U A Z E
I Y I T U K A R I B F R U A U N M U L U
V K M H M P L M R A B M T X A B E E J S
L O A E I G V M L R Y P K I E D U O X Y
F N D M L B N N D B U S U R N K A Z U T
T O A Q O E Z U S A Z E G J I I F Q D H
Z S K D S J H S Q D Y R A H U H Q V A D
P W R U U L A T C O I N I Y G H I U K C
X F Q L B B M F R S Y G T W W K N O E D
K D I X C E R P C A L Q K X E H T L F F
K A U A I V A A J S B Z L F N K H S J W
K Q M K K R Y A B U C T D I A L B Y W M
W T A P O E Q Z U M I E N F U E U M I F
T C S S S C M A I B F N K I P P R T Y I
U I O I F I H F D A Q Y S O A X W O U D
R H K S N E K F W W I O O E P S F D O O
Z Z A A H M M E U G U A D E L O U P E M
```

AMBERGRIS CAYE

BARBADOS

BARBUDA

BORNEO

CUBA

GUADELOUPE

KAUAI

KO SAMUI

KORCULA

MALLORCA

MARTINIQUE

MAUI

MILOS

MOOREA

MYKONOS

PAPUA NEW GUINEA

PAROS

SAINT BARTHELEMY

SUMBA

TAHITI

Islands IV

```
L Y P Z O K Q E X I Q O N S X Y U H D M R W
T I N Q R M S V Z V T E B C A D G Y V O F M
I R P R M B T J S H K W K L Q O N F W V F O Z
G V I X S D N A L S I S E R O Z A O P Y K S
C N F N Z S C R B F V U M O N T S E R R A T
H I K Y I E F Q T A B I L I N S I A O I J N
A T P V U D T Q K X S T O B D T J B N R S V
I R H A W O A Q F Q L A L Y L R E T N N L V
T A I J P H N D X K G T F W M T V F J I Q B
I M J B Q R G C A C S S O K P I N A R E G H
M T Q Y Y A U Z G N I U C S N A M E P W J Y
I N J B I Z I B F R D E E C H A B A O Y B F
W I T H O B L X H U E T E M I A Y S I T O S
A A C S I Q L F W W Z N O C A L W C Q N N E
M S H M M P A J Z W T I A B J E L O U H A Z
I A E A A W O M Q P K A U D A G P J R Y I W
J E D I B J J D W L F S V X A G P Y M J R W
U Q T M G U O C I R O T R E U P O P R F E X
N J M J P G R R C J A S T T I K T N I A S X
G Z S T F Q F A C R T L J N B P V Q P J Q D
P W O E A S U E Z A O T Z B E V L I F S Z V
G I C T V Y A S G U Z W C K Q O V R X Z S F
```

ANGUILLA	ARUBA	AZORES ISLANDS
BONAIRE	GRENADA	HAITI
IBIZA	ISCHIA	JAMAICA
KOS	MAJORCA	MONTSERRAT
PUERTO RICO	RHODES	SABA
SAINT EUSTATIUS	SAINT KITTS	SAINT MARTIN
SAINT VINCENT	TRINIDAD AND TOBAGO	

Islands V

```
E Q A P I Q P F J R H D E U V K C L E Q Z A
B K J E P N H D O H G T P I X I W A O D I X
P L N R O S J T N U I Q W R T O R C E L L O
G M U H I L N W A A J T Q Y A I Z E A V E A
O V F E C V I I W S L J Y L V J O B C Y U Q
N C A N X L Z A D R E S M G I S A N I G G B
A S I T D O S D N A L S I Y R A N A C X I G
R H W I N D R C A I S V D S H Y D N M H M P
U O L A A T X B L C S N O P E P G D Z P O E
M R R N L W S Q S C U L M Z S R B M Z U A W
E U U I S Z A Z I L J A A Y H L O U P B S T
B S V S I A Z H A K D G D N C D K L G K T T
P W U L L N L N N E S A P C D E O D F U E H
P D A A E Z A F I H C R L I J S R N X K T F
N O Q N B I L R L A O E X B G W W S C J G A
G L E D I B A N A T T U B V R N G U D Q P N
M D V S N A X W T L L N D U J F T C D J J A
U W E U A R E D A N G I S L A N D F Q B J W
W B T S S F Y C C K Y O D V A R T A M U S O
M N Q F B H G H B L W N V N S W R Z E E R Y
E M C F H D J N U M J B P M I P R H G X K O
D E X F M K D J L Q P M W K H C H A C S I M
```

AEOLIAN ISLANDS

CANARY ISLANDS

FLORES ISLAND

MURANO

RAJA AMPAT

SANIBEL ISLAND

TORCELLO

BALI

CATALINA ISLAND

HAWAII

NANTUCKET

REDANG ISLAND

SAO MIGUEL

ZANZIBAR

BURANO

CEBU

MADEIRA

PERHENTIAN ISLANDS

REUNION

SUMATRA

Countries Galore I

```
N  J  Z  O  F  A  I  N  A  Z  N  A  T  U  I
F  F  H  T  L  C  R  J  G  J  A  S  W  D  Q
R  R  R  D  E  U  U  J  A  R  D  B  N  N  V
A  D  A  N  A  C  P  P  P  A  N  A  M  A  B
N  A  Z  C  R  S  A  A  D  N  A  G  U  L  Y
C  E  U  T  S  N  R  M  G  U  L  M  V  G  U
E  T  G  S  I  A  A  I  V  A  O  I  H  N  X
J  G  W  L  T  B  G  Z  L  C  P  H  T  E  B
W  K  Y  A  L  R  U  A  N  A  J  S  H  X  B
U  J  R  P  E  A  A  G  D  M  N  G  A  Z  L
L  G  J  E  T  Z  Y  L  A  A  C  K  L  Q  B
G  K  C  N  E  I  Q  L  I  V  M  M  A  K  F
L  E  F  V  S  L  T  A  G  A  V  C  E  U  K
D  V  A  C  A  A  J  R  H  L  M  I  B  O  G
F  M  O  Z  A  M  B  I  Q  U  E  W  F  C  H
```

AUSTRALIA	BRAZIL	CANADA
EGYPT	ENGLAND	FRANCE
GREECE	ISRAEL	JAPAN
MACAU	MADAGASCAR	MALTA
MOZAMBIQUE	NEPAL	PANAMA
PARAGUAY	POLAND	SRI LANKA
TANZANIA	UGANDA	

Countries Galore II

```
D  S  T  K  K  K  K  R  K  Y  L  A  T  I  N  Y
Y  N  W  A  M  R  H  B  T  B  G  X  M  Y  M  N
J  P  A  S  P  A  I  N  M  A  E  Z  P  E  O  Z
E  A  E  L  X  M  D  L  A  G  H  L  X  R  I  J
E  A  I  R  R  N  R  P  L  N  A  I  I  T  H  P
W  C  I  S  V  E  A  E  A  P  C  T  H  Z  L  Z
R  I  U  J  E  D  Z  C  Y  O  I  E  R  A  E  P
S  R  D  A  U  N  P  T  S  I  R  J  G  Y  D  H
G  F  U  Q  D  M  O  A  I  S  A  U  O  Y  R  I
C  A  B  R  U  O  Q  D  A  W  T  B  C  F  E  Y
W  H  A  I  E  Z  R  H  N  R  S  B  C  V  V  Q
E  T  I  I  N  P  Q  J  O  I  O  T  O  Q  E  W
X  U  D  L  Y  D  Q  P  F  U  C  N  R  R  P  N
M  O  J  Z  E  M  I  D  W  D  I  S  O  R  A  H
W  S  X  K  D  A  M  A  I  D  O  B  M  A  C  T
I  Q  A  N  I  T  N  E  G  R  A  A  Z  S  I  V
```

ARGENTINA	BELIZE	CAMBODIA
CAPE VERDE	CHILE	COSTA RICA
DENMARK	DUBAI	ECUADOR
INDIA	INDONESIA	ITALY
MALAYSIA	MEXICO	MOROCCO
PERU	PORTUGAL	SOUTH AFRICA
SPAIN	SWITZERLAND	

Countries Galore III

```
F O K N I A H T H A I L A N D H
F I V I E T N A M N E D E W S U
H Q N M F T X Y M U I G L E B V
G T P L Z Q H S A I T A O R C A
A Q D N A L A E Z W E N U O T U
B I I E P N W N R Q R C U P Y C
R O N H X D D I Z L J O A A I M
W S L A T Q S P N U A U N G C P
A C Z I U A J P Q A S N X N E Q
E O N N V H T I I T I P D I L F
U T O O J I T L R K N R X S A B
C L Z T K Y A I B M U L O C N A
H A H S G E A H L P D Q S B D H
O N D E D T O P E Z C V V H I Y
L D N A L E R I K K M X Y S R V
X F I J L K T J Y F N O M O R J
```

AUSTRIA	BELGIUM	BOLIVIA
COLUMBIA	CROATIA	ESTONIA
FINLAND	ICELAND	IRELAND
LITHUANIA	NAIROBI	NETHERLANDS
NEW ZEALAND	NORWAY	PHILIPPINES
SCOTLAND	SINGAPORE	SWEDEN
THAILAND	VIETNAM	

Countries Galore IV

```
F T T F X S T O C Q O Y P W O Y M L D E T S
U N R M R P Z D I A O C J K I W V F B M C E
D K L A R M I M S I E K O A D W R I U H H H
T Z B M T C I X Z X J O A J V A I P U Q R K
F R O X G M B G Y E F V H E D A N X C P L A
K U D K L L U S A R U D N O H N D D Y Q Z I
S K J M N C L I V G Z E C C E G X L W Q A N
Z O N N Y V G S Z C Z D A N E O Q M S Y B A
N A W U E R A A J U A Y J I A L B R N B M M
A Z H F X V R I E C R D S O L A G E N E S O
B Y R E D M I L P W R P X U B J K E V Q A R
B U R H E J A G R O T E A O A J R J T S K P
Q H F N S L E U Z O I Z I K N O S R U N H W
Y D I C N U S V G O D H E O I T B M Z P P A
T A Y R N X Q E I A E A T I A S U R A L E B
I P F C G E R A O B R C V E N U T B R X L Z
T L Q M J M D G I T A A U L U G R A I U X G
C A M L X B N Q U R D I C U A M A N N C F M
X A N I V O G E Z R E H A I N S O B S E W Y
W W M A C U G E F B S G C D N G L I U O U B
N T L Z H R S O H L X Z I A J Y G E E R I W
I O Q S W G R N T J E X H N W B B B M A D G
```

ALBANIA

ANGOLA

ARMENIA

BELARUS

BOSNIA HERZEGOVINA

BULGARIA

CONGO

EL SALVADOR

ETHIOPIA

GHANA

HONDURAS

KENYA

NICARAGUA

LUXEMBOURG

NIGERIA

PAKISTAN

ROMANIA

SENEGAL

TOGO

VENEZUELA

City Quest I

```
O T N G A B G V T O A Y I C H F
L G Y M I E P I A T D M Y S W E
B M E N I T X Y P S S H G F Q M
D T I I U L V Y D E U D Q C I J
S R A L D C A W R P L N Z B H X
S E L P A N N I P A I O P N T F
Q M F B A N A A D D S T A O T L
B D E V H S T S C U B S R M D P
P N A L O T T F N B O O I M A K
I H H N A M P L V P N B S R T V
Q Z E Y M S O J H T P T A Z O K
U U A U P N U U O P G R C E K F
B R X P D A K R O Y W E N Q Y X
E I R O M E G X E I T G C C O A
R C N M T V U M F J Q F H P P C
R H S J B D Y K K R I U X W C S
```

BOSTON
CANCUN
LISBON
NAPLES
PATTAYA
SAN DIEGO
TORONTO

BUDAPEST
HAVANA
LONDON
NEW YORK
PHUKET
TAIPEI
ZURICH

BUENOS AIRES
JERUSALEM
MILAN
PARIS
ROME
TOKYO

City Quest II

```
L  T  C  A  I  R  O  F  P  S  Q  A  T  R  U
W  O  A  B  T  I  B  K  Z  E  S  L  V  M  G
V  D  S  N  E  H  T  A  Y  C  U  I  Q  E  N
V  N  A  A  S  Q  V  T  F  I  E  T  P  B  N
S  A  B  D  N  I  S  T  A  N  B  U  L  S  I
H  L  A  O  G  X  Q  N  E  B  C  A  X  L
Z  R  A  M  L  N  E  A  O  V  A  G  S  F  R
F  O  N  U  S  K  X  L  L  P  B  N  V  U  E
I  W  C  M  O  N  T  R  E  A  L  X  E  B  B
N  O  A  B  U  P  I  T  C  S  F  V  G  F  T
P  L  H  A  M  N  O  M  R  U  T  B  A  N  E
T  D  R  I  D  W  I  Q  A  L  I  K  S  O  H
K  O  K  G  N  A  B  C  B  I  A  G  R  U  I
R  D  V  B  A  M  I  L  H  S  M  V  T  M  X
O  R  S  Q  K  E  I  B  O  U  D  I  J  V  B
```

ATHENS
BARCELONA
CAPE TOWN
LAS VEGAS
MIAMI
ORLANDO
VENICE

MONTREAL
BERLIN
CASABLANCA
LIMA
MUMBAI
OSAKA
VIENNA

BANGKOK
CAIRO
ISTANBUL
LOS ANGELES
MUNICH
OSLO

City Quest III

```
W U X U C L L M E L B O U R N E M
I E X S O D U B L I N G Q T H R S
N Y L H C E K A R R A M H H E O E
D C T L S M L O H K C O T S R P G
R I N D I R D A M E N X Y M B X U
L I T T C N T W J N K G J X U C R
R U S T N S G D O O D L R K V E B
K C M P A M S T E R D A M Q V C S
Y M H O R T S S O L A U N U K N R
O C V A F G S A G N G B O E F E D
T H X N N V J L O G J C U T M R B
O E H I A O J Z L P N G V K D O W
Z O K C S U I B F A A D H U E L A
K E H E W B I U V R H U V J O F H
V D R O F X O R P V N L L H I Y J
B V Y B S A Q G Z Z C P M O I Q N
J S E S Y F Z W R W C Z C E G X W
```

AMSTERDAM	BRUGES	DUBLIN
FLORENCE	HALLSTATT	HANOI
KINGSTON	KYOTO	MADRID
MARRAKECH	MELBOURNE	NICE
OXFORD	PRAGUE	SALZBURG
SAN FRANCISCO	SAO PAULO	STOCKHOLM
VANCOUVER	WELLINGTON	

City Quest IV

```
M A N I L A C A S T R I E S Z Z
G L A S G O W H X P U N Q G N E
K A T H M A N D U Q G N K O S E
A T R A B O H C M Z Y I L T E I
P V A B M T W Z T S H L F L Z G
I T K Q T A W E S U E L X K B Y
A B R B K H A F N V S A S B U V
W R A P A N A M A C I T Y R C T
X U J L B I H L E D W E N N H H
G S E K U A L A L U M P U R A D
Z S V D Y E K N R E B E J M R P
E E X X T U E R O X L W E D E Z
V L Q T I F M B W M W T D Y S C
B S A E D I A L E D A J Q D T Q
X A H M A G G Y N G Y H U W M J
C S G X L D E P E S O J N A S F
```

ADELAIDE	APIA	BERN
BRUSSELS	BUCHAREST	CASTRIES
GLASGOW	HOBART	JARKARTA
KATHMANDU	KUALA LUMPUR	MALE
MANILA	NEW DELHI	NEW ORLEANS
PANAMA CITY	SAN JOSE	TALLINN
VALLETTA	WHALES	

World Langauges I

```
E  S  E  U  G  U  T  R  O  P  O  L  I  S  H
S  F  D  D  Z  G  G  E  R  M  A  N  K  W  G
O  G  N  P  C  H  R  I  L  A  G  A  H  B  N
Y  R  D  A  H  E  X  P  B  R  D  I  L  W  F
B  T  H  S  I  K  R  U  T  A  J  S  T  R  E
F  H  I  Z  N  N  B  Z  D  B  J  E  E  D  E
Z  I  G  J  E  E  A  V  C  I  T  N  M  M  S
K  L  E  I  S  I  S  M  I  C  C  O  U  P  D
O  A  Y  T  E  Z  I  E  O  H  K  D  A  P  W
R  G  Z  A  E  E  E  A  M  R  N  N  S  R  Q
E  N  G  L  I  S  H  S  M  R  I  I  Q  O  T
A  E  S  I  A  O  E  L  T  S  U  D  G  H  O
N  B  P  A  H  E  T  M  H  U  T  B  N  P  G
X  L  A  N  T  J  A  P  A  N  E  S  E  I  X
O  L  H  R  V  U  R  D  U  N  K  K  W  S  H
```

ARABIC	BENGALI	BURMESE
CHINESE	ENGLISH	FRENCH
GERMAN	HINDI	INDONESIAN
ITALIAN	JAPANESE	KOREAN
POLISH	PORTUGUESE	PUNJABI
ROMANIAN	SPANISH	THAI
TURKISH	URDU	

World Langauges II

```
H O B O Y D N C R O A T I A N O J L G
B W U Y M G S G V T J I R M L C H W G
V U V N Z A P Z Y A L B A N I A N X H
H Z L Y Z A L H X G A G U X X O H V W
T I W G Z Y S A G A L A M S D E P V O
E X D E A S Q D Y L C G Q M B S E K O
Z W L N F R E X A O C M U R J W W H W
D H Z X I L I U N G Q E E Q Q O A J C
J J Q D S H A A E N O W C N T I V A Q
O G I B G O I B N S K G H Q T G N L M
N H N B X V S J A A N Y U I Z T Y U B
G W O E T W P Y I C F K A C O U D F X
I L P A E E Y P N F P N N N B H L L M
Y B L D R A B M O L C F E M C W L U P
L H I S Q C G J D R E S Z A E G E Z P
N S I G U Y A N E S E C R E O L E N X
H A K N I T X O C N A I S S U R K E J
N L M B Q Z L G A E L I C A N A W Q C
T A N E D E L V M M J M A X A F N S X
```

ALBANIAN

BULGARIAN

CANTONESE

CROATIAN

FIJI HINDI

GAELIC

GUYANESE CREOLE

HAITIAN CREOLE

HEBREW

LATVIAN

LOMBARD

MACEDONIAN

MALAGASY

MALAY

PERSIAN

QUECHUA

RUSSIAN

SWEDISH

TAGALOG

ZULU

World Langauges III

```
K  D  K  J  I  D  C  I  M  J  Y  V  D  B  H  W  F  A  R
S  C  O  T  S  R  R  E  J  Y  J  D  U  N  M  N  D  Y  W
A  Y  W  P  V  W  T  V  W  B  M  A  N  D  A  R  I  N  O
M  C  W  N  V  B  F  M  B  W  P  G  D  I  P  K  S  Y  Q
O  K  A  V  O  L  S  I  E  S  F  M  B  N  V  N  B  M  W
A  H  V  S  S  D  F  F  Y  W  X  R  D  L  U  D  W  I  E
N  I  G  D  I  P  N  A  I  R  E  G  I  N  L  S  Z  I  C
S  U  I  D  G  J  W  Y  K  S  Q  I  L  A  P  E  N  E  W
H  M  T  B  V  A  L  E  U  Q  S  A  G  E  N  O  M  F  V
D  G  A  O  X  I  T  U  E  T  X  T  H  D  D  C  X  W  S
A  O  R  L  M  X  E  W  I  O  T  I  K  R  M  U  Z  R  D
N  D  A  U  A  I  C  T  N  V  E  U  D  E  X  S  V  Y  D
Q  B  J  U  E  Y  R  O  N  R  V  H  R  V  B  V  T  I  L
N  H  U  H  H  V  A  I  S  A  E  S  K  O  I  Z  V  D  U
J  M  G  S  T  S  K  L  H  M  M  L  Q  B  R  X  U  D  A
F  P  H  S  P  T  O  D  A  V  Z  E  Z  A  G  T  H  I  I
I  A  P  X  H  Y  M  T  Q  M  H  W  S  C  B  U  W  S  G
N  A  I  N  I  A  R  K  U  Q  Z  Z  X  E  V  X  U  H  C
U  B  E  L  A  R  U  S  A  N  H  G  N  S  U  G  H  O  B
```

BELARUSAN	CABO VERDEAN	EWE
GUJARATI	HIRI MOTU	MALAYALAM
MANDARIN	MONEGASQUE	NEPALI
NIGERIAN PIDGIN	SAMOAN	SCOTS
SERBIAN	SLOVAK	SUNDA
UKRAINIAN	UZBEK	VIETNAMESE
WELSH	YIDDISH	

World Langauges IV

```
B  Y  L  H  L  F  H  L  R  H  Z  U  L  N  Z  C
J  T  C  I  P  J  W  E  V  Y  W  X  R  D  V  K
O  E  J  I  W  F  D  U  T  C  H  B  Y  U  A  A
B  T  K  S  J  M  O  J  A  V  A  N  N  F  Z  C
G  L  W  O  E  A  A  G  P  L  O  A  R  I  E  K
I  S  A  M  S  Y  L  X  E  R  M  I  P  I  R  R
A  S  B  A  I  P  X  V  W  O  K  R  O  H  B  C
H  W  H  L  L  E  H  E  T  A  R  A  L  T  A  E
M  A  X  I  V  A  G  P  A  E  N  G  D  A  I  W
B  H  F  P  U  I  O  N  H  N  L  N  I  R  J  Q
J  I  S  S  A  P  S  T  R  Y  S  U  F  A  A  N
F  L  A  N  B  X  I  G  I  T  P  H  G  M  N  R
U  I  E  F  U  S  C  M  W  A  T  G  N  U  I  L
J  D  M  G  R  N  P  A  K  A  N  N  O  V  R  N
G  N  Y  A  O  Q  C  G  R  E  E  K  M  R  L  Y
B  U  F  K  Y  T  C  A  G  T  H  L  H  S  Q  U
```

AFRIKAANS	AKAN	AZERBAIJANI
BAHASA	DUTCH	FARSI
GEORGIAN	GREEK	HAUSA
HMONG	HUNGARIAN	IGBO
LAOTIAN	MARATHI	NAVAJO
NORWEGIAN	SOMALI	SWAHILI
TELUGU	YORUBA	

World Currencies

```
V X B R A Z I L R E A L S W G T R D O K N Z Q
E E H J A R N I O T B N O V W T O N P E S W D
X S L I W L O Z S B E O U V V N V T E L P A L
C G Z S D Q L N Q N Y R T K Z I S H C G Y R P
W E Z R W S N O O X I O H L A C K A N H D I W
Y R S A F O S E D R O R K S E I N I V U N E N
W H S E H U A K Y S K W O N S A T B K B A X R
L P W L Y J O T K E E N R L D B Y A R V R F D
Q N K I U R N D Q C S T E I F I R H O P N W A
Q M P N U B E F T D F E A D T N P T S R A O X
F V E E M Y E K Y N S N N T E A A Y N O C A P
D O R W M W P X G U D F W A S W V B I N I S F
Q B U S H D U D L O C W O F P D S S U F R C U
J K V H G I R P L P L V N F D A E N Y R F S M
W I I E O Z N L I H N N G M Q N J T K S A L D
M Z A K O L A Q F S G B A L S N N S I Q H M O
J Z N E E R I P J I J H M W Y P R O O N T N Y
V G S L Y Y D B S T R S D O C H S H O W U Z N
R V O W J H N W L I M E X I C A N P E S O Q P
D T L C N B I E D R U O G N A I T I A H S G F
H S R M D V E E T B U L G A R I A L E V A B B
Z D L U T G A E Z S W I S S F R A N C F S F C
S X V W T U M S R M B P I G V C R B N J Q V P
```

ARUBAN FLORIN
BULGARIA LEVA
EURO
ISRAELI NEW SHEKEL
PERUVIAN SOL
SWEDEN KRONOR
UAE DIRHAM

BRAZIL REALS
CANADIAN DOLLAR
HAITIAN GOURDE
JAPANESE YEN
SOUTH AFRICAN RAND
SWISS FRANC
UNITED STATES DOLLAR

BRITISH POUND
CROATIA KUNA
INDIAN RUPEE
MEXICAN PESO
SOUTH KOREAN WON
THAI BAHT

Foodie Fiesta I

```
I  J  X  D  I  M  S  U  M  F  T  L  H  N  Z
M  Z  P  T  H  S  U  O  N  A  G  Z  S  R  P
I  J  G  H  S  N  P  O  I  L  C  I  R  P  U
H  U  F  E  H  H  S  H  T  A  Z  Z  I  P  O
S  G  N  K  A  T  I  P  T  F  T  A  C  O  S
A  F  K  L  M  K  C  S  E  E  U  D  E  T  N
S  D  N  I  B  B  B  M  H  L  V  M  O  I  E
I  F  L  V  U  R  F  T  G  K  I  A  P  R  M
A  E  A  N  R  I  N  F  A  J  E  M  Z  R  A
H  J  S  J  G  J  T  H  P  N  Z  B  I  U  R
T  T  A  M  E  T  V  P  S  Z  D  D  A  B  S
D  X  G  V  R  A  L  L  E  A  P  O  I  B  U
A  U  N  J  S  W  Q  L  K  Z  D  N  O  T  S
P  B  A  K  U  H  S  K  A  H  S  Q  W  R  H
T  O  G  R  A  C  S  E  C  R  C  L  Q  Y  I
```

BURRITO	DIM SUM	ESCARGOT
FALAFEL	GANOUSH	HAMBURGERS
LASAGNA	PAD THAI	PAELLA
PHO	PIZZA	RAMEN SOUP
RICE	SASHIMI	SHAKSHUKA
SHISH KEBAB	SPAGHETTI	SUSHI
TACOS	TANDOORI	

Foodie Fiesta II

```
A P H U M M U S K U Q U Q U V Z A E I Q P B
S S N S F C C A B E I V A D G B L V N V U G
L T V I V H Z T A S Q X O H B T D X S F L H
L E H K J E V F R L F X R Z L V H C M Y W A
O A R P F E I J O A D A Y A S A D O S Y I O
R K Q B Z S O S S O Z W G K W J C C N R K C
G A Z A Y E K C K A C P S D J C Q A D T C L
N N O P X F T O Y R M O U H H V C I B A M I
I D I R W O R R G Y G W O I G R T L E O S G
R K B D X N T V C C Q U C I E K J Y U Y M O
P I I S D D S D Q H P K S Z G J G S C N F R
S D T H H U N T X C E G U T K M S Z L E K E
E N K C C E P G I N Z F O S S A R E E C R I
F E L C R M H E A M B Z C F K R D B U H Z P
G Y F E H J I D R Z X M U A B L U D M U D I
W P D X S S O K E I Q A L R F W G W L O O X
C I B S J B A Q Q C H I C K E N S A T A Y F
S E S X O W F L A H I S D D I N Y D B A I Q
A M S O J C V V U F P E K K Z G D P V W R A
H Y G N Z B I U J O Y Y E R X G F A F Q M B
V F L T U A G L K K G P V D O A Q I N W B N
U J I V R E F C O T I E C H Y Y O K T G K V
```

ASADOS
CAVIAR
CHICKEN SATAY
GOULASH
KIMCHI
PIEROGI
STEAK AND KIDNEY PIE

BACALHAU
CHEESE FONDUE
COUSCOUS
GYRO
MOUSSAKA
RENDANG
YORKSHIRE PUDDING

BRATWURST
CHICKEN ADOBO
FEIJOADA
HUMMUS
PEKING DUCK
SPRING ROLLS

Foodie Fiesta III

```
N S P I H C O T A T O P H Q P H P K C W A O
X S V C U S C S G S W O Z T Y S T H P M D P
X G P R H P K M N A A Q Q I B P W I B Q V W
T A S O D I G Y S O A R M A V R J B N O Y L
Z Y S S P H C C T I G B A R C I L I H C N
Q L Z K C H K H N S Z J T G T Y L M T O
P M E V Y N O P E C W G Y D Q M L A A I O B
S N M V I H E R F N L Z M P R O N R G M M
A X Q T O S U L N E P N D C G N L S N Y Y R
K J Z J T I T F C R I A C R H B Q H U U U C
G E T C A F I J J F P U R F A U K T M B N K
L A N K I M O P D F H V U M Z M K U K E G W
N M D O C E I C E X G E B T I S E H V E G U
T F C J O N P L U Z H A R Z Y G R N J F O Q
D L S H T I S N E K C I H C D E I R F S O H
L O Q U C T V P N H M D U B L E G A B T N V
M S N J R U N M W V Z B O J T G Q B N E G E
X Y K U W O J I Y R R U C N A M A S S A M A
N J D E T P J V Y Q F A W Z K E J U B K P J
F E D T I Z G M G O J U N G Z Q K Y C K H H
L J A X A O P B T P R W J P L X O C W L D P
R L J R V M Q C V N B D P N D X Z L K P F M
```

ANKIMO	APFELSTRUDEL	BAGEL
CHICKEN PARMIGIANA	CHILI CRAB	DONUT
DOSA	FISH N CHIPS	FRENCH TOAST
FRIED CHICKEN	MASSAMAN CURRY	OHMI GYU BEEF STEAK
POPCORN	POTATO CHIPS	POUTINE
RAMEN	SCHNITZEL	SOM TAM
TOFU	TOM YUNG GOONG	

Foodie Fiesta IV

```
M L E C H O N O B E D N A P Q Y K Q P M O
W X A W X M S H O F L W M E B O N G B X L
O T W L D C I M T K L G W N T B D H R Z D
Y N D Y W N W M Q K E O T A H P T O U Z G
C A E S A S Z G A K H K W N C V M K S D P
B S P Y R M A H O C L K F G V M X A C Y L
V S R A K W M P Y L T D T A A L D P H H X
S I N N S J M N E H M C G S J O U H E C D
B O C E H T N O N R O C A S F B E W T Z K
N R T I V U E B S N A L X A Z S W U T Q Y
J C X S B B X L Q Q A Y T M N T C K A S F
Y V R R M Y M R D D C P U L L E D P O R K
I L K D E G A N O E K F H A S R A A J W B
H Y O P X P C S Y V N Q E K E D Q V P B M
U P R I C E A N D B E A N S H Z F M E N A
Q O K Q X X R Y J N I L T A Q G G S Y Z L
V M I S O S O U P A T I J A F V A I V G D
M P L A B M N E V O J T B S Q V F K O A I
V R A U Z S S Y D O N D U R M A M A X Z I
X D N S N B Y T R G Q N L U A X W W A D U
G U D B K Z E E D O P H F R R F D T G G L
```

AREPAS
BUNNY CHOW
CROISSANT
LECHON
MASALA DOSA
PASTEL DE NATA
PULLED PORK

BIRYANI
CHAMP
DONDURMA
LOBSTER
MISO SOUP
PENANG ASSAM LAKSA
RICE AND BEANS

BRUSCHETTA
CORN ON THE COB
FAJITA
MACARONS
PAN DE BONO
POKE

Sugar Rush I

```
C A D S T Q P T X H V G A Z S E G H Q M R K H
U B Q D R R O K M Z B X V E N O I M B K U N K
S R W N U A R C Y T Q N F O R C G C E O P E E
C K I S Z T B C K T R V Z O O X B J I N E C R
S S P C P E C N Z A S Q C F H U J W P R N I J
E D O J K U J H O P Y F F E M M H S E K O R J
G R U C D L W Q B M Q E J W A O O A U Q P Y V
E S E I K O O C D A E R B R E G N I G F F K O
K O H K L D U L E C B L L Q R K E A N O X C X
A N C D B J P G A J U Y K U C X Y W I G E I N
C H E I S E D K H T A Q P E S D C R R Q S T K
M Y L O I U E M B N R W K A W T A P E Q Y S L
A F E J F U P U P Q U A F Q N W K G M X O O X
E U D I Y Q N M P W C T T M D C E J N T H G P
R B E S K Y W Z W T X N H K Z V A U O L Q N A
C Z C M A R B L E C A K E O L S U K M O E A E
H V L K Y K C V Q Y R Z W M L I Y I E L R M D
S G U S W O L L A M H S R A M E M Z L S P U K
I H D G B E A Z R R H M E C R S S E M N O T E
L W C Z V C D X R E E T R O T R E Z N I L S T
O P B D R S V M C W J I U B Y Q F V G X E S N
P H E I P M A E R C T U N O C O C U G I F X L
F R Z O W I C E C R E A M C A K E X F G B I C
```

COCONUT CREAM PIE
DOUGHNUT HOLES
ETON MESS
HONEY CAKE
LEMON MERINGUE PIE
MARBLE CAKE
POLISH CREAM CAKE

COFFEE CAKE
DULCE DE LECHE
FUDGE
ICE CREAM CAKE
LINZER TORTE
MARSHMALLOWS
RED VELVET CAKE

CREAM HORNS
DUTCH BABY PANCAKES
GINGERBREAD COOKIES
LEMON BARS
MANGO STICKY RICE
MILK TART

Sugar Rush II

```
X R L K Y H O H E X B I X U B R U V T Z V H K
W R S V K O P O E J B K I D R Y F B W T U B R
N E O B G S E N W V S F F F P F W P P E S K A
F I V G L H E H H S T W Q S I A A E I F Z S C
M D W N B A P C B X V T X W V J L X Y J H T S
Z N T X E C C A R A M E L C U S T A R D M U R
P O U N D C A K E W Q Z S G S J T A O K S N U
X L D C K O M P F K F S T I L G U R W D D H O
E B N H U A L X V O R Y N R J T G L S O U G F
B R E A D B U T T E R P U D D I N G X N A U T
E E K N Q Z J V R G S E N O C S K B T M P O I
R T A T I S S E I Z O M S M X C F U U N P D T
R T H I N C G A I C Y Y O T N Y A O L M L A E
Y U S L B G B T B B S B X D C Z S V F J E L P
C B K L C E S E L P P A L E M A R A C N C L F
O N L Y W U J R A I R L T J K K K J Z D R E Y
B W I C J G E Q W M O X A E N O G E D S I T H
B O M R E N W M L Z G I E L D W U G I R S U M
L R K E A I P I N E A P P L E C A K E W P N B
E B D A E R B A N A N A B O K G F B Y F X Q B
R U N M C E G B Z S F R C X D S W X W Q C N U
B A S I U M B C R A N B E R R Y T A R T W I K
Y W G K L G C H O C O L A T E T R U F F L E R
```

APPLE CRISP
BLACK FOREST CAKE
CARAMEL APPLES
CHOCOLATE TRUFFLE
KHEER
NUTELLA DOUGHNUTS
POUND CAKE

BANANA BREAD
BREAD BUTTER PUDDING
CARAMEL CUSTARD
CRANBERRY TART
MERINGUE
PETIT FOURS
SCONES

BERRY COBBLER
BROWN BUTTER BLONDIE
CHANTILLY CREAM
JELLO
MILKSHAKE
PINEAPPLE CAKE

Sugar Rush III

```
P D W F B W C C K L Q Q J W L N I S R F V P I A
A E K A C D E E S Y P P O P I Q J J U U Z E O E
P I S T A C H I O C A K E Z U R V C M I Y C X Q
Q Y K N E F Y P R D G D S A H S Q I B S R A V W
B S S T R A W B E R R Y S H O R T C A K E N K R
J W M Y G Q Z T O A W W V T N J T J L R Z P E I
P R S O W W A I C P N H S C P X Z X L B J I Z Y
U E A O R B U O H K E U S I B M G X S Y Y E D D
S M C G K E P D E H F G T K E E X O G T A B L N
B W H G T Z S B E K E I P B R A B U H R W A G P
T S E S A M I F S E F X L R U O I G I L K R Z E
O H R E R T D X E P E J Z V R T I D R S T S D A
Q F T I T B E E C X Z Q K F O L T U D K Z S F C
C K O N E P D G A T R E S L E C H E S C A K E H
W I R W T R O C K Y R O A D I C E C R E A M U C
S J T O A G W T E C Q F H Q K N D S P F R X C O
F U E R T M N Z A U H S F O J Y M R B R U O R B
L R E B I A C D X T I H V N L K K I P I C D E B
S R V T N W A P S K O H Y H E G G B L F H N G L
F D U U C I K Y R L A P X B P O P G S X K F N E
P L W N P E E U H V A N I L L A C U S T A R D R
M G P L Y T T Z U P E S F E M D X T F J H A A M
D C X A V R T S X P U M P K I N B R E A D P R
T U S W G K A S E Z B L T E G B Q X Z M S B O M
```

OREO CHEESECAKE
PECAN PIE BARS
PUMPKIN BREAD
RUM BALLS
STRAWBERRY SHORTCAKE
TRES LECHES CAKE
VANILLA CUSTARD

PEACH COBBLER
PISTACHIO CAKE
RHUBARB PIE
SMORES
SWEET POTATO PIE
TURKISH DELIGHT
WALNUT BROWNIES

PEANUT BUTTER FUDGE
POPPY SEED CAKE
ROCKY ROAD ICE CREAM
SACHERTORTE
TARTE TATIN
UPSIDEDOWN CAKE

Sugar Rush IV

```
D A T E S Q U A R E S E M N Q J A U S L O B G T
J A R P E K E Y L S E U H L B A E S V F S F E U
A P X U I P K S Z W Z I D X S E I D N O L B O A
U U M F K T D A N I S H P A S T R I E S K Y D C
C E T P O M L Z U O E V E B U C H Q J G C C M T
A V H U O T A K C X O E H S R B N A V N J F G E
R L K D C W D E J M N R L G N K H G X I M I S T
R I S C S S Y X K E O M A A F Y I X N D I N X R
O B E B A N F J P A L O L C F P Q K S D O Q O O
T B A Z M H I B P G C L U U A Y K I K U L B J T
C U D F T Z N F Q R I D Y Q C M T J Y P W I U S
A C N V S C G I F L R W O D K U T Y L H X G Y O
K H U G I H E N Y U P K B O O J I U H C R T T B
E E S N R O R H F A M K Q F F N C Z N T Y A H O
P D M T H C S F M R A Y A R J S U E F O B V M D
Y E A M C O U Z Y Z U L R F G X L T A C C Z A Q
S N E K R F O A V J C I A R F I E I S S X O U W
U O R X B L L L G Y R Z T E E Z W S V R Z Y C L
C E C N B A O W R T B F Q S U B Q V B E T G P R
G L E M O N D R I Z Z L E C A K E R W T D G T C
Y S C T E K E Y L I M E P I E L J U V T A J U W
A N I Z V H T W G R X H O U C Z A M L U N Q T E
Z O S C C X F P D Z M C O Q B O D D X B Z S X L
O K A Q O A C A A N K W M A D E L E I N E S K A
```

BLONDIES

BUTTERSCOTCH PUDDING

CHOCOFLAN

DANISH PASTRIES

DOBOS TORTE

JELLY DONUTS

LEMON DRIZZLE CAKE

BLUEBERRY MUFFINS

CARROT CAKE

CHRISTMAS COOKIES

DATE SQUARES

FRUIT SALAD

KEY LIME PIE

MADELEINES

BUCHE DE NOEL

CHERRY CLAFOUTIS

COCONUT MACAROONS

DEVILS FOOD CAKE

ICE CREAM SUNDAES

LADYFINGERS

Sugar Rush V

```
O Q Y L R R H P R X B D G O P E M S C D O G V
P Z Q M T A E K A C A V A L E T A L O C O H C
X W G I A C B W C Q E V M H A E W L L F S H V
M S K P L E N E J P C U A T N B R O B W L H S
M Y T P E K R U K M A Z D S U X E R G I U G U
S S R W F A R C T A C C O W T D Y N D L M T B
K N A O O C R Z E E C G O Y B S N O B O I U E
J R T L B D Q T B C L E R F U E N M O N L P U
I M E I T A Y S A E I L S M T U N A P N L K C
J G N V D E P G C R Z O A E T A L N L A E I T
G N I E C R D S Z V T X I B E G V N S C F Q E
D I R O D B H C W I D I R H R H C I G F E Z L
U D A I P R K K A N K E F V C O C C V D U E B
B D T L K E I E Q R A N B I O A W N X J I F M
X U C C A G Q H Y D A Z V O O E T N O F L O U
J P E A Z N V V P U O M G D K L Q S I M L E R
G E N K N I P U U D T I E I I Q V Y I E E K C
Y C H E E G D U D K M F B L E D M Z F P S L M
C I A H E D X J J F R U I T T A R T L E T S U
N R O S I C O C O N U T C R E A M C A K E J L
T P I N A C O L A D A C A K E S R K U G W Z P
P A G W N M F K Q R E D V E L V E T C A K E C
W C F C P W P T M C K G I A U N I K U V Q T M
```

CANNOLI

COCONUT CREAM CAKE

GINGERBREAD CAKE

PISTACHIO ICE CREAM

OLIVE OIL CAKE

PINA COLADA CAKE

RICE PUDDING

CHOCOLATE LAVA CAKE

DONUT BREAD PUDDING

LEMON CHEESECAKE BAR

MILLEFEUILLE

PEANUT BUTTER COOKIE

PLUM CRUMBLE

SALTED CARAMEL TART

CINNAMON ROLLS

FRUIT TARTLETS

NUTELLA BROWNIES

NECTARINE TART

PEAR TART

RED VELVET CAKE

Sugar Rush VI

```
S B Q S K Y J J V Y B H A Z I G V G B Q Z B I Y
E N E T E I P E M I L Y E K W Y O N L O A N E A
C F I I E I P Y R R E H C X I V Q L U K N L Q G
B H P C B G P P U Z D T O N D Q D O E G G T M I
H Z E K K L B M Q I A N L U D N A Y B N E C I V
F W L Y Z E I Q A A U N C H C H E J E P L A F G
B Q P D S K R O C E N W J Q K X R H R B F B D T
E S P A C A M D H L R T U P N F B V R W O L M U
P L A T A C H D O W O C J Q Z H I Y Y X O A J C
S Y N E J E U E C O H O T L I R N N C F D C B X
G U S P E G Q R O T D F F U X P I Y H E C K L U
I R Z U F N I F L B R L M X N R H P E V A B U W
W G J D F O Y I A V U A E V J O C X E J K E E Q
P B P D L P S M T I U A T C A P C Q S Y E R B M
S T P I W S Q E E G P C Y Y O O U O E E S R E S
A R Y N J A S S C Q F Q X M R O Z Z C L Q Y R V
S V Y G A L Q U R Y W M D A K R K C A G N P R K
E W O J O L S M E A X J T I P Z E I K Y Y I Y Q
L O P U E I P M A E R C A N A N A B E X P E P O
F R P Q M N X M M K R K O B Z G V H W E W R I I
F P G A R A D U P Y O G U R T P A R F A I T E Q
U J R Q E V G D I P P D T K G J C R S K R F U S
R I L E M O N M E R I N G U E P I E J T V T K J
T N Q F S L Q D V Z Q T N T C W P V P P G T S M
```

ANGEL FOOD CAKE

APPLE PIE

BANANA CREAM PIE

BLACKBERRY PIE

BLUEBERRY CHEESECAKE

BLUEBERRY PIE

CHERRY PIE

CHOCOLATE CREAM PIE

COCONUT CREAM PIE

KEY LIME PIE

LEMON MERINGUE PIE

SEMIFREDDO

SNICKERDOODLE COOKIE

STICKY DATE PUDDING

STRAWBERRY TART

TIRAMISU

TRUFFLES

VANILLA SPONGE CAKE

YOGURT PARFAIT

ZUCCHINI BREAD

Sugar Rush VII

```
J V Q L N D V H V D V P X J S K K O W F Z Y
R A S P B E R R Y P I E V A S H D Y O M S X
Y H P M J B K A A I M B H J Z D A D T M K C
M E T A S U R S E X N R X H N B P B J F S T
E I P R E T T U B T U N A E P C O W V V O R
I P S S T C Q U G E B C O Z Y Z F R L X J
P Y N S K E V A M Q D I G W S N M Q L I C C
D R S E I R Y S F M Q P E N B U H E W T B
R R X I O S Q O W R M Q N M S U O B I I P Y
A E P P D C S S T E E B E P A U W Y P M E Y
T B Z B L O S I H U E N W I S E W G B C I D
S W K R H T S M P R S T C E P V R E M E P A
U A U A B C Y N R P J H P H Z H U C U R Y A
C R G B Q H C Y Z B I I T O S J C D R G L E
Y T X U Q P P A N Z E M Y Z T I G A C U F Y
D S C H F I Q E S J V I U L I A L U E P O Z
L Z A R E E X I E G A G S D H D T K L P O S
H U J V B C R A N B E R R Y P I E O P Z H G
G W H X R L O X C P E C A N P I E E P I S D
L M O Q N S M V D V O K G Z E E E A I E O
B E G G P I E R F S W P U M P K I N P I E Z
N S X J E I P Y R R E B K C A L B M B Z G Q
```

APPLE CRUMB PIE
BUTTERSCOTCH PIE
EGG PIE
PEACH PIE
PUMPKIN PIE
SHOOFLY PIE
SWEET POTATO PIE

BLACKBERRY PIE
CRANBERRY PIE
FRENCH SILK PIE
PEANUT BUTTER PIE
RASPBERRY PIE
SOUR CREAM PIE
TOLLHOUSE PIE

BOYSENBERRY PIE
CUSTARD PIE
MISSISSIPPI MUD PIE
PECAN PIE
RHUBARB PIE
STRAWBERRY PIE

Sugar Rush VIII

```
G  E  U  H  Y  X  E  R  V  Q  M  E  R  C  E  U  G
P  B  I  H  F  P  J  A  V  A  L  K  A  B  E  Z  N
H  B  C  V  U  R  I  Y  P  S  B  G  X  K  Z  T  I
G  R  E  W  C  F  U  E  E  U  J  A  A  R  H  O  D
G  O  C  E  Q  R  S  I  C  W  L  C  P  Z  C  X  D
V  W  R  L  L  S  E  A  T  X  E  Z  G  J  H  O  U
Z  N  E  B  U  G  Y  M  M  S  K  V  L  B  U  U  P
U  I  A  O  K  D  M  K  E  F  A  T  A  G  R  X  D
M  E  M  R  A  I  T  E  G  B  C  L  H  K  R  E  A
T  S  S  Y  L  L  H  R  A  I  R  N  A  T  O  P  E
I  Q  V  Z  I  C  S  Y  A  Z  U  U  H  D  S  U  R
J  U  Z  V  L  H  W  T  S  T  Q  O  L  L  P  D  B
R  C  U  P  C  A  K  E  S  O  T  A  L  E  G  D  S
B  V  R  B  Y  U  S  I  M  A  R  I  T  S  E  I  J
C  R  M  S  E  I  K  O  O  C  T  B  U  N  G  N  E
E  W  H  D  F  P  Z  Y  U  Z  S  W  E  R  Q  G  V
C  U  O  N  S  C  S  J  E  L  F  I  R  T  F  D  P
```

BAKLAVA	BREAD PUDDING	BROWNIES
CAKE	CHEESECAKE	CHURROS
COOKIES	CREME BRULEE	CUPCAKES
DOUGHNUTS	FRUIT SALAD	FRUIT TART
GELATO	ICE CREAM	MOUSSE
PIE	PUDDING	SORBET
TIRAMISU	TRIFLE	

Sugar Rush IX

```
I  L  I  J  D  T  V  A  Z  J  X  K  K  X  H  F  L  G  F  U  T  J  J
C  A  N  N  O  L  I  S  I  B  R  C  I  H  O  V  S  Y  L  D  R  V
Q  X  G  M  P  W  C  U  H  Z  N  W  L  H  X  F  C  E  H  J  Q  E
C  Y  G  T  Z  B  A  K  E  D  A  L  A  S  K  A  B  B  U  H  V  L
D  H  R  Z  W  M  V  K  Y  F  Y  B  V  V  F  Q  V  S  V  L  R  E
X  D  O  G  J  T  H  C  F  H  Y  K  S  Q  L  Q  T  O  Y  S  N  J
R  R  I  C  E  K  R  I  S  P  I  E  T  R  E  A  T  S  L  K  H  G
F  F  I  I  O  N  I  S  K  C  M  B  C  M  D  R  H  B  W  V  A  O
Q  C  S  N  M  L  Y  M  F  G  L  S  R  I  A  L  C  E  N  N  A  C
X  A  L  N  M  J  A  K  R  X  C  P  E  M  P  C  R  A  X  V  U  P
W  N  J  A  I  L  V  T  S  E  R  O  F  E  H  H  A  L  C  F  J  I
P  C  C  M  F  N  M  A  E  R  C  E  C  I  D  E  I  R  F  R  U  Z
S  E  F  O  I  O  D  A  T  F  K  O  F  O  E  F  E  J  O  Q  E  J
U  Y  M  N  K  K  U  I  E  T  O  F  S  K  N  P  R  O  T  N  M  K
R  L  M  R  A  P  Q  T  A  K  O  N  O  R  E  U  V  N  W  N  S  Z
W  N  C  O  T  V  Z  D  I  N  T  E  D  S  K  N  T  E  V  N  B  A
T  V  V  L  Y  G  L  A  C  S  S  G  L  U  X  A  C  C  J  F  G  F
C  P  Z  L  H  D  Z  A  R  R  W  W  V  S  E  L  B  Y  A  H  R  I
T  W  V  S  M  Q  K  S  E  L  O  R  E  T  I  F  O  R  P  K  S  W
Q  P  M  Y  I  E  T  V  D  B  H  O  N  E  Y  C  O  M  B  X  E  K
L  P  J  Z  T  S  T  O  W  H  W  X  E  T  T  O  L  R  A  H  C  M
X  S  W  F  I  D  X  G  A  T  E  A  U  B  A  S  Q  U  E  A  N  N
```

BAKED ALASKA

CHIFFON CAKE

CLAFOUTIS

ECLAIRS

GATEAU BASQUE

INDIAN SWEETS

PROFITEROLES

CANNOLI

CHOCOLATE FONDUE

COCONUT CAKE

FLAN

HALVA

MACARONS

RICE KRISPIE TREATS

CHARLOTTE

CINNAMON ROLLS

CREPES

FRIED ICE CREAM

HONEYCOMB

PAVLOVA

Site Seeing I

```
D V J B O Q A O Y K Y U R M O Z I V S D T J N
B M T G G J B I G B E N E U R L Q A W K G O T
B A O N N E V A E H F O S E T A G W S E X K U
Y M Z A E F J I T N D P E S A L U E W E P G R
P M W A H M K F A U R B N U J T Q D I Y V R A
T I C T S M U O X T C E I M C U R A M A G E R
Z C A H W Z J N W F K A W M O L A N O S R A E
L G A Z R R Y E O I T Q V I K E Q C U R M T T
P P O N Z Y J L C M V Q A E L M Z I N O T W N
U T X E E A S J M K N N E H S O F N T D H A E
B H Z V D T D L L Y A O D N V N H G E E E L C
B W C A F G N E E T E Q T E K T B H V E C L N
E N A C N O C O L R H U B G Z S K O E S O O L
T I E E I R Q P R C B N B G N A S U R U L F O
I Q E T X P A C Y F A U L U P I R S E M O C C
R V V U P R U Y L Z U M I G J N H E S X S H N
W K Z L K T Q H R R V A P L G T W S T S S I I
X X F F I Z S V C T Q W E O D M U J A K E N L
M X B D P V Y L B A V L D T L I E K M W U A P
E P F E I H Z A G X M D G F A C N Y L F M C J
P R V E E T A T S E R I P M E H A G G A V A B
O U T R R V A B R Q Z D H K K E C I E F S F X
D B Y B W N J Z J Y M A N G E L F A L L S O D
```

ANGEL FALLS   BATU CAVES   BIG BEN

CHATEAU FRONTENAC   CHRYSLER BUILDING   DANCING HOUSE

EMPIRE STATE   GATES OF HEAVEN   GREAT WALL OF CHINA

GUGGENHEIM MUSEUM   LE MONT SAINT MICHEL   LINCOLN CENTER

MACHU PICCHU   MOUNT EVEREST   MUSEE DORSAY

PIAZZA DEL CAMPO   REED FLUTE CAVE   SEQUOIA NATL PARK

THE COLOSSEUM   WASHINGTON MONUMENT

Site Seeing II

```
W M A L B O R K C A S T L E F F Q A A E L
R N S D A E N Y A K D A O K E G A M P C K
F V N H T S E R O F N I A R N O Z A M A D
Y E R N J O I W M G A D P I X N T I A L R
K B E L Z Y B U K M L W D V I B I K D A A
T U V H Z V O R E S L U T E W N C R P H
Y R A J E T R P E V I E E H H U E N E M S
Z J C N R W S Z Z U S R M E P D H W V A E
A K D F A C D R B M O M P G M N C O O H H
V H A T Q F P N R I G A S H O E I Q O G T
L A B R S O O Y A G A Y Y E I S H D H N Z
Z L S Q Q R F R Y B P S P R R Z C Z S I G
E I L E I F T R Q S A Q J K T X G E R K R
Q F R T O M I B P V L E Q I E H Z D P C E
L A A I U P P I R F A C E N D J D X B U A
Z L C S V U S A P G G I O S C O B Y U B T
F R E T N E C E D A R T D L R O W Y X L W
I U T V F W F I G U A Z U F A L L S I O A
M G A O V Q F R E L L I S I S L A N D G L
F E E R R E I R R A B T A E R G E Z K R L
G A C R O P O L I S S G P D E P L D K Z W
```

ACROPOLIS

AMAZON RAINFOREST

ANGKOR WAT

ARC DE TRIOMPHE

BUCKINGHAM PALACE

BURJ KHALIFA

CARLSBAD CAVERNS

CHICHEN ITZA

ELLIS ISLAND

FLATIRON BUILDING

GALAPAGOS ISLANDS

GREAT BARRIER REEF

GREAT WALL

HOOVER DAM

IGUAZU FALLS

MALBORK CASTLE

NITEROI ART MUSEUM

THE GHERKIN

THE SHARD

WORLD TRADE CENTER

Site Seeing III

```
Z U P E T R A Y L V J L Q W M O F B K K I P
U X R R B U R J A L A R A B H O T E L C O P
C V D O N R H B F W P N H E Q E Y B H W I Z
S R S M C L E G L V R Z E W T E I O K A Q A
N E L H H K B I A O Z O O L N V S R B I E A
I E L S G K E L L N U W N O S L R O N R X G
K F A U S I W F F S K V D F E I D B A K U R
B S F R B Q S Y E R I N R N O R A U R M I A
U O A T M H L F A L O D K E O S Q D G T H N
S F R N L W R P O L L R O C M S D U U C V D
V P A U S K L C L E A E A D S U F R U R S C
A A G O V A W S G P G T R K X W S T O Q X A
I L A M R F C G O O I D R C B T T E O J V N
O A I T R T G D T U K A I H E M R M U J F Y
R U N R D D A A Q J M I N R P N I P T M H O
M E I F G V K Z L T Y Q R Z B R T L R D T N
C K G H O H E H S I E R A U Q S S E M I T K
D F J C D M X G Y T I C N E D D I B R O F S
Y P R A G U E C A S T L E J S I X S U A R H
G O L D E N G A T E B R I D G E J C U H U T
C V Y M P A C S Z M Q O I Y L H R V O U J V
X U K M L K S U I S S O A F E R N O X V P P
```

BOROBUDUR TEMPLE
CENTRAL PARK
FORBIDDEN CITY
LONDON EYE
MOUNT RUSHMORE
PRAGUE CASTLE
ST MARKS SQUARE

BRIDGE OF SIGHS
CORCOVADO PARK
GOLDEN GATE BRIDGE
LOUVRE MUSEUM
NIAGARA FALLS
REEFS OF PALAU
TIMES SQUARE

BURJ AL ARAB HOTEL
FJORDS OF NORWAY
GRAND CANYON
MEZQUITA CORDOBA
PETRA
ROCKEFELLER CENTER

Site Seeing IV

```
T X H T I M L S J P N A F E F J B K Y J M X T
N D Y D A G U E P E G D I R B O T L A I R M E
D A F T Q M Z Z F E T A G D U O L C N A K Y B
K D P H S K R A P E T A T S E T I M E S O Y N
E Z E P S U S C A C E S W J M L X O M V R E D
Y P L K Y Y N Y F F X J H U I V F U X O E B F
O E A E Q N D I M D N A L S I R E T S A E B Q
X S I T P D K N A G A B A S I S X E M S Y A K
M U C I X A K M E Y Y B N U U N H M C I M R N
A O E I E Y H G R Y R V G M S T A H G P A E H
V H Q Y U P W C Z U H H Y C J H P P R F D T H
Z A K M V N M F E J U A O Z F E I X S O R S W
O R Q F T U F O F N B V R E I E O R G R I N Y
Y E E A A C C T P Y I G C B Y V K J T E D I Q
Y P M O L E I J E P V T B D O E M N M W P M L
R O K S R B X R Q V Q T S I E R Z X I O A T Z
F O A C L S E J T C U O M I W G B A Y T L S T
Z L A G A T E W A Y A R C H S L J R F A A E U
N S L I N C O L N M E M O R I A L W I C C W Y
S O Q O C B K R A P E T A T S D O O W D E R X
L U M Z I Q N K R X M F E O L E H Z X N G E Y
K O H T O B Q K G V D A Y A D S D B T I V E C
M S D E L P H I P C X M V F L E V W K M B F H
```

BAGAN
EASTER ISLAND
MADRID PALACE
POMPEII
SACRE COEUR BASILICA
SYDNEY HARBOR BRIDGE
WESTMINSTER ABBEY

CLOUD GATE
GATEWAY ARCH
MONTEREY BAY MUSEUM
REDWOOD STATE PARK
SISTINE CHAPEL
THE EVERGLADES
YOSEMITE STATE PARK

DELPHI
LINCOLN MEMORIAL
OSLO OPERA HOUSE
RIALTO BRIDGE
SPANISH STEPS
TOWER OF PISA

Site Seeing V

```
E F F L O A T I N G T O R I I G A T E W M O
R U T O S P P K E C A L P D N A R G A L A I
A B R N T D O R W E G P I A Q Z L M Z S T H
U M E D P B Z A C S C A S A M I L A I G I M
Q C V O L R K P E U V N E M G G P C N X L V
S N I N O Z U S U O T T M C F F X P A B N J
R L F T T B T E S H D H R D O O Y M V R D P
A Z O O X D F K A A V E W U E S W Z O A S G
G W U W W Q M A H R Y O Z K L D G F C N A P
L N N E A W B L P E E N T E D I G E C C G T
A E T R Z W S E T P L Y A C E M K I J A R G
F H A B N T A C F O L D J Z E A L F J S A J
A J I R N V X I W Y O O M E N R G F S T D I
R N N I G F O V O E W O A O E Y M E Y L A O
T X X D B U T T R N S H H P C P I L Q E F E
O A B G N O J I H D T C A B A E R T F X A B
Q G W E S S J L E Y O Q L K P H U O U S M S
J L F T O Q S P D S N K F P S T W W J M I S
P C V E R S A I L L E S P A L A C E H V L Q
W U F A N G I S D O O W Y L L O H R A P I Y
H U L G Z Y D V G H P Y T I C N A C I T A V
T Y T R E B I L F O E U T A T S G D A Q U Z
```

BRAN CASTLE
FLOATING TORII GATE
PANTHEON
SPACE NEEDLE
TAJ MAHAL
TRAFALGAR SQUARE
VERSAILLES PALACE

CASA MILA
HOLLYWOOD SIGN
PLITVICE LAKES PARK
STATUE OF LIBERTY
THE PYRAMIDS OF GIZA
TREVI FOUNTAIN
YELLOWSTONE

EIFFEL TOWER
LA GRAND PLACE
SAGRADA FAMILIA
SYDNEY OPERA HOUSE
LONDON TOWER BRIDGE
VATICAN CITY

Site Seeing VI

```
M F E Z P E T R O N A S T O W E R S D H H W S B
W C T Y N V M Q T Y T Q E R M A M G J F N N H
Q S A K R P I A Z Z A D E L D U O M O X N B M V
E N G R D I J O U B T W M U Y H N S U K G M N G
Q K G U X Q Z R O I N R E W O T N C C G P V E B
I N R G R I F F I T H O B S E R V A T O R Y Q P
R D U E W M V D S X L D D B U O B H T K B K B C
O N B R S U F E R S U K A N S A C G G M R L N H
C M N N D E K L T F E D P R O P C S U A G G J O
K U E A N S C B W L M N T J U L T S B Z P B M A
O I D T A U D E T L G R H K S M F L T F I T C B
F D N I S M A K K M V T T C U K U O G N F L D F
G A A O Y H R A P W E B S S O L O M R T A H T G
I T R N A G O L D E N T E M P L E Q F E A I U O
B S B A B O A B F O E U N E V A R E N L W P G I
R Y M L A G Q V I U P J I O M T K T O X P O Q H
A E A P N N F N W I N B R R B M J N U M E F T N
L L H A I A W J C E V J G I Q N G S C W P Z R D
T B L R R V T A Y A B E H T Y B S N E D R A G A
A M A K A B S N W X J G L T A E V M D K V Y E X
R E E D M S Z D C D H Y I Y Y S X A P Q V F L F
H W H K O A E B E L Z W I W J T B H D F Q B W A
B I T Z D Y K G A B W A V N A S B P Z A Q M U G
Z J X B Y D Z I L I L L S L S B N A U T J B D O
```

AVENUE OF BAOBABS

BRANDENBURG GATE

CN TOWER

GARDENS BY THE BAY

GIANTS CAUSEWAY

GOLDEN TEMPLE

GRIFFITH OBSERVATORY

HALONG BAY

KRUGER NATIONAL PARK

LAKE BLED

LOCH NESS

MARINA BAY SANDS

MUSEU PICASSO

PETRONAS TOWERS

PIAZZA DEL DUOMO

ROCK OF GIBRALTAR

THE ALHAMBRA

TOWER OF LONDON

VAN GOGH MUSEUM

WEMBLEY STADIUM

Famous Bridges I

```
W G X E W O Y P B A Y V W G R U S C L P P N
S O R R C V F W E M U U P G J O Z I B M Z D
U Z W X X V W Y K T Y H H X Y Q C C D Y C Q
Q S E R I W A W A S A N B R I D G E B L Q B
U S B C O Z T I L I K U M C R O S S I N G Y
X A Y J H G P K U B E M M S N W K F O W Y E
T B U D Q E G D I R B U P U L J T T X R A G
S N D A V I N C I H T A T Q Q O G C E D E D
S U I F O N U Y J R I T F D N N P L A T K I
C T N H J I I J I P L Z Z S I T C P X I A R
A V A N Z D H F A C W M U H J A L L I Y U B
L C G R I N T C J Z H S S Q R I P A T C Z E
F M E V I B G O C D P A B R R P H G C B L N
H K Y B R M E A O E W H I U O J Y U T Y Z A
I V H I P A O R N E V Z K N Y P T N V X U L
G K D N I V Z S G T O E Q K A B A A W H D E
U G L F V M I R T B E X T D L G T G H M U L
E A C I K O O B Z C R R F N G I N A F K H A
D F A N N E R V W G R I L N O L C R U H Q C
N F T I G I Y Y T U U J D A R P Z Z F Z A S
R S M T N I O P S E M A D G G W E O T U G A
Q A U Y Z E X A D A I A T S E E T N O P G Y
```

CLIFTON SUSPENSION	DA VINCI	DAMES POINT
EL CARRIZO	GANTER	GEORGE WASHINGTON
INFINITY	KURILPA	LAGUNA GARZON
LUPU BRIDGE	PONTE ESTAIADA	PONTE VECCHIO
ROYAL GORGE	SCALE LANE BRIDGE	SERI WAWASAN BRIDGE
STARI MOST	SUNNIBERG BRIDGE	SZECHENYI CHAIN
TILIKUM CROSSING	TRIFT BRIDGE	

Famous Bridges II

```
U H O U W T Q W G D R B Z M E N Y T X P M C B
V F P E A R L B R I D G E H B R K Q A O Y H Y
H F V D M M I L L A U B R I D G E D L K U A A
Y E N R V M W W F D N H O J T S G S A K G R Z
D F E A A W T D J P I V K J E E D I N C F L J
E K W G L K K K T W E L N V G P I Z G E C E U
N V I U D W A Z W R Q P E D K I R U K N C S W
N B L D E I Y S R O C N I J E F B U A V N B G
E T L T R L R A H X M R R R M N A P W M H R H
K Z I N K N Z B J I B B D S V Y M G I A M I J
F Y A O Y A Y F L X K N L Z F I G X G C G D U
T N M P N A F E I E A A Z J V H N U P K Q G Z
R P S O Q F B L Q X P S I S T A I M G I T E L
E C B B L R E E E X N A K K R X S I A N H Z U
B I U S I H L L K J D U H O Y E T M H A W T B
O Y R D E O A N D A U S F C W O D E E C F A R
R W G H X T O K Z L E O G A K Q B C Q B D Q H
J E T F N H A T P Y D P X T Z P X R L R K U V
N W X O T J V A S C O D A G A M A T I I H O V
Y D P Y A G R P C I V Z O S U B W A J D F I I
R M P F D A W T Z W O J K N E R C B H G G F R
M O W N M C B B C F N Q S E F H A Y F E R E J
J N D H P F L B N X J C Y W L X C E R E S V Y
```

AKASHI KAIKYO BRIDGE
CHESAPEAKE BAY
MILLAU BRIDGE
PONT DU GARD
ROBERT F KENNEDY
THE HELIX BRIDGE
VERRAZANO

CHAPEL BRIDGE
LANGKAWI
PEARL BRIDGE
PYTHON
SEVEN MILE BRIDGE
TSING MA BRIDGE
WILLIAMSBURG

CHARLES BRIDGE
MACKINAC BRIDGE
PONT ALEXANDRE III
RED CLIFF
ST JOHN
VASCO DA GAMA

Modes of Transportation

```
G E H O G L P Q J H O V R L E W K W K T Z V
L F H R X V C I W A N T U K T U K R L G A K
J N U Y N M A T R S L A R C H E H Z C J I E
G A H N A P M L I H K O F D M C E W U O X X
Z G Y D I W E P B Z B B D E E D U P V R S W
L G U R T C L R B X D R L N B I S D M V P S
W O J D S S U I E W N I R U O Z V F U L N F
U B N I Z Z V L A I Q A S N X G J T L U X M
X O F G X R W D A R N A H P D H R Q E R K F
F T I R T A O R Y R N D W H J W T B A R U V
B E C V T A T I W G E O E F F I G K O W S C
E T V V Z O I O R F N V I E S I D N Y E Z E
C N F H O J S L C F U M N S R R W R Y N O X
G O P B O X Y X B O J E G E N S R Y U A P R
Q M M L Q S Y D Y O C U T S U E L W Z L P Y
W A V Q R A C E L B A C K S F N P E V D V W
B Y O P J U N K B O A T G E E E Y S D A T W
W N J S Y P Z W E C H S A N I C A L U E F D
U T F A E J O U D K J Y A Q B M K J G S M B
A W Y E T Z P E U X U C O C P A D P I S T T
C I J U S X M R D U I T O T O R A B O A T B
T F E K S U B N E K C I H C D X Z Q J Y Y M
```

AIR BOAT	BAMBOO TRAIN	CABLE CAR
CAMEL	CHICKEN BUS	COCO TAXI
FERRY	FUNICULAR	GONDOLA
JEEPNEY	JUNK BOAT	LONG TAIL BOAT
MONTE TOBOGGAN	MULE	REINDEER SLED
SEAPLANE	SUSPENSION RAILWAY	TOTORA BOAT
TUK TUK	YAK	

Famous Rivers I

```
Y D C D M K Z I T B X M E K O N G R
A M S W C G B E H E G C Z C S U I Q
X Y A X W O H A A R D L W I E J Q V
E D J H H D D E R P X N R J M K U Z
X D G L X A P D Y N I G H Z A K N A
O A U B B V D N C G I R M R H O T M
J F K F P A J A E T Y A H I T U E B
T N U S N R E R M M N K P O A T L E
O Q S U E I B G H B E P R M U U C Z
U Q B I W T N O B I I M E L E P L I
S E G N A G A I X S P R V N N U A Z
S N X D N W F R S O O P I S N Q S X
Y I G U W T E I H N X L R H K Y N E
P H E S O H S D E P E F O D O G O W
E R I N H S V P T F U J G D Q X K G
A O S A I N T L A W R E N C E M U S
K F C M O E F R F C A J O H U F Y D
Z Q W Y T A S Y X I J W C G K L R D
```

BLUE NILE	CONGO RIVER	DANUBE
EUPHRATES	GANGES	GODAVARI
INDUS	MEKONG	MEUSE
MISSISSIPPI	NIGER	OHIO
RHINE	RIO GRANDE	SAINT LAWRENCE
SEINE	THAMES	TIGRIS
YUKON	ZAMBEZI	

Famous Rivers II

```
X  A  W  O  N  L  K  O  N  P  V  B  N  D  U  J  O
P  K  N  A  W  A  T  T  O  M  D  N  I  D  K  M  L
N  I  G  N  C  A  Q  T  H  K  B  W  M  N  I  V  Z
Y  N  E  U  A  N  D  N  K  N  T  L  S  S  Q  N  K
J  A  E  A  L  H  S  Z  H  B  B  I  E  I  E  D  J
M  T  H  G  L  S  E  H  A  A  E  P  O  J  Y  T  Q
Q  A  B  F  E  I  K  U  D  A  I  N  T  R  E  E  X
E  L  D  D  G  R  S  Y  Q  K  E  B  I  Z  T  B  H
M  P  T  R  H  K  O  Q  D  S  U  A  M  D  E  E  U
I  A  H  V  E  X  R  F  N  I  U  G  L  A  J  G  D
H  L  I  K  N  D  B  P  Z  W  J  S  P  P  G  Z  S
S  E  D  R  Y  G  E  K  A  N  S  O  C  E  P  Z  O
A  D  G  B  J  A  H  D  Z  R  T  I  V  K  Q  W  N
B  O  A  P  M  M  R  R  I  O  O  R  I  N  O  C  O
A  I  O  H  S  Z  L  R  M  O  D  A  R  O  L  O  C
W  R  X  S  W  E  C  A  U  W  S  D  Q  R  K  A  A
R  F  P  D  F  N  C  K  H  M  S  R  Z  B  V  O  X
```

ALLEGHENY	BENI	COLORADO
DAINTREE	DETROIT	EBRO
GAMBIA	HUDSON	KRISHNA
MADRE DE DIOS	MURRAY	OTTAWA
PECOS	POTOMAC	RIO DE LA PLATA
RIO ORINOCO	SEPIK	SNAKE
SUSQUEHANNA	WABASH	

Famous Lakes

```
L C L S I N E B T N O D Y O X R Z R J Y C Z
T A B U S B Y G T B I N L E E G Y T D W N Y
H E K F E W Z E G D I R H O E K A L K W U W
W G N E C W J H J A P S V G C J L M U Z N Z
L Z E R C E K A L H C R O T U O D C J C F R
L L A K E O F S A I N T E C R O I X O U C S
G A C U A C M O I R A T N O E K A L J V L L
S K A N G L U O S F L V E X I X R F M C N B
D E C R W A R L H E O H A T E K A L O K V P
C C I Q R Y R A E L A K E V I C T O R I A J
Y R T L Z Q A A E K O S W J S V H D A Z A R
J A I L A F B U C B A F R A L A J N I D G T
G T T B A K A Q E I T L B K H U P C N P X G
E E E E D K E U B Y N A G I H C I M E K A L
S R K I Q Y E H P G H E E C W M J H L F P V
Z F A R S H B B U T U G K R N H K L A A H S
G F L E T B E O A R V Y E A G P D Z K N E O
L A K E S U P E R I O R O U L E U J E D G K
Z Q K K J Z K K W I K N V G G U S D G C X J
C L Y A R A R M K A M A N N M U V R Y A M S
G G F L L U F G D I C A L P E K A L M R W H
F C R R X L F A O K E W A V O W M A R G R E
```

GREAT BEAR LAKE
LAKE COMO
LAKE HURON
LAKE NICARAGUA
LAKE ONTARIO
LAKE TAHOE
MORAINE LAKE

LAKE ATHABASCA
LAKE CRATER
LAKE LUCERNE
LAKE OF SAINTE CROIX
LAKE PLACID
LAKE TITICACA
TORCH LAKE

LAKE BAIKAL
LAKE ERIE
LAKE MICHIGAN
LAKE OHRID
LAKE SUPERIOR
LAKE VICTORIA

Scenic Drive I

```
F U S F T A M O U N T C O O K R O A D Z J U
V A F T Y Q S U W U V R H F T A V B C I S L
K H S I R A A E V B S V Z T Q J E H T O U U
T U P E Z O W R T T W T S F C Z A X Z N T R
A T S M T B L K C U O V V S X P L H Q M D U
S H T K R U V L R H O H Y T M I M H I T A K
G E I P C D O S S A E R F A C F U C F C O A
T R O E U O A R S T P S N Y Y U P U K A R T
H I G W J I R O A A I S N E C R T G W R I A
R V A M E F D F R M P G D P D W L F C M E T
E E R D S M L F O E A O E L D R Q C G E L J
E R O M N H D W A Y G R I N E R A W W L V U
P R A Z N D F K M J E D O V N I I G D U S T
A O D Y D D D L Q C O L I N L O F V B T U A
S A Y D B R S B W C E M L R A E R E E A S N
S D O C I M T G N B L H D A L P T W C H S P
E U S V F C E T C F G M S K V I C S A I O H
S T E A G L E S R O A D N O R W A Y U Y S Y
C A M T R Z F H D X J S K P B T O R Z S X Y
H H I M B Y X U A M A L F I C O A S T I O W
C M T D A O R N A E C O T A E R G B Y O D C
W Y E L L O W S T O N E L O O P Z D S N C S
```

AMALFI COAST
ARCHES NP DRIVE
CHAPMANS PEAK DRIVE
EAGLES ROAD NORWAY
GARDEN ROUTE SA
GREAT OCEAN ROAD
MOUNT COOK ROAD
PANORAMA ROUTE SA
SOSSUSVLEI ROAD
STELVIO PASS
ICEFIELDS PARKWAY
THE RIVER ROAD UTAH
THREE PASSES CH
TIOGA ROAD YOSEMITE
TRAIL RIDGE ROAD RMP
TROLLSTIGEN NORWAY
ULURU KATA TJUTA NP
VALLEY OF ROCKS UK
YELLOWSTONE LOOP
ZION MT CARMEL UTAH

Scenic Drive II

```
A D Y W H N A S A R A G A F S N A R T C Q A M
U S E P Y X J V H A N A H I G H W A Y D S S O
E V U F D R N U S E H T O T G N I O G R E O N
W V R Y Y L A T I A I L E R U A A I N W M U
O S P D A L K M G U W A O O P D V P R I A T M
R C E J X W X N K S X N R R P A E A Z A R H E
S B I E N E H A M O V T O D J S N N O T D E N
U O Y B F D H G X N P I U O R U N I F N H S T
Y P R E N O X O I E B C T M J E O T A U I N V
W E R L O O I K S H N R E J M R L N I O G A A
K K E H Z T B O Y A S O O Q I I K E X M H K L
P S K A G I N D T I X A N B L F N G O N W E L
E L F F B K W D X O Q D E G F L R Q E A R E
G U O E T C S B I Y N N I S O O K A U M Y O Y
D B G E Z L N Q S U E O C R R Y X Y L N U A H
I F N T P M Q Z E M B R E G D E I T P A S D W
R G I M W M C G T V I W L Y R L V R W I A S Y
E C R T F W H D U L R A A Q D L G O F T U P I
U R E R M M O G O V K Y N H N A Z F A S O A M
L C H O V V Y W R F P O D V Z V P A E W P I S
B L T A I N R O F I L A C E N O E T U O R N I
L D T D Y B J W F T E T G D H X Q U O J F J Z
K A R A K O R A M H I G H W A Y S R D W B P V
```

ATLANTIC ROAD NORWAY
HANA HIGHWAY
MILFORD RD NZ
ROUTE ONE CALIFORNIA
RUTA FORTY ARGENTINA
THE SNAKE ROAD SPAIN
VALLEY OF FIRE USA

BLUE RIDGE PKWY US
JEBEL HAFEET MT ROAD
MONUMENT VALLEY HWY
ROUTE ONE ICELAND
SEWARD HIGHWAY USA
TIANMEN MOUNTAIN RD
VIA AURELIA ITALY

GOING TO THE SUN RD
KARAKORAM HIGHWAY
OVERSEAS HIGHWAY USA
ROUTE SIXTY SIX
THE RING OF KERRY IE
TRANSFAGARASAN HWY

Scenic Drive III

```
I Q R L X H G R H T S C O L D U C H A U S S Y T
Y W U F S X V D O L S F B E P B E U B J C T B O
G M I A S U Y A W H G I H I L A N E D C O R A V
X I R L D R M A Z Q J T J W U X F E V W M A J G
J L A I D N I S S A P G N A T H O R K O B D D B
L L O X P A S O D E C A R A C O L E S L E A A M
A I M N Y H T Z M Q U X E F R M Y A X S L D O M
G O A E E N S L T S A D R E N I P L A T A E R G
U N N T F S A H A X S L D O N M C L Q D V L S U
T D T L F A O M O N J I Z F G D A E Z A L A K
R O E A I U K M R V T Z I O B E Y S X N L A G M
O L I H I R R C E E A I U Y T O G D P L F F N V
P L V C S L O K D P G A C O S O Y W Y D R O U J
A A S L M H L H A O I D Z W R R G S B A A R Y E
G R S E I M F F A P Y N R G A I X I N G N R H Z
I H A O E S C E X Z A U E C Q Y K G B D C A T D
T W P T O Z P Y E Z A S B L I T I M A N E F R Z
N Y N D H E D V R L M K S L O T Y E Q R Z Y O B
A N A A Y H W V P O K W A C Z O N X S J H J N F
R I V O C M E G R S G O Y J H D P A H Z M W C M
E P I R L X V O O P C P C W A E F V M O G O N C
D N A L T O C S S S O R C E L P P A I O J Q R Q
S U H D J C K G T H M F P E D N A C Y H R A N F
O C A B O T T R A I L C A N A D A N U E W M G I
```

APPLECROSS SCOTLAND
COMBE LAVAL FRANCE
ER ANTIGA PORTUGAL
HAI VAN PASS VIETNAM
MILLION DOLLAR HWY
ROAD TO EL CHALTEN
STRADA DELLA FORRA

CABOT TRAIL CANADA
DADES GORGES MOROCCO
FURKA PASS CHE
IROHAZAKA JAPAN
NORTH YUNGAS ROAD
ROHTANG PASS INDIA
WILD ATLANTIC WAY IE

COL DU CHAUSSY
DENALI HIGHWAY USA
GREAT ALPINE RD ASTL
LONESOME PINE LOOP
PASO DE CARACOLES
ROMANTIC RD GERMANY

World Phenomena I

```
R L C U O O C W M G N P S P W Q Q H L J W W R C
Z E Z K T D E G P S T I A Z X R R Z F P V M L A
K N D M H K U L T Q L G D G S Z B Q K T W T H T
Y T T L E F L O W E R I N G D E S E R T P U H A
L I Q S U S B M L X Z R F L R E G B D A R Y T
A C Y S N O M H O C C I O N G J G T J O C Q O U
K U C E D O B R Z E Y D K R T J L O B J S U U M
E L V V E T W N O N R R R Z R N G A J I E O Z B
N A O I R Q C C E T D A O P C I J X R H L I Z O
A R B N W N J V H T S I K L L L M F K W B S C L
T C V K A O M G E I L R J I G Y X Y Q C B E G I
R L W F T C F M C G M O E K B G X X K E U I C G
O O O O E N L D E V G N B D F O N N Z S B C X H
N U Y T R A J O P H H V E G N J U I O M N E J T
D D T S R E G X V O I F G Y A U U L N A E I S N
I S S E I G F M E E B P U A S R H L D R Z A E I
T J X R V P W T X L R X E H Y W E T E E O A R N
U W P O E A M I P H U I R Y K P Z J J Y M R M O G
E L Y F R W K R N V M B F M M V F B K T F S B A
K P T L S U T P Y L A C U E W O B N I A R B L A
M R E F J R P H H N I A T N U O M W O B N I A R
M U Z W O B N I A R D I U Q I L S N P G A S D N
Z K D M B H Z R Z V H I D D E N B E A C H Y I J
H O H M Y T Z A R L N S D B E E A H L N O W T E
```

BLUE FIRE VOLCANO
FLOWERING DESERT
HIDDEN BEACH
LENTICULAR CLOUDS
MORNING GLORY CLOUD
SKY MIRROR
TIDAL BORES

CATATUMBO LIGHTNING
FOREST OF KNIVES
KJERAGBOLTEN BOULDER
LIQUID RAINBOW
RAINBOW EUCALYPTUS
SNOW CHIMNEYS
TURQUOISE ICE

DIRTY THUNDERSTORMS
FROZEN BUBBLES CA
LAKE NATRON
MOERAKI BOULDERS
RAINBOW MOUNTAIN
THE UNDERWATER RIVER

World Phenomena II

```
S N T R E R M Z W S E L A H W H T I W M I W S
N P D G S M Y A B R E X J R G E E C I L M C I
O S L M J A O T G C T X L N V N D T E B A B L
W V N U G O N U E D G E W A L K I N G M K J A
M R M X I A G C Y C Q F Z H N P Q K P W T R R
O R O U F O R M U L A O N E R A C I N G Z T T
B P V W V C Q G N I P P I D Y N N I K S E G S
I J F H A Z R S C S N O W B O A R D Y G N Y U
L A Z I J I S Z M O X H P O N W V U N I M D A
I G H T T Q I A H B A R H T W K E U D H C A A
N F Y E X P L O W I C S A C U S L I W L P G R
G T G W L G A D Q S S R T U Q P R B R T H O O
G O G A G R E J H E C R Z E R L I I M J B R R
X X K T N A R U A T S E R A E S R E D N U G U
R B I E I N O H I V F E L M A R I B K I O E A
F R F R V D B C L Y H O A P M N I P V O Q S P
U I R R I V A R Y F P C X J T C E N F E Q W F
W Z B A D O R T G H G N I D D E L S G O D I U
H G Y F E Y O C K T X B W I N G W A L K I N G
W P Z T V A R S W Y L J W L U E O E O N K G B
W G B I A G U G Y O P T H A Q D O V G X F I I
T Y D N C E A D P W F D B H C N L N F C T N P
Q O X G K F N G N I K K E R T A L L I R O G B
```

AURORA AUSTRALIS
CAMP IN ANTARCTICA
DOG SLEDDING
GORGE SWINGING
POLAR PLUNGE
SNOWMOBILING
WHITEWATER RAFTING

AURORA BOREALIS
CAVE DIVING
EDGEWALKING
GORILLA TREKKING
SKINNY DIPPING
SWIM WITH WHALES
WING WALKING

CAMEL RIDING
COASTEERING
FORMULA ONE RACING
GRAND VOYAGE
SNOWBOARD
UNDERSEA RESTAURANT

World Phenomena III

```
Q M M F D U O L C S U T A M M A M R R O N R K
Z J R A U E Z G Y O K B L U E V O L C A N O S
Z B O L J P Z C X C V A D T P W L U X E O U S
W J F L M H I Y E O I L W T O L H S K V C E T
D Z D S E Y E O F T H E S A H A R A I A L Q R
U G N T P B F L B R M R S E H G A H P C W G I
N F A R A I B I M A N E L C R I C Y R I A F P
U I L E L A T Q P D W Y J E X A J I A H I M E
R E A A I Y Z F R R E A W W D M C E N W E G D
E L I K G E P B E A M H T H I R J X N S E D I
N D X H H R R J Y G P L Z E E Q P G L L Y A C
I S N O T H N H A O N A I T R D C X X L A A E
D O A L P G R E E N F L A S H S U N S E T K B
R F D E I A Z N V T G W S N C V P X M E T V E
A W O E L U M L L R R U Q U H O I O T O T K R
S E L Y L F V D X E G B I S V S Y U U C X J G
R B G I A G F G D E P L J X N J P A B T F N S
O I Q P R V M N B Y S U Q W I C E C A V E S U
W D D P S X U S D U O L C S U O E R C A N K R
J R N O I T A R G I M B A R C D E R V N S T G
B S A A O H D A D T B B I F B C U S S M W A X
A U N M Q F R O S T F L O W E R S T G R B S A
R R L J M T V O M A R B L E C A V E S U I E A
```

BLUE VOLCANO
FAIRY CIRCLE NAMIBIA
FROST FLOWERS
KAWAH IJEN LAKE
MARBLE CAVES
SARDINE RUN
UNDERWATER CIRCLES

DANXIA LANDFORM
FALLSTREAK HOLE
GREEN FLASH SUNSET
LIGHT PILLARS
NACREOUS CLOUDS
SOCOTRA DRAGON TREE
WATERSPOUT

EYE OF THE SAHARA
FIELDS OF WEB
ICE CAVES
MAMMATUS CLOUD
RED CRAB MIGRATION
STRIPED ICEBERGS

World Phenomena IV

```
O E J B S L L A W E R I F N J N I L W H K B C G
O X T C H R E T A W S U O N I M U L O F F V I N
C O L B H S K R F H L T J W W W S S B I A S H I
N P J I C X O X W T B X F V D H A F N S P E O N
K S M S R I E K X Z G L O S T R O S I P Y K J T
V E R M G U W K I A Z Q I R Q H R Y A I D A H H
C N E U A Y A A A E A H I M M W F H R S E L D G
D O U T M N D N G L K G Y P H Z T Q D R W K H I
W T T H E R E B Y Z D F B I P Z R A I B H N J L
Q S O C E R O H S T N E C S E N I M U L O I B C
M G X R S E N T X M W K T S U B R O Q Q R P L I
F N L Y V E Y A S L X J S T W W U O I W N J B N
C I P S V I O U L G W O E I O J X N L S R U K A
B L Z T M T R D U F N O R G C P R B T C K U X C
Y I O A B Q G D A T L I B X Y H S O X K G B I L
L A I L P C I S B N E A N N L E N W T I H Q G O
D S R S D A O D A A R U M T I E A O E Z Q H V
T G R E A T B L U E H O L E H A L O S Z W B T N
G N A M W S T S T P E B T E F G R Y Z Q D Z G K
O Y Z B M Y U D M S J L N K A A I E B R N Y V A
H F I N M N P H M V M G V G B X L L R Y X O T G
G G J Y A G W T N C E F X I Y N B L Y I Q H B B
B Q R A I N B O W E U C A L Y P T U S Y F X R R
K V A Q Z M I T A L F T L A S I N U Y U E D W Z
```

BIOLUMINESCENT SHORE
FIRE RAINBOW
HALOS
LUMINOUS WATER
RAINBOW EUCALYPTUS
SPOTTED LAKE
UYUNI SALT FLAT

BISMUTH CRYSTALS
FIRE WALLS
LIGHTNING STORM
MOONBOW
SAILING STONES
STONEHENGE
VOLCANIC LIGHTNING

ETERNAL FLAME FALLS
GREAT BLUE HOLE
LIQUID RAINBOW
PINK LAKES
SORT SOL
TORNADOES

Travel Experiences I

```
E G N I D R A O B O N A C L O V S Z H V P C
K S K Y S U R F I N G Y K X J N K O O S N N
G L M G J U Q C M T D Y Q M L L Y E T Q O Q
N W P W B D W D V Y V U A E G X D C A J O U
I I H W L T S H A R K C A G E D I V I N G R
D R U N W I T H T H E B U L L S V W R O A K
R E C R E Y W N U U S F L D T F I R B P L Y
A W L E T C M W Q C Y T K N X E N K A R E E
O D I N E I N T H E S K Y V Z S G Q L O U Q
B S F R U S D N A S X S V C F J G I L B L N
Y L F P Z H T C B G N H E E D Z W O C B R
L E W I R A F A S G N I D I R E S R O H M X
F E A H F L G U C L I F F J U M P I N G I F
N P L V X B Q O P S N Z D P Q S G N R E W Z
B O K C M L Z F Y P Y W I F T N Q I I V S A
S N I H P L O D H T I W M I W S I P D E E O
R I N M I G F E X J A C G N I V I D E C I X
X C G R I S L A N D H O P P I N G G E D Q F
W E X J R J W P H L M E G Q K T A V M X J B
L I N E D I L G A R A P C T U V X N N L Q U
M K G V B Y Z P X Z A O D L S G T A F H K O
U D L U W Z U S K R A H S H T I W M I W S Q
```

CLIFF JUMPING

FLYBOARDING

HOT AIR BALLOON RIDE

PARAGLIDE

SHARK CAGE DIVING

SLEEP ON ICE

SWIM WITH SHARKS

CLIFF WALKING

GOAT YOGA

ICE DIVING

RUN WITH THE BULLS

SKY SURFING

SWIM BLUE LAGOON

VOLCANO BOARDING

DINE IN THE SKY

HORSE RIDING SAFARI

ISLAND HOPPING

SAND SURF

SKYDIVING

SWIM WITH DOLPHINS

Travel Experiences II

```
J C F S C K D Z G N I I K S I L E H S C Y B
H Y R A O X I D X J F M A Y B E K T G Z L N
H L U R A K F D T H B M I A G G W W W M T V
Z A S U R V I V A L W E E K E N D A S Q E Z
I T E B M Q L N N H V E K J M I F T L J W X
P O T Z F Z G M A P T K Y E U B A E C J S F
L M I R E L W G B G K A O N F R A R S P G Y
I A K P I P D B V N Y L B S W O U P J L N T
N T I D L V A H Q I V H E G I Z O O W O I O
I I I L G O L R U T D S H A N M L L K G D O
N N N V N O O V T F T I J N D I W O U A D Z
G A E D I R L E M A C F H I S M R I Q C E K
R R Z M T E J B O R Y Y E N U U F P S L L F
D V I U A A A S V O W L A B R E S T S L S R
J I H D E S Y L Z O F L F D F P I F A T B Z
S V T A E D I R S B V E X Z I W W B G F O Z
G S W J R A N K E M E J N H N W T C O B B H
P U U K I Y B T T A U M K P G N Q I S U Y I
U M B H F W W U Y B R I L N I E H F Q M F X
P L I M A S V I L N Y W D A L W B G P V P N
G R S T N T Y U V L W S P Y L N L G B O S Q
X R H A B P X E B H Q Z G G N P L E N L L R
```

BAMBOO RAFTING
CAMEL RIDE
HANGLIDING
KITE SURF
RIDE A BULL
SWIM JELLYFISH LAKE
ZIP LINING

BASE JUMP
FIRE EATING
HELI SKIING
LA TOMATINA
RIDE ATVS
WATER POLO
ZORBING

BOBSLEDDING
FLY A TRAPEZE
HOT SPRING BATH
PAINTBALL
SURVIVAL WEEKEND
WINDSURFING

Travel Experiences III

```
S B V K E P C G P F F Q Q P J E U V F R D H H
G O Q M L D U O C D U K C E F L C S G T Z N M
F S X L A L I T N J I M I I G U A A S U H W P
T S C A U S I R N G V H R H B O O C R Z X O T
O A V B G N A L Y W O E M N E K A R X D H C B
U G I Y H C C I S T W G J F U I V O S C U F R
R O Q R T C S X M A I L O I I Z T H L A Z M I
W Y U I E Y Q X L A D N J R F K R T C Y D W D
A L J N R G B K H K R O A F I W X I N W E O G
I A G T Y G I T E R M A R S H L T W D F B S A
T I N H O N R C I C W Z M I N F L K U P W Q M
O R I W G A A C L I M B K I L I M A N J A R O
M E I A A T E Z I W M E S H G I W Y T H I O J
O A K L M P A J O H T Q G Z R R L A Z R S P U
C K S K J E T S K I I N G U J Q A K O B E H P
A V R I G A H E G A S S A M I A H T D T G K U
V U E N U D I E L V S U S S O S E K I H W X N
E X T G L K R D H I O U C A S F J Q O O X D J
S K A S S O E L E P H A N T B A T H I N G H H
J B W R N R J B J O J M D U L N L A W M B O A
N F P E K D F G L A S S B L O W I N G Z K H R
T H S F M P B I X H I K E T H E A N D E S E D
C T A I B M O L O C N I A S L A S M F D F Z G
```

AERIAL YOGA	CLIMB KILIMANJARO	CONGO GORILLA TREK
ELEPHANT BATHING	FIREWALKING	GLASS BLOWING
HIKE SOSSUSVLEI DUNE	HIKE THE ANDES	HIKE TIGERS NEST
INSANITY RIDE	JET SKIING	KAYAK WITH ORCAS
LABYRINTH WALKING	LAUGHTER YOGA	MASAI MARA MIGRATION
MUD RACE	SALSA IN COLOMBIA	THAI MASSAGE
TOUR WAITOMO CAVES	WATER SKIING	

International Sports I

```
D L E I F D N A K C A R T Z X B E G
H F T Y P H U R L I N G S L G A O N
L L A B T O O F D N V Z P N S S Z G
D C P I Q R S Q C H R A I A R K G J
B D Z F C S Q U G J A M R U P E C P
X T Y W B E E C H X M N G U S T X V
N E U E P R H W Y I Y B D J Z B C Z
L N S S K A J O W C Y N S B R A B H
F N C I S C S S C E L T G L A L O P
V I I O N I O T E K C I R C M L W L
P S T E J N U H V D E J N H R X L T
B P S I H G E V D D C Y C G Y A I L
V U A V U A P T H L U R G N B K N F
S A N G C Y M W E Q E P W E A A G C
E E M C F F K R Z L G I S G N W L M
X E Y G T W J Z D G B A F O P D L N
J A G M V O L L E Y B A L L O L J H
C D A M A R E C C O S M T F C V G E
```

BASEBALL
CRICKET
FOOTBALL
HANDBALL
ICE HOCKEY
SWIMMING
TRACK AND FIELD

BASKETBALL
CYCLING
GOLF
HORSE RACING
RUGBY
TABLE TENNIS
VOLLEYBALL

BOWLING
FIELD HOCKEY
GYMNASTICS
HURLING
SOCCER
TENNIS

International Sports II

```
J  K  S  I  Z  Q  C  Z  O  J  U  C  U  W  I  P  H  A  I  B  P
E  K  U  C  S  U  R  F  B  O  A  R  D  I  N  G  X  U  F  N  O
V  E  K  G  M  K  H  G  N  I  L  R  U  C  W  I  T  F  K  U  X
Q  U  O  D  N  O  E  E  F  U  P  T  D  S  Z  M  I  I  T  H  A
S  R  R  P  W  I  T  L  J  O  H  R  S  Q  C  Q  A  G  Z  C  G
Q  Y  U  B  D  U  I  O  E  Z  C  W  M  H  E  S  Z  U  X  Y  N
T  T  P  A  P  V  I  K  R  T  Z  F  S  A  S  O  E  R  M  W  I
I  F  V  D  M  A  S  M  S  C  O  E  A  O  G  C  H  E  S  S  D
Z  K  A  R  A  T  E  H  P  E  Y  N  R  S  T  G  O  S  F  T  R
Y  R  E  H  C  R  A  M  R  G  N  C  S  F  Z  N  S  K  K  R  A
H  N  G  C  L  T  C  E  L  J  O  I  L  P  O  I  I  A  T  A  O
V  U  Q  Y  T  P  S  B  L  T  F  N  P  E  O  D  E  T  U  D  B
V  A  S  X  M  S  Q  X  O  G  A  G  T  L  R  R  B  I  A  K  W
H  G  Y  P  O  L  O  M  V  L  Y  V  I  A  A  A  T  N  Z  J  O
X  N  K  R  V  C  E  L  J  N  T  F  J  Z  D  O  C  G  J  F  N
I  V  C  L  Z  E  G  P  I  T  R  I  Z  M  U  B  U  I  P  Y  S
K  A  L  M  V  T  D  N  P  R  L  Y  I  U  Z  E  E  V  N  W  N
L  M  R  Y  B  H  S  A  I  L  I  N  G  T  S  T  U  D  D  G  C
F  T  D  Y  I  P  R  L  O  W  T  V  Q  C  K  A  H  B  G  I  Y
X  Y  L  P  G  X  I  Y  H  O  O  S  W  K  T  K  O  R  H  P  B
P  W  V  V  T  M  G  C  N  A  J  R  B  O  B  S  L  E  I  G  H
```

ALPINE SKIING
BOBSLEIGH
DARTS
KARATE
MOTORCYCLE RACING
SAILING
SNOWBOARDING

ARCHERY
CHESS
FENCING
LACROSSE
POLO
SKATEBOARDING
SURF BOARDING

BADMINTON
CURLING
FIGURE SKATING
MOTOCROSS
ROWING
SKELETON SPORT

International Festivals

```
O K T O B E R F E S T D V A V H C C Y R P I H
V J F W Z I T A L I A N G R A N D P R I X E G
I L D N E P O S U E H T U R F T M N L J J W N
X G P J S N E C N A R F E D R U O T E L U L I
C R B D L A V I T S E F M L I F S E N N A C L
Y B R E D Y K C U T N E K E N U S I B X J G L
N M U N V Z T R Z C Q W E C O J O I Q J E X O
C F B P U C D L R O W A F I F F L T X X C I R
O X B L S C W X O P X H O T H C B X F F I R E
U I E A M R T B V F X P Y S W Y Y I W D N P S
P S R U L Y V T C D I W A L I Y R V D Q E D E
E X D L I C X H N B E W V O Z A R K V J V N E
I X U Y F T P E T S R E T S A M E H T F F A H
C Z C G E H L F W A C I F N D C H H U G O R C
A K K I C Z T R A H K O T A S P C Y U N L G V
R G R Z N Y J E Q O M K Z T K N N V Q C A O U
E J A P A N S N O W F E S T I V A L O T V C Y
V C C A D B R C H E C M C A K R P J X X I A A
D A E J N R T H J S B H V H O A A W W I N N T
O O Q D U H X O J Y N S W N R B J I T T R O J
Z O H Q S V O P F R Y R W A B K C U U A A M H
I V F Q U W O E P W Y R W M S Q V B R Y C K T
Q T J C U M T N C O M I C C O N Z N X B W H W
```

CANNES FILM FESTIVAL
COMIC CON
FIFA WORLD CUP
JAPAN SNOW FESTIVAL
MANHATTAN SOLSTICE
RUBBER DUCK RACE
THE MASTERS

CARNIVAL OF VENICE
COUPE ICARE
ITALIAN GRAND PRIX
KENTUCKY DERBY
MONACO GRAND PRIX
SUNDANCE FILM
THE US OPEN

CHEESE ROLLING
DIWALI
JAPAN CHERRY BLOSSOM
LE TOUR DE FRANCE
OKTOBERFEST
THE FRENCH OPEN

Animal Safari I

```
U Q M S M B D S Z U E F Y V V T
P I C E S U N G O R I L L A B G
G J A R O T A G I L L A K B W O
H A T E E H C W U X Y M Q G L L
T E Z E W P S C O R P I O N L D
G H K N U M P I H C A N K H P F
U S M W A X B O Z O A G J C E I
B I E C O P U Q H C D O Y I L S
Y F D A E Z T S J S M Y L R I H
D R E V H L T U M F S K F T C G
A A R T F O E S R O H A E S A R
L T C A T E R P I L L A R O N O
J S N I A N F S H X C V I G I P
Y T Q M V T L L E A T L F G Z Q
D P M G E J Y F P A N A U G I B
A H O O R A G N A K J T J F A B
```

ALLIGATOR
CHEETAH
FIREFLY
GORILLA
KANGAROO
PELICAN
SEAHORSE

BUTTERFLY
CHIPMUNK
FLAMINGO
GRASSHOPPER
LADYBUG
SCORPION
STARFISH

CATERPILLAR
ELEPHANT
GOLDFISH
IGUANA
OSTRICH
SEAHORSE

Animal Safari II

```
Z I X G B S G L D N I P R J V M J R
E D D H G T Y R J A C L F Y U J Z H
Y C V W V A V L J F O T U Q D N K H
C B U K Z R S G Z C Y T O K A Y E U
Y G A V V N D P M H C S J R U T G
E X G D H O X E B I W G K O B R E W
K D N M G S Y K R A T G I N E A O H
N I U G N E P B G E I Q P E Z F J R
O K J F Y D R F C R E Z Y N C G A E
D O G O L M Q D A J T D K B K X V D
S M P O L O N F G B P A N L C F F N
O Q U A I L F Y A R V M K I C L R A
K P R E T E R R E F N Y F R E N T M
F C A M E L I E A A S O Y E E R G A
E S U M A T O P O P P I H B M E L L
C M G V J X Q E V D W S Q S N A M A
J B A T X Q G R H T G M O W O K B S
E A J V L O B S T E R C F K D J M Q
```

BADGER
EEL
HIPPOPOTAMUS
KOALA
PENGUIN
SALAMANDER
YAK

CAMEL
FERRET
IBEX
LOBSTER
QUAIL
STARNOSED MOLE
ZEBRA

DONKEY
GIRAFFE
JAGUAR
MEERKAT
REINDEER
TOAD

Animal Safari III

P D K Z Z D D A V N G L E W Y O

I O B V Q T P A U J O S L F I W

T V R B K U R V C A A G O C E C

S T E C F D O L D I J H V A G M

L C M N U N T K H O M X S Q R X

U U G E U P S P K R D E N N E B

R N I G H T I N G A L E S Q T H

L I T M R X Y N C N M O X O T H

P E P K O D O E E G T L P O O M

H M M A L V E W L U X V L I X M

Y L K U T E O T V T O S K T F B

X A M M R K K L R A B B I T L P

N I K C V R M D Q N U W F D W L

E R A S I Z E B U E D I G U G K

S U R E X B V B W E P V T A H C

L S S T O B U R U T U E R R G X

ELK   LEMUR   MOOSE
NEWT   NIGHTINGALE   ORANGUTAN
OTTER   PORCUPINE   QUOKKA
RABBIT   SLOTH   TAPIR
URIAL   URUTU   VOLE
WEASEL   XERUS   XIPHIAS
YAK   ZEBU

World's Fastest Trains

```
D T T L L E S H A N G H A I M A G L E V G H M
S F H E I P X F J P M F A V M O C A W G H Z I
F B X E R D Y Y J F M S R R H I C E M N I B U
R L T F A O P V K R K E Q Y I E S Q U O C U V
M D P R C G T S A E R J A Y L E L O T I E L A
X E L P U D V G T C D S W A Y P U E W X F J R
A B Z C V C I H C U N E V X V T R D L O E G
T F L Y T O G E T I H X V I Q E J I O R U I N
C C Z I D T D X Q A P E R N L J I S A S R T E
R W B U D T L W N R L N I F O V G L H U T H L
T B Y C T Z I F E O Z O N U J V E F N Y R A Z
G T M S Y K W S S S B K T X V V U O X Q A L R
P K V O A V S A N S P D N I S O M K H K I Y K
T I O D U X H L A A E H H N Z P N M F X N S R
R D P Z H G V Z K T V T E G E A R G Y R W B I
X F E D U V C R N R A M E H E M I C N G X O V
N H W C G P H B I A E U Y A X C W Q U Z L J B
F V B Y O U Q D H I H S W O Q T I W T N K W F
L Q X Q H G I P S N T N Q O V P W G I L P V A
N N Z M I R L R E S X I H D H T K T A U X U L
P G F C F J J A H Y D Y R L I T C U X A S X L
L B J L N J Z N T D W A A L E C A E H T G U N
A N N Q L A O Q A R O B L A I G W J G F O P C
```

ACELA EXPRESS

AL BORAQ

EUROSTAR

FLYTOGET

FRECCIAROSSA TRAINS

FUXING HAO

GIRUNO

ICE FOUR TRAIN

ICNG

JR EAST

KTX

SHANGHAI MAGLEV

SIEMENS VELARO

TALGO

TGV DUPLEX

THALYS

THE ACELA

THE AGV ITALO

THE AVE

THE SHINKANSEN

Musical Instruments I

```
O  E  E  T  G  Y  I  P  C  M  X  T  N  S  X
T  R  U  M  P  E  T  I  H  Z  B  L  B  Q  C
E  N  O  H  P  O  X  A  S  I  A  A  C  E  L
X  H  A  I  F  X  R  N  B  B  S  C  L  O  A
N  R  G  R  C  M  O  O  A  S  S  L  I  B  H
P  I  Z  U  O  V  C  J  G  V  O  F  Y  O  H
D  V  L  N  I  I  M  U  P  V  O  L  B  T  J
A  Y  I  O  S  T  I  S  I  U  N  U  Y  E  Y
Z  C  L  I  D  T  A  D  P  F  S  T  X  N  V
A  I  N  D  A  N  N  R  E  P  J  E  E  I  X
N  A  G  R  O  E  A  U  S  U  P  D  K  R  G
U  V  I  O  L  A  I  M  N  W  O  J  N  A  B
X  O  Y  C  B  W  Y  S  O  Z  E  Y  W  L  Y
U  Y  V  C  U  Z  G  U  R  B  R  X  O  C  Z
I  D  F  A  G  X  D  S  T  T  L  F  E  L  A
```

ACCORDION	BAGPIPES	BANJO
BASS GUITAR	BASSOON	CELLO
CLARINET	DRUMS	FLUTE
GUITAR	HARMONICA	HARP
MANDOLIN	OBOE	ORGAN
PIANO	SAXOPHONE	TRUMPET
VIOLA	VIOLIN	

Musical Instruments II

```
I  X  H  N  W  G  M  W  V  W  D  E  M  H  T  P  K  Z
J  M  Z  D  F  A  P  H  F  H  V  X  L  Y  D  N  C  U
J  E  A  H  I  M  P  E  D  I  A  P  V  T  R  Z  C  R
B  K  N  R  E  P  S  N  B  X  G  K  R  M  S  D  B  W
G  U  U  O  A  T  V  R  T  D  Y  A  M  O  K  I  I  C
I  M  X  A  H  C  A  D  Q  U  T  L  K  H  T  T  H  L
N  F  X  Y  M  P  A  A  Q  I  L  I  O  U  V  A  V  W
A  U  V  V  H  A  O  S  S  E  J  M  R  P  P  M  L  Y
P  N  A  O  T  E  H  X  B  A  P  B  A  M  H  B  C  F
L  G  N  E  Z  K  M  W  A  L  G  A  A  G  G  O  Y  B
E  E  S  O  G  N  O  B  F  S  N  N  O  N  K  U  N  H
E  L  S  X  W  C  D  N  F  V  S  H  O  G  Q  R  W  E
T  G  M  U  R  D  L  E  E  T  S  S  C  C  O  I  X  O
S  N  A  O  Q  Y  H  J  I  X  C  L  A  V  I  N  E  T
C  A  N  R  M  P  G  C  O  F  T  D  K  B  K  E  G  Q
P  I  V  N  J  X  K  K  J  Q  F  U  P  X  Q  M  I  Q
P  R  Z  C  L  A  V  E  S  S  V  N  F  Z  I  C  T  P
B  T  M  Q  Y  B  J  S  H  K  A  S  A  B  A  C  B  G
```

BASS SAXOPHONE	BONGOS	CABASA
CHAPMAN STICK	CLAVES	CLAVINET
CONGAS	COWBELL	GONG
KALIMBA	KORA	MARACAS
SITAR	STEEL DRUM	STEELPAN
TAMBOURINE	TRIANGLE	VIBRAPHONE
WHISTLE	XYLOPHONE	

Floral Fiesta I

Y U Z U Y G I Q Y E C T Q Y E M Z R
G U A C I G L S E N A C C N L K T E
W C W C P A Z S M A R I G O L D Q T
W R H Z H H O W Z I N H I E O S A S
U O Q Y I R Y S K K A G K P U I T A
D P D S U N Y A U O T E L O I V Y S
R M D I R V N S C L I H S R Y S Y O
C R K I R X I I A I O U C X I O C G
V S P F H R C I A N N I V A A W N Y
U M J Q I C A D O F T T D Z L U X P
O Z O K X Q R E L M A H H A V I X V
H K G D A F F O D I L X E T L R L C
X A X V L D W P N L N Z W M T G B Y
K K L D S E L U T R E J T E U C J B
T Z E G R S T B I A A U Z X L M V D
D O B B L E C G D W B X I W I G Y X
Y P P O P R M M R L J L B V P R E O
A Z G J W J D Y J T T Y R R T F B Z

ASTER	CARNATION	CHRYSANTHEMUM
DAFFODIL	DAISY	GLADIOLUS
HYACINTH	IRIS	LILAC
LILY	MARIGOLD	ORCHID
PEONY	PETUNIA	POPPY
ROSE	SUNFLOWER	TULIP
VIOLET	ZINNIA	

Floral Fiesta II

```
A A H P B J S T O L V A E A K A H Z R
M Z V R A V Z B T Q J A S M I N E E E A
G K F S Z W A N R U D B E C K I A Z X
B F Q D A C K N Z T U C Y C I W T W D
B V W U L X A N E Y E S O Q S V H N L
B Y B C E J E M B R T H Q L J N E S J
E E B T A E Y F E O Y I H G I O R V T
V Y G D P H N J P L H I E O C G A L Z
O S C O M E U A L G L R Y C N A O T H
L A R Y N O S O N G A I C D F R I G R
G J O W A I H K P N V B A C D D L P I
X J C M R F A X I I E L D X X P H L S
O C U A C K N U H N N S N U F A M B O
F H S G I E M P P R D N L G F N M E R
T X L E S N A P L O E B J A H S V Z R
F U C H S I A A U M R W Q V C C L O T
S A J M U I T R U T S A N W W E I O X
H W C O S M O S T W H K E A Y B J W V
G X Y S N A P O G T R I L L I U M H S
```

AZALEA   BEGONIA   CAMELLIA
COSMOS   CROCUS   FOXGLOVE
FUCHSIA   GERANIUM   HEATHER
HOLLYHOCK   JASMINE   LAVENDER
MORNING GLORY   NARCISSUS   NASTURTIUM
PANSY   QUEEN ANNES LACE   RUDBECKIA
SNAPDRAGON   TRILLIUM

Floral Fiesta III

```
T  I  J  O  N  Q  U  I  L  T  I  B  N  P  E  G  E  Q
G  R  Q  Y  A  R  R  O  W  K  H  Q  F  P  Q  I  Y  S
J  K  A  U  Q  L  Y  A  E  N  I  B  M  U  L  O  C  F
V  B  N  E  P  R  F  E  G  F  W  L  U  U  S  F  A  N
W  Y  V  P  H  L  F  C  W  A  C  A  I  Y  M  C  A  I
T  W  C  P  I  G  D  A  J  I  G  R  N  G  O  B  W  G
M  B  A  E  M  N  N  N  O  H  O  K  I  A  W  L  A  E
Y  O  A  P  H  I  B  I  S  C  U  S  H  R  O  R  L  L
A  F  I  P  O  Y  A  H  D  S  P  P  P  D  L  D  L  L
S  N  S  E  V  O  F  C  B  E  B  U  L  E  V  X  F  A
O  O  E  R  D  U  R  E  L  D  E  R  E  N  L  K  L  W
M  P  E  M  B  G  N  A  E  E  P  L  D  I  J  O  G  G
I  I  R  I  O  X  I  L  G  T  B  T  B  A  X  M  W  H
M  U  F  N  I  N  X  M  E  N  G  A  N  E  B  R  E  V
K  V  L  T  P  X  E  T  T  A  A  Y  A  W  Y  Z  R  O
I  M  P  A  T  I  E  N  S  Z  D  K  F  W  C  B  C  N
O  Y  S  I  A  D  E  Y  E  X  O  M  Z  G  G  F  F  O
W  S  P  H  H  G  V  M  E  H  E  J  C  G  L  E  D  Z
```

ANEMONE	BLEEDING HEART	COLUMBINE
DELPHINIUM	ECHINACEA	FREESIA
GARDENIA	HIBISCUS	IMPATIENS
JONQUIL	KANGAROO PAW	LARKSPUR
MIMOSA	NIGELLA	OXEYE DAISY
PEPPERMINT	VERBENA	WALLFLOWER
YARROW	ZANTEDESCHIA	

Floral Fiesta IV

```
C G L O R I O S A W N I R V I N C A P
A M A R A N T H Z B L D C X C C B B E
C N Q U I N C E R X H V E A E O S F Y
C V E K G Q I C W A T E R L I L Y P L
U R R F O R S Y T H I A V W T V L E I
Y G O T B S J G W X T B B L N S L B T
Q Z B Z L H U R D J W E R A J O I A S
U R E T P P P N A W A C H O F W A H S
H O L P J T I H Y R G A C X H P X D T
U S L M H C T V B S A L V E O P E N Y
B E C A Y E E N R R L K R W J U X L
O M H S B I R D O F P A R A D I S E X
X A R L W R S A S Y S L M N Y X H B E
O R P P Y A B T N H O I P T D M S I W
R Y F B I O E X Q T N L P H W K G H T
Y L I L A L A P M I H Y R E B R I R J
B M H F E Z R F R D N E Y M F L D Q Z
U A C G V S D W M K F Z S U O I U X O
D V Z R X O E D N U I C V M Z O Z M P
```

AMARANTH
CALLA LILY
FORSYTHIA
IMPALA LILY
ROSEMARY
VINCA
YUCCA

BEARBERRY
DAHLIA
GLORIOSA
JUPITERS BEARD
SALVIA
WATER LILY
ZEPHYRANTHES

BIRD OF PARADISE
EUPHORBIA
HELLEBORE
QUINCE
THISTLE
XERANTHEMUM

Floral Fiesta V

```
Q K E O T U A E H Z Z F P V E E F E K K L K O
Q K M S V T D V H E U A B I M N L A N A H B U
E U J T I G E R L I L Y S M P C P B B E V F C
N H A D R J Q Z U N F K O Q G I U Y S W G
B P L M O I I Q H Z Y Z F W I E F R H D F B
V L V N O T T G W O P F P N E B I I O C U D L
G N I L B C Y S A R E C O H T N A X I Y S J Y
A C D F Z A L C L L O D M M X V P C P J T I A
A K G F H C U I S U F V L E L V G R S D Y D Q
J L I G S G G V T K M W Q O G L X L Y U M Y X
G M I H R N S I R G N B O C O R E O P S I S U
M T B G J I P G O E B I R L Z U N I Z C L Y B
E E C M K M B L E J W H P E L C Z S U W L X K
X M A L L O W T M O A O N H L E U X A S E V F
X E U O N O Y O E J L O L R O L Y Z C D R F S
Y I H E T L W E R M B V A F U F A G Q K S G I
V U O S I B Y W I I I J I C L X I P R J U B T
F T L A N T A N A A B Y N D P L R A L X M U S
K M B W R H T K X Y K U O Q Z K E N V A Y I T
G T J F M G A Q O G N E E N K B T B X M N T V
U J F R K I X C Y A I O A M R I S S H Z O T P
O Q S O V N D N R R G X P T F M I R V T U T F
A H V W Y G A B E P W S X K Y A W V H X E D U
```

ALSTROEMERIA	BELLFLOWER	COREOPSIS
DUSTY MILLER	EUONYMUS	KNIPHOFIA
LANTANA	MALLOW	NIGHT BLOOMING CACTI
PAEONIA	QUAMOCLIT	RANUNCULUS
SCABIOSA	TIGER LILY	UMBRELLA PLANT
VERONICA	WISTERIA	XANTHOCERAS
YELLOW FLAG IRIS	ZENOBIA	

Garden Goodies I

```
C  O  M  R  L  K  H  A  Y  E  X  W  E
T  H  S  A  U  Q  S  T  R  L  Y  S  C
O  B  E  E  T  S  I  C  Z  K  P  L  T
L  P  E  S  O  V  D  Q  U  W  O  N  J
L  T  T  E  R  M  A  I  C  P  P  C  E
A  I  O  T  R  T  R  V  C  O  E  H  T
H  M  M  Y  A  M  U  N  H  O  R  A  F
S  B  A  A  C  B  G  R  I  K  R  R  S
V  D  T  E  B  G  U  O  N  O  F  D  G
G  U  O  K  E  E  L  C  I  I  C  A  M
O  V  C  A  B  B  A  G  E  I  P  C  I
T  H  B  Y  H  C  A  N  I  P  S  Z  W
W  K  D  J  C  K  A  L  E  K  Q  H  N
```

ARUGULA	BEETS	CABBAGE
CARROT	CHARD	CORN
KALE	LEEK	LIMA BEAN
OKRA	PEAS	RADISH
SHALLOT	SPINACH	SQUASH
TARO	TOMATO	TURNIP
YAM	ZUCCHINI	

Garden Goodies II

```
D O V U K Y O H C K O B M V
I F I N I H C C U Z S T V H
C U C U M B E R C O J O V Y
I P H A F B N Z G M J L A H
L X S G E E Z T K K B L C T
R W A Q Z E S T O R R A C N
A A U M A T C R O M N H O A
G P Q E E R U C E I A S X L
Y I S L S O C V P P A T Q P
S N K N E O U S Z V P G O G
B R M O L T M F E N N E L G
U U P I R U B V O J O V P E
P T X N P L E E K L G U B V
W O P O B G R A D I S H A P
```

BEETROOT   BOK CHOY   BROCCOLI
CARROTS   CUCUMBER   CUCUMBER
EGGPLANT   FENNEL   GARLIC
LEEK   ONION   PEPPER
PEPPERS   RADISH   SHALLOT
SPINACH   SQUASH   TOMATO
TURNIP   ZUCCHINI

Garden Goodies III

```
G X L K A L K L W L O I O D U B K Z R
E Z V Y U C B P I K W Q S R O N U F Y
R K G O W N H R M O L M K Q K X N H X
E T O U M S T O O H S A E P O B G O U
G B U H I O V F R A B P A W H P P B J
N Q H O C O V N I S I B M K L Y G J C
I C V Q R I N Y U N E N R L R W Z X A
G J U P O P T Z S L X R Q G A H U H U
H P L D G R S R M O C D A T B E D I L
H O H E R I A S A R D S E D I U W N I
N J M F E P M V L F F R E V I J T Y F
A N Y V E X A V B E C F A M I S C D L
M O V J N S C Y V R S J X L Y D H V O
P I Z N S Z I M E W Z S A G L Q N A W
Z L N A W U J S H L K T U O U O J E E
Q L C O S P S Q M U S T A R D O C L R
G A X R C E M I Z U N A G A B A T U R
T C I U G W C S E A L D T Q F Q L D B
L S N A E B A M I L I U F Q V E C A W
```

ARTICHOKE

CAULIFLOWER

GINGER

KOHLRABI

MICROGREENS

PARSNIP

SCALLION

BRUSSELS SPROUT

COLLARD

HORSERADISH

LIMA BEANS

MIZUNA

PEA SHOOTS

WATERCRESS

CASSAVA

ENDIVE

JICAMA

MESCLUN

MUSTARD

RUTABAGA

Garden Goodies IV

```
T E Y S W E E T P O T A T O D Z B C B F
W A T E R C H E S T N U T O N U C H C F
U T R E L B T U R O O T I V N C Y V R K
R O E K G L G D B O N I L F O C R L E U
E S P W A M O B Q B N C H B J H B B D K
P U P V C B Z W I V A T R C G I I V P B
P H E A M Z O C P A L R S C C N A M E M
E Q P F G X G C M E E W D Z Z I E H P T
P M N L G H D J H T P P L S Q S D S P P
E Q E M N D E R A A W P W I Q Q U A E O
G O E D V Z L T J B S W E O Z U T U R R
N L R E N X Z M T E F Q T R N A A Q U T
A W G W L K I R X I Y T U T N S R S D O
R B U T T E R N U T S Q U A S H O W H B
O R H Y Q A C O R N S Q U A S H R O V E
P S Y Z V G N A E B G N U M U H O L D L
C H S A U Q S N A P Y T T A P A O L C L
N O Q I Q J B I I J U Z N O S C T E A O
B H N W T I Y W I E U W J S P H U Y C K
A H W O I R E P P E P O N E P A L A J A
```

ACORN SQUASH	BUTTERNUT SQUASH	GREEN PEPPER
HUBBARD SQUASH	JALAPENO PEPPER	KABOCHA SQUASH
MUNG BEAN	ORANGE PEPPER	PATTYPAN SQUASH
PORTOBELLO	RADICCHIO	RED PEPPER
SNOW PEA	SPAGHETTI SQUASH	SWEET POTATO
TARO ROOT	WATER CHESTNUT	YELLOW PEPPER
YELLOW SQUASH	ZUCCHINI SQUASH	

Garden Goodies V

```
W F Q D Z R G R A P E T O M A T O L P
D M T R O D W R A D I B P X G J R L B
Z O O A E K S R E W F U Q H Q I A U T
K O S H Z K R W E E Y T E W K N D K N N
Q R N C P L A S O D N T G S I S I M G
R H E S S N B T O D O O A K S D C M L
O S E S E W O H I S I N N E K R C N S
M U R I R L U I H I A M I I X Q H O Q
A M G W R N L A N H H U B O O Q I I N
T R T S A L L T E O A S R I N N O N H
O E E Z N L O I R L L H A U C H Q O M
M T E S O T M O E L O R A C S E G A M
A S B T P P Q L M U I O A A J X U I M
T Y S M E O I E Q T Z O E E P W L L N
O O P P P P P Q A E O M C R P J N A D
I Q P H P D A B H H P M B G A V W D G
R E P P E P O R E N A B A H K H H I N
R M P O R T A B E L L A T T A H E V D
E Y O C H E R R Y T O M A T O B Z T M
```

ANAHEIM PEPPER
CHERRY TOMATO
GREEN ONION
OYSTER MUSHROOM
RADICCHIO
SERRANO PEPPER
SWISS CHARD

BEET GREENS
ESCAROLE
HABANERO PEPPER
PEARL ONION
RED ONION
SHALLOTS
VIDALIA ONION

BUTTON MUSHROOM
GRAPE TOMATO
HEIRLOOM TOMATO
PORTABELLA
ROMA TOMATO
SHIITAKE

Garden Goodies VI

```
T O B I W Y K S Q D N P F Q H G Y D Z S Z
A Z M E E P E P C H D X O A T K O R V S N
W W G Y H T O R U H W A M H U X S Y N E A
E I F T K M L A P F O S T R A E H E L J I
B G C I G A Q K M V Y W S K V M E L U O J
A Q F E D B F F Q O A R C I B R E S E B K
C L A H B D P F K D C M H H G S M R V P G
V N O L N E L K I M R C K N O N O A W O P
T T B V R L R E T R C U O R L W O P A Q I
N D K B C J F G H I L I O T L I K N N L R
K Q G U K O N O L E L I C G C I S A H K D
I A S K T O R R W E A O M G R A A I V A Y
E E I Y K K A X D O T D L E F E K L C T J
C D P G C G Y N G S C T S U L B T A C S X
D V N E D R A G O N F R U I T E M T A U S
C A G D B D K Q B T B I C C M N A I I O U
K K I T B L H X O F A V A B E A N V R B J
A O H K W W B U R D O C K R O O T N E U S
C N N G O C E T O Y A H C J Z C J F L S C
H D X A S N C V O Z E M A M A D E R E H Z
O X Q U K U N B T T W Q K S G V Y U C I H
```

CHOW CHOW

DANDELION GREENS

CELERIAC

FAVA BEAN

GARLIC CHIVES

ICEBERG LETTUCE

KANGKONG

DAIKON

EDAMAME

CHAYOTE

FIDDLEHEADS

GOBO ROOT

ITALIAN PARSLEY

KATSUOBUSHI

BITTER GOURD

BURDOCK ROOT

DRAGON FRUIT

ROSELLE

HEARTS OF PALM

KAFFIR LIME LEAVES

Tropical Treats I

```
T U R L B O H B H B Q K I Q R
V B K Y U X S Z Y T X J F I L
H A U C E M A I W I K P Z V H
X L Y H H D J C W U O G N A M
A O S E L P P A V R M D Q B H
Y R R E H C K X A F L T P M H
A R G C Y R D N A E X T P L W
P O A J D E G H M P B S M N N
A E S Y I E N O G A O Z U U D
P A E T F D N U N R T F L A N
I M E C L G E A X G A I P H O
R I P T U P N R Z O M E V C L
H B C A A A J J B E O Z P Q E
Q N V R O D I C F F T Z B T M
B A G I F O E C Q M H C Z C X
```

APPLE	BANANA	CHERRY
DATE	FIG	GRAPE
GRAPEFRUIT	GUAVA	KIWI
LEMON	LIME	LYCHEE
MANGO	MELON	ORANGE
PAPAYA	PEACH	PEAR
PLUM	TOMATO	

Tropical Treats II

```
T  P  W  A  V  O  C  A  D  O  T  J  B  U  T  U
O  I  G  N  E  C  T  A  R  I  N  E  A  D  V  B
N  N  H  V  T  A  L  G  A  A  Y  V  L  P  Q  L
A  E  C  N  I  U  Q  R  G  G  R  S  O  X  Y  X
W  A  T  E  R  M  E  L  O  N  R  M  R  A  R  N
I  P  C  G  I  B  W  N  N  J  E  T  E  L  R  D
K  P  R  N  Z  Q  L  K  F  G  B  K  C  O  E  Y
B  L  A  C  K  B  E  R  R  Y  R  E  A  B  B  R
U  E  N  U  V  B  T  A  U  N  E  L  C  M  W  R
J  C  B  W  S  O  N  K  I  P  D  V  G  A  A  E
D  T  E  K  C  A  O  C  T  L  L  R  L  R  R  B
D  Z  R  I  T  X  E  N  I  R  E  G  N  A  T  E
U  A  R  E  X  J  F  E  I  J  O  A  S  C  S  U
N  P  Y  N  L  G  C  F  F  W  B  T  R  L  E  L
A  X  R  N  D  Y  R  R  E  B  E  S  O  O  G  B
A  T  R  A  S  P  B  E  R  R  Y  U  D  B  J  H
```

ACEROLA	APRICOT	AVOCADO
BLACKBERRY	BLUEBERRY	CARAMBOLA
CRANBERRY	DRAGONFRUIT	ELDERBERRY
FEIJOA	GOOSEBERRY	KIWANO
NECTARINE	PINEAPPLE	POMEGRANATE
QUINCE	RASPBERRY	STRAWBERRY
TANGERINE	WATERMELON	

Tropical Treats III

```
T  J  Y  N  A  G  N  O  L  I  V  E  P  N  I  A  F
H  K  C  D  K  Y  P  Y  V  V  U  Y  G  A  H  Z  Z
J  M  V  Q  K  F  U  I  F  Z  H  T  D  S  X  J  R
V  U  Y  C  B  I  L  B  E  R  R  Y  W  H  O  Y  A
C  L  T  P  A  S  S  I  O  N  F  R  U  I  T  J  G
P  B  I  F  C  B  R  E  A  D  F  R  U  I  T  K  C
Y  E  U  H  H  A  B  Z  C  L  X  E  A  M  I  E  Y
C  R  R  S  E  F  N  C  Q  O  E  B  N  V  U  B  S
G  R  F  S  R  J  K  T  Z  T  A  E  L  A  R  U  G
T  Y  I  H  I  U  S  N  A  C  H  L  K  Y  F  J  Q
H  L  L  H  M  M  M  M  I  L  O  K  R  C  R  U  W
Y  S  G  Q  O  C  M  T  Z  P  O  C  L  P  A  J  M
A  N  U  D  Y  Z  U  O  O  I  G  U  O  W  T  W  D
Q  A  R  M  A  B  Y  W  N  T  V  H  P  N  S  X  G
T  E  I  N  A  T  U  B  M  A  R  A  Z  E  A  P  Q
V  N  Q  J  C  P  I  G  G  Y  M  N  T  T  B  O  F
Z  H  Q  N  Y  W  T  A  H  A  A  W  Y  C  Q  Z  S
```

ACKEE
CANTALOUPE
HUCKLEBERRY
KUMQUAT
NASHI
PERSIMMON
STARFRUIT

BILBERRY
CHERIMOYA
JABUTICABA
LONGAN
OLIVE
PITAYA
UGLI FRUIT

BREADFRUIT
COCONA
JUJUBE
MULBERRY
PASSIONFRUIT
RAMBUTAN

Tropical Treats IV

```
O C V V Q A E G J J L S G G R F B T
E U F I U C V K E Q O N K P M F N A
S O G E N E E T S O G N A M X C A U
U P M B X O F M Z F A Y N Y K D Q Q
K S K F F G N Y E G N I R O N L B O
A O E H U B F R B Y B R Y U O E L L
N H I O F H H R M M E I M F S M I G
A J A M B U L E I B R I U V M O C R
B E P A Q Y D B N Q R A I F A N C E
A B P U X L T E H A Y E U Y D A K E
N Z L Q A N D I C D X N C Y Y D J N
A C E R W L F L U U T G A A S E M G
U V P M O K E L V R A F U H Q F X A
G N K G I F G A V I F M P I E R Y G
J C V R R E V L B A C K U T A U N E
H B Q U V Y Q O H N P H C X E I J O
F F I G W O R T H I C P S A Q T K A
S T X Z M E L P P A B A R C J E Y I
```

CRABAPPLE
DURIAN
GREENGAGE
JACKFRUIT
LEMONADE FRUIT
MANGOSTEEN
NONI

CUPUACU
FIGWORT
GUANABANA
JAMBUL
LOGANBERRY
MEDLAR
OLALLIEBERRY

DAMSON
GOLDENBERRY
IMBE
KEI APPLE
LOQUAT
MIRACLE FRUIT

Tropical Treats V

```
D B S Z L A H G M P E V Q M U F Q R E J D
E V H Y Q V K B L Z E M T M H W L R V K Y
Q O L E G N A T H U W P X V G T M M V L P
B I F L J Y B C E W Z X I V Z S T W V S P
F Q P L J R E B M U C U C N A C I R F A H
V S L O K R V A K M X C Y W O D A S U Y Y
F U A W K E N I H P I N E B E R R Y E A A
J V N W G B I X M W G X I L R Q W G Y X Q
Z T T A F Y R R U H U E P K T O C M U L P
G J A T P A Z Q V I A P M E U X E B N H A
P B I E V T P K H T A H N W C V M L A I W
S E N R S V Y R R E B N O O T A K S A S P
P Q Y M J U L B T C Q J K O J N E O A I A
Y T U E V S G I W U Q Z R X H I O U U B W
Z T C L D W E A I R F N A N M L Q R B N G
A A T O R H Z F R R L W U J E L I S U E M
H S G N A N V J S A D Y K M Y A I O O W Z
T W Z T Q J Z I Z N P X O O F B G P S M L
R U O W A A D A K T M P Q T J E E R Y Q I
D U L Y F P Q L B Z P T L A S A V K K B G
Y B R X S Q O B L C H A R E I N G U B D R
```

AFRICAN CUCUMBER	OTAHEITE APPLE	PAWPAW
PEPINO	PINEBERRY	PLANTAIN
PLUMCOT	POMELO	SASKATOON BERRY
SOURSOP	SUGAR APPLE	TANGELO
TAYBERRY	UGNI	VANILLA BEAN
WAX JAMBU	WHITE CURRANT	XIGUA
YELLOW WATERMELON	YUZU	

Furry Friends 1

```
F E H T U R F A V K I N W D R B O P L A H H
Z G S O N R Z L T O S P A A S A H L M J N D
C H X E P O M E R A N I A N D K B Y C Y D F
D G K S T S S B Y K L T J Y O E I Y W Z H Q
G E E Q L E O V T N L R L D O W Y R Y L Q
O G L A B R A D O R R E T R I E V E R I C G
D Z U W S P I M G O O A U F S D H V A P O B
L W R P O O D L E U G N C X E C Z Y L T C U
L A I C H O Y G F K S X P I S R J N M D K L
U O C J E S E G N I K E P N I E F J M N E L
B G B O S T O N T E R R I E R L Q W B S R D
H Q S Z U V N O L L I P A P F I E I Z C S O
C L O I V C E Z A E E A L P N E W D W H P G
N K S L L E S S U R K C A J O W U M J N A D
E A C V O Z R V U W R D F K H T F W G A N L
R Q K Y W R F T A D W L M P C T Y V D U I U
F E O B C C A H S H A R P E I O S T H Z E D
G K F B B I Q B S C U Q L F B R F S C E L A
C P M D N U O H Y E R G X Q L J H D H R A M
V S N I R P O L K T D P F X O C U P Z W S O
K F M L S W E P E R M V F M A H C K V D R C
X N V O O M E M I O F P X D P H N R P G K O
```

BICHON FRISE
COCKER SPANIEL
GREYHOUND
LHASA APSO
PAPILLON
POODLE
SCHNAUZER

BOSTON TERRIER
DACHSHUND
JACK RUSSELL
MALTESE
PEKINGESE
PUG
SHAR PEI

BULLDOG
FRENCH BULLDOG
LABRADOR RETRIEVER
MINIATURE PINSCHER
POMERANIAN
ROTTWEILER

Furry Friends II

```
I  D  W  D  R  E  H  P  E  H  S  N  A  M  R  E  G  H  B  Z  M  T  U
K  G  O  D  P  E  E  H  S  C  T  C  O  X  E  P  L  K  E  O  C  F  B
Q  J  U  B  R  L  L  J  X  T  P  N  B  J  I  T  N  L  I  L  O  M  O
A  W  B  N  E  D  A  M  R  N  R  R  K  X  R  D  G  S  A  H  O  C  R
S  E  E  N  E  R  Y  P  T  A  E  R  G  V  R  A  R  I  K  S  D  M  D
Z  L  D  N  T  E  M  C  R  O  X  A  Y  F  E  E  N  B  Y  H  N  X  E
J  S  M  A  I  H  S  A  Y  B  O  Q  S  B  T  S  U  E  A  I  T  V  R
R  H  A  G  Y  P  Q  Q  N  G  B  O  B  T  L  R  C  R  P  B  Q  T  C
M  C  N  O  J  E  B  M  O  P  I  Z  E  P  L  E  F  I  D  A  Q  D  O
R  O  U  I  O  H  P  P  Q  Z  I  S  F  W  U  V  K  A  O  I  H  R  L
M  R  D  Y  I  S  D  W  K  C  H  N  T  E  B  E  I  N  G  N  C  A  L
V  G  X  R  M  N  M  J  S  S  L  E  S  S  Q  I  B  H  U  U  X  N  I
I  I  Z  G  M  A  N  F  I  P  Q  A  H  C  W  R  M  U  N  O  I  R  E
X  N  N  J  G  I  Y  R  R  F  B  I  H  D  H  T  K  S  B  P  S  E  N
O  N  Z  Q  E  L  I  R  A  N  H  I  V  Z  A  E  R  K  S  G  Z  B  A
V  M  H  R  X  A  L  K  K  T  H  A  H  W  Z  R  R  Y  O  V  C  T  D
I  W  O  D  S  R  I  S  Z  U  F  S  H  M  M  N  U  A  B  D  G  N  T
M  X  R  Q  N  T  N  U  A  I  T  C  K  Y  E  E  C  K  E  E  O  I  A
P  N  J  L  A  S  S  H  U  N  Y  V  J  W  N  D  M  D  Y  W  T  A  E
I  A  M  N  N  U  U  O  E  K  G  J  B  C  T  L  B  A  W  U  Y  S  R
S  Z  X  Z  P  A  X  Z  P  Z  P  S  T  Q  B  O  U  V  X  A  C  C  G
V  R  O  C  H  C  H  O  W  C  H  O  W  K  R  G  P  U  X  V  J  M  X
L  V  H  D  D  W  D  W  N  C  N  Z  X  L  T  Z  U  J  V  Y  C  R  M  D
```

AKITA	AUSTRALIAN SHEPHERD	BEAGLE
BORDER COLLIE	BOXER	BULL TERRIER
CHIHUAHUA	CHOW CHOW	DOBERMAN PINSCHER
GERMAN SHEPHERD	GOLDEN RETRIEVER	GREAT DANE
GREAT PYRENEES	IRISH SETTER	SAINT BERNARD
SHEEPDOG	SHIBA INU	SHIH TZU
SIBERIAN HUSKY	WELSH CORGI	

Color Quest I

```
A  Z  U  R  E  Q  D  F  M  T  B  A  X  M  M  D
Z  W  M  G  E  D  B  I  S  Q  U  E  L  R  P  X
F  S  Z  S  I  B  E  C  A  F  G  E  I  E  Y  S
Q  Z  L  A  S  H  M  M  K  J  Q  D  K  G  N  P
H  N  B  Q  J  H  B  U  A  U  V  Y  V  G  E  N
R  W  A  U  P  E  T  M  T  P  X  C  K  N  R  D
G  O  D  A  R  U  B  N  P  N  R  H  S  U  L  B
B  R  N  M  E  N  W  L  A  M  R  I  B  H  I  B
O  B  O  A  H  W  T  E  A  R  U  U  C  W  O  S
R  H  M  R  Z  D  P  S  U  C  A  D  B  O  L  E
V  U  L  I  K  M  F  R  I  B  K  M  L  M  T  O
X  O  A  N  B  R  O  N  Z  E  L  F  A  H  X  A
R  K  Q  E  I  Z  W  Q  A  C  N  U  D  H  Q  O
U  H  B  U  R  G  U  N  D  Y  X  N  E  U  V  L
B  Y  A  V  V  E  U  L  B  T  E  D  A  C  O  I
B  T  D  B  I  Z  X  R  R  H  X  C  G  G  Z  E
```

ALMOND	AMARANTH	AMBER
APRICOT	AQUA	AQUAMARINE
ASH	AUBURN	AZURE
BEIGE	BISQUE	BLACK
BLUE	BLUSH	BRONZE
BROWN	BURGUNDY	BURNT SIENNA
BURNT UMBER	CADET BLUE	

Color Quest II

```
D  B  H  A  D  X  K  E  N  I  R  T  I  C  A
C  C  Y  A  N  M  Q  F  W  F  J  K  J  A  I
T  O  R  N  K  C  H  W  R  E  P  P  O  C  W
E  T  B  E  X  L  E  M  A  C  E  D  Y  O  C
R  U  E  A  A  Y  N  L  U  Z  T  N  H  M  H
A  N  G  P  L  M  I  K  A  D  A  P  L  S  A
L  T  O  W  W  T  M  U  I  D  L  F  Q  L  R
C  S  B  M  C  O  R  N  F  L  O  W  E  R  T
R  E  E  T  A  K  A  T  S  C  C  N  G  Y  R
J  H  R  H  F  N  C  C  A  C  O  H  P  J  E
T  C  Q  U  O  P  N  K  V  Z  H  R  I  E  U
M  Z  G  K  L  V  T  I  P  B  C  E  A  T  S
I  W  X  Y  D  E  X  I  C  P  A  H  R  L  E
X  B  F  E  N  G  A  P  M  A  H  C  K  R  B
D  C  O  F  F  E  E  N  O  S  M  I  R  C  Y
```

CAMEL
CERULEAN
CHERRY
CINNAMON
COBALT
CORAL
CRIMSON

CARMINE
CHAMPAGNE
CHESTNUT
CITRINE
COFFEE
CORNFLOWER
CYAN

CELADON
CHARTREUSE
CHOCOLATE
CLARET
COPPER
CREAM

Color Quest III

```
A  F  L  A  M  I  N  G  O  V  O  V  L  M  Q  M
J  I  T  D  Q  E  P  A  R  G  V  S  M  T  F  C
C  K  S  C  C  R  P  W  E  D  Y  E  N  O  H  Y
E  K  F  H  U  U  I  L  G  T  L  A  R  M  X  A
D  W  O  I  C  H  V  K  N  Q  L  E  X  X  K  R
Y  D  Q  E  R  U  R  N  I  P  S  Z  T  K  S  G
A  N  I  U  C  E  F  R  G  T  O  N  X  R  G  D
R  N  O  L  I  H  B  G  G  K  M  P  N  Z  M  E
G  S  M  B  N  E  E  R  G  N  R  E  F  R  Y  N
K  J  Y  R  E  W  E  Z  I  R  G  U  Z  J  U  I
R  Q  E  E  R  E  A  Q  Z  C  E  G  D  I  F  M
A  V  H  G  N  R  I  F  X  F  K  E  N  X  W  V
D  L  D  D  O  R  N  E  D  L  O  G  N  A  S  E
L  H  O  O  R  C  Y  O  W  P  Q  D  I  G  F  K
O  T  D  D  N  A  S  T  R  E  S  E  D  S  Z  D
G  Q  I  V  D  L  A  R  E  M  E  E  W  L  C  A
```

DARK GRAY	DENIM	DESERT SAND
DODGER BLUE	EBONY	EGGPLANT
EMERALD	FAWN	FERN GREEN
FIREBRICK	FLAMINGO	FOREST GREEN
FUCHSIA	GINGER	GOLD
GOLDENROD	GRAPE	GRAY
GREEN	HONEYDEW	

Color Quest IV

```
U  H  K  M  Y  X  P  C  C  M  K  R  F  V  P  U  Y
S  G  B  H  I  J  Q  I  L  Y  A  K  C  J  O  Q  L
P  C  I  L  T  D  N  N  Q  A  P  A  Y  M  Y  L  O
T  N  I  M  L  A  N  D  W  R  V  B  Z  Q  R  B  S
N  M  D  X  A  Q  H  I  A  G  A  E  Y  A  Y  R  D
E  V  U  A  M  G  D  A  G  T  W  F  N  R  P  R  D
N  Q  M  Y  Z  H  S  N  W  H  N  W  T  D  X  M  E
I  K  D  W  Z  M  I  R  L  G  T  E  R  U  E  T  W
L  Z  P  L  E  W  D  E  B  I  T  B  G  B  O  R  A
K  Q  X  N  O  Y  K  D  U  L  L  L  L  A  S  A  I
J  A  D  E  L  G  N  U  W  L  L  A  N  U  M  A  M
L  T  N  F  O  G  I  D  N  I  B  E  C  N  E  A  Q
N  W  O  K  T  J  P  R  N  M  I  T  M  D  R  N  V
O  T  M  X  N  B  T  V  A  K  Q  V  H  O  I  Y  O
F  L  E  R  X  P  O  A  A  M  A  H  O  G  A  N  Y
Z  J  L  K  N  C  H  H  E  E  Y  N  T  R  I  B  X
D  Z  P  R  W  F  K  O  M  R  R  I  I  F  Y  L  A
```

HOT PINK	INDIAN RED	INDIGO
IVORY	JADE	KHAKI
LAVENDER	LEMON	LIGHT BLUE
LIGHT GRAY	LILAC	LIME
LINEN	MAGENTA	MAHOGANY
MARIGOLD	MAROON	MAUVE
MIDNIGHT BLUE	MINT	

Color Quest V

```
E  P  D  E  E  F  Z  A  W  E  T  G  I  P  E
B  U  L  R  L  G  V  P  J  O  K  K  E  C  V
D  D  L  U  J  K  N  L  U  P  N  M  O  V  I
K  I  R  B  M  M  N  A  U  R  I  E  C  M  L
K  H  G  S  Y  U  M  I  R  R  P  U  L  M  O
H  C  A  E  P  V  S  Q  W  O  L  L  H  M  G
E  R  M  V  P  D  A  T  X  I  V  B  E  O  D
V  O  K  G  U  Z  D  N  A  C  R  R  B  X  O
W  F  Q  U  M  O  S  S  G  R  E  E  N  P  K
Y  K  N  I  P  E  L  A  P  R  D  D  P  E  Y
H  U  W  Q  K  F  F  E  W  D  W  D  W  E  R  Q
C  A  Y  U  I  D  W  I  Z  C  M  O  C  H  A
M  J  C  F  N  T  A  Y  A  P  A  P  A  C  B
P  N  U  X  E  L  C  J  L  R  A  E  P  O  Z
S  Y  R  R  E  B  P  S  A  R  N  A  N  K  A
```

MOCHA
NAVY BLUE
ORANGE
PAPAYA
PERIWINKLE
PLUM
PURPLE

MOSS GREEN
OCHRE
ORCHID
PEACH
PEWTER
POWDER BLUE
RASPBERRY

MUSTARD
OLIVE
PALE PINK
PEARL
PINK
PUMPKIN

Color Quest VI

```
E E T A L S L B F C K I P A Q F
D S T E E L B L U E D Z V H I W
R A B B K N J I R N E I Z Z W M
E O V K B O K E Q I R X C S W P
O N S Z U M M G O R E C J E C F
J T E E Z L A S Z E V R S P G F
B W A E A A C O T G L K K I V Q
T C A C R S U E F N I N Y A A U
R B J J O G L R O A S C B I D G
T S U R Y R G G K T E B L Q N N
O M C Z A L D N A A T S U Y A P
O U U C L G H K I A M W E G S D
C W S X B N K N O R F F A S J A
D Y U Y L N W O N S P X D S G L
C E E P U A T D R B Y S R P C I
M Z E N E X T A N O M D J N P K
```

RED
RUST
SAND
SEPIA
SLATE
SPRING GREEN
TANGERINE

ROSE
SAFFRON
SCARLET
SILVER
SMOKE
STEEL BLUE
TAUPE

ROYAL BLUE
SALMON
SEAFOAM
SKY BLUE
SNOW
TAN

Vocational Voyage I

```
N  L  S  N  K  D  A  U  T  H  O  R  M  Z  I  Q  C
O  R  G  C  L  F  W  R  C  T  K  F  E  T  X  W  I
N  T  E  V  T  Q  E  V  H  S  I  C  K  C  I  B
O  S  Z  P  I  K  Y  H  R  B  E  L  I  H  N  O  M
W  I  K  W  A  E  T  B  C  A  Y  M  D  E  I  A  B
V  N  G  B  D  C  B  U  Z  R  U  D  I  L  Y  F  B
L  A  H  D  Q  U  S  S  D  B  S  I  E  S  D  F  I
A  T  C  M  I  X  C  D  B  E  I  R  A  D  T  M  Y
W  O  N  L  J  F  J  R  N  R  M  E  Y  D  S  T  Q
Y  B  D  Q  U  R  Z  I  P  A  J  C  W  U  F  S  Y
E  E  Z  J  D  M  Z  V  K  M  L  T  H  L  O  I  E
R  E  T  H  G  I  F  E  R  I  F  O  O  Z  H  C  V
P  X  X  S  E  V  R  R  N  A  M  R  E  H  S  I  F
T  V  C  Z  Y  S  Z  R  P  O  I  B  M  U  G  S  V
D  I  P  L  O  M  A  T  V  S  G  N  H  M  T  Y  C
L  E  C  T  U  R  E  R  T  Z  D  H  F  V  K  H  W
Z  L  A  P  V  H  Z  H  J  T  N  F  J  K  O  P  B
```

AUTHOR	BAKER	BANKER
BARBER	BOILERMAKER	BOTANIST
BUILDER	BUS DRIVER	CHEF
CHEMIST	DIPLOMAT	FILM DIRECTOR
FIREFIGHTER	FISHERMAN	FLORIST
JUDGE	LANDSCAPER	LAWYER
LECTURER	PHYSICIST	

Vocational Voyage II

```
Z  I  Q  S  D  U  W  R  E  K  A  M  T  E  N  I  B  A  C  T  T
R  Y  L  C  O  W  O  R  R  R  E  K  R  O  W  L  A  I  C  O  S
Q  Y  R  E  N  F  A  F  F  E  E  M  L  E  F  K  C  J  S  N  I
R  E  T  I  A  W  T  J  S  H  H  K  L  N  S  I  A  Y  Q  C  P
W  S  N  X  I  J  D  W  C  P  Q  P  X  M  B  O  R  Z  Z  X  Y
M  C  M  L  R  D  D  G  A  A  O  E  A  G  L  R  P  M  M  U  T
F  W  C  M  A  F  Q  J  A  R  U  I  E  R  O  R  E  M  O  A  S
J  Z  W  Y  N  E  P  H  O  G  E  G  Y  F  G  C  N  G  O  B  V
O  P  I  X  I  E  Y  U  U  I  G  E  E  G  G  O  T  Q  N  C  E
O  K  I  W  R  Z  M  I  C  L  P  L  N  J  E  E  E  Z  D  I  B
B  I  N  R  E  B  R  B  O  L  C  N  Q  G  R  F  R  D  Y  H  S
U  B  E  E  T  N  X  N  P  A  R  O  A  B  I  K  O  D  I  B  P
K  Z  P  Z  E  W  K  A  Y  C  J  B  U  I  B  N  Y  Y  A  V  A
D  C  O  H  V  A  E  Q  W  Z  N  P  U  N  R  P  E  R  U  Y  V
S  V  X  M  F  J  X  Z  R  Q  P  R  O  E  S  A  T  E  H  K  E
W  I  B  I  O  L  O  G  I  S  T  M  Y  V  H  E  R  T  R  U  T
V  I  D  E  O  E  D  I  T  O  R  F  Z  D  N  J  L  B  A  R  L
D  G  E  D  U  K  U  L  E  R  G  E  H  D  S  Q  S  O  I  Y  O
X  N  A  M  S  T  F  A  R  C  N  L  E  O  X  N  A  S  R  L  U
V  W  Q  F  D  B  O  O  M  T  B  R  O  T  A  R  U  C  Z  P  M
U  H  G  V  B  J  A  D  D  T  F  J  T  M  S  Z  D  D  U  Z  I
```

BARTENDER
CABINETMAKER
COMPOSER
CRAFTSMAN
SINGER
TYPIST
VIDEOGRAPHER

BIOLOGIST
CALLIGRAPHER
COPYWRITER
CURATOR
SOCIAL WORKER
VETERINARIAN
WAITER

BLOGGER
CARPENTER
COUNSELOR
LIBRARIAN
SOFTWARE ENGINEER
VIDEO EDITOR

Vocational Voyage III

```
L  S  V  T  T  C  E  X  S  S  L  X  U  W  V  A  H  X
G  M  F  J  K  L  G  R  H  B  A  W  I  L  Z  A  Q  T
W  V  G  P  R  O  F  E  S  S  O  R  Z  Q  I  R  T  H
V  R  E  T  T  U  C  E  N  O  T  S  I  G  I  E  D  M
H  O  P  R  J  A  R  O  T  I  N  A  J  K  E  M  P  X
T  N  O  S  R  E  P  E  E  K  E  R  O  T  S  M  L  D
M  S  L  T  H  I  S  T  O  R  I  A  N  T  T  A  U  Y
F  M  I  J  P  I  L  L  U  S  T  R  A  T  O  R  M  Z
X  S  C  N  L  O  C  K  S  M  I  T  H  N  C  G  B  G
T  V  E  D  O  P  L  Z  G  L  I  S  U  E  K  O  E  Z
M  Z  O  L  K  I  N  I  I  S  X  I  S  G  B  R  R  Q
Y  B  F  V  V  F  T  F  T  D  Y  U  G  A  R  P  R  K
N  G  F  G  H  W  E  I  Y  I  E  G  A  C  O  F  P  H
W  O  I  T  O  G  C  O  R  C  C  N  V  T  K  T  G  U
H  O  C  P  U  I  U  Y  F  T  P  I  N  O  E  Z  B  Q
W  Q  E  A  A  J  K  H  K  O  U  L  A  R  R  T  T  Y
D  R  R  N  R  U  Z  R  H  N  T  N  J  N  V  X  E  W
P  D  H  Z  F  R  E  T  E  R  P  R  E  T  N  I  M  H
```

ACTOR

AGENT

ARTIST

HISTORIAN

ILLUSTRATOR

INTERPRETER

JANITOR

LIFEGUARD

LINGUIST

LOCKSMITH

NUTRITIONIST

PLUMBER

POLICE OFFICER

POLITICIAN

PROFESSOR

PROGRAMMER

STATISTICIAN

STOCKBROKER

STONECUTTER

STOREKEEPER

Vocational Voyage IV

```
A H K M M K S O S S E R T I A W X D A
T L R Y O C S N A M O R D C L J U F L
C A K G S D K R A F V E T R P E H L L
L A D Q T O E D S I S V E O E T R T P
G X J T S P K L S I C N J T Q T U J S
D M D H O I O F G Q I I F P E H I L G
Q Q E R Y W D N N M E W S L G L O R Y
Y C T I I E E G H R N E M U Z D H O W
Y E E Y Y R V R L Y T B S C M A Z T D
R O C P Q Q H Z W A I D S S Q B L U A
U T T Q N O S R E P S E L A S Y O T Z
J F I N R O T C U R T S N I A G O Y Z
H P V I R P N P R O H I B U H T Q P W
P N E H Q M P Q C N V G W L R N C T O
C I I Y H R Q T S I T N E D O S V X Y
Y W L Q T C F H N Z M E L K T W E H F
Z V R E H C R A E S E R D Y Y Q E R G
R A S U J I L X Y C K A E F S I E R M
Y D Z P X P M G K O K D R E H S A J I
```

ATHLETE	DENTIST	DESIGNER
DETECTIVE	GLASSBLOWER	MINER
MODEL	MUSICIAN	NURSE
REPORTER	RESEARCHER	SALESPERSON
SCIENTIST	SCULPTOR	TUTOR
WAITRESS	WEB DESIGNER	WELDER
WRITER	YOGA INSTRUCTOR	

Vocational Voyage V

```
U  Z  C  Z  J  P  B  Y  I  S  A  J  Z  S  N  C  B  Z  I  X
A  R  L  H  G  L  R  H  F  A  K  V  E  U  S  J  S  K  F  U
U  O  B  E  L  M  P  Z  R  O  N  F  T  W  W  H  U  L  I  G
S  T  F  R  E  N  G  I  S  E  D  C  I  H  P  A  R  G  U  E
X  I  J  V  L  N  L  B  Z  J  W  M  S  O  K  I  G  B  V  X
D  D  G  B  R  H  T  R  C  K  M  U  Q  B  Z  R  E  H  W  F
Q  E  N  M  H  T  P  O  R  I  R  H  Q  D  O  S  O  C  W  F
U  G  Y  H  P  D  G  E  N  V  G  C  R  T  R  T  N  A  C  M
J  E  S  U  C  E  L  G  E  T  A  B  A  E  N  Y  D  O  G  N
D  D  C  J  U  C  C  Y  H  A  C  L  P  P  N  L  H  C  O  Y
W  I  K  U  E  O  O  E  N  Y  S  D  I  E  T  I  T  I  A  N
R  U  F  K  A  R  R  L  L  N  D  G  T  E  W  S  A  H  E  I
A  G  P  C  B  A  B  R  A  T  D  I  R  E  C  T  O  R  S  N
T  R  H  K  P  T  D  R  I  V  E  R  R  L  U  O  C  L  T  J
Q  U  N  I  Q  O  T  N  Q  Q  N  I  A  F  S  N  D  P  N  V
R  O  S  N  C  R  Q  R  N  H  J  P  S  F  L  V  K  P  Y  Y
R  T  W  T  N  K  G  J  D  O  K  N  Y  L  T  X  S  L  F  L
F  G  O  M  D  J  A  W  Q  A  M  J  L  I  C  E  C  D  N  N
O  R  I  L  E  C  O  N  O  M  I  S  T  Y  M  K  R  F  I  H
L  C  V  S  M  M  Z  T  L  R  E  D  O  C  X  O  A  I  R  O
```

CLERK
DECORATOR
DOCTOR
ECONOMIST
HAIR STYLIST
SWIMMING COACH
TRAINER

COACH
DIETITIAN
DRAFTER
EDITOR
SURGEON
THERAPIST
TRANSLATOR

CODER
DIRECTOR
DRIVER
GRAPHIC DESIGNER
SURVEYOR
TOUR GUIDE

Vocational Voyage VI

```
J Y R E A L T O R E G A N A M Q O T S A G
C W C I G W J X V E Z T L S F O P J M F J
R X I E N I W L C Y P T K T R P X H E I V
Q O V N K P E E R C R O T C U D N O C H V
T F L S T H C I N U R M L B B K C E H Z T
R S N I N T L H C T N J L E K R B X A N T
I T R M A H A K N Q E I J L V E A X N Z C
N F E D T D X J A S R V P A E N E I S U
L V H G S R T Q F H I R T E N N D J C D W
W U C Y I O R E E H S C R A Y I F P Y L E
M R A V S T A R E J S J I E I G U H T P F
K S E Q S U V H D F J C I N T N E Q F I D
P R T W A T E R G T I Q X Q H E E D Y O A
S M Y Y L I L X G R R W F S T C K R N T C
R C X E A M A F T L T D D F U S E R V G M
G J M F C R G C M P U B L I C I S T A M O
N B Q F I J E S Y S A T P O M H K Z I M R
J C M J D L N G G O B Z X I V T T Y H N T
B F N S E M T R J L K S K F O B K Z I W C
A P L T M W T X D Y A M T N D S O G K U N
V N M J T N A T L U S N O C Z X O R N Q Z
```

CONDUCTOR
ELECTRICIAN
MANAGER
MEDICAL ASSISTANT
PUBLISHER
TEACHER
TRUCK DRIVER

CONSULTANT
ENGINEER
MARKETER
MIDWIFE
REALTOR
TECHNICIAN
TUTOR

DEVELOPER
ENTERTAINER
MECHANIC
PUBLICIST
TAILOR
TRAVEL AGENT

Vocational Voyage VII

```
Z Z I H S S P R E M R A F J K E Q Q E V
U U S A G A M E R T S I G O L O E G J X
T C O M G I B N O A R U Q X T H O O W O
J O X F Z D W G P O P E G A Z M U C V X
B G Q H A K V I T K A A T Z U R Z C M S
G Z V G W T A S O I R U R S N N Z T W T
P G D X X I A E M D J T W A E K S H Y V
E H R N X P Z D E E V S L M M R K U F E
N M O V E W N N T M S I C N H E O Y A R
Z K B T A P E O R O S N T O O T D F O Y
Y T I Z O R K I I T E O A T L A G I L R
R B P O Z G M H S T A I J M L P U F C R
A A P T J Z R S T Y M T M A E L P U W S
T N A M Y D N A H L S P N I Y R Z S C V
E N I P H H N F P S T E H L U G O A E V
R G N S Q R X V M H R C W W L V M F W R
C E T U A X M Y T E E A X P H M F A Z
E J E I V L W L H F S R Y I Y U Y U T Q
S Q R J X P F R X L S D E E R E F E R I
Y Q T W B M G V H T I M S D L O G Y F Y
```

COOK
FOREMAN
GARDENER
HANDYMAN
PAINTER
PHOTOGRAPHER
SEAMSTRESS

FARMER
FORESTER
GEOLOGIST
JOURNALIST
PARAMEDIC
RECEPTIONIST
SECRETARY

FASHION DESIGNER
GAMER
GOLDSMITH
OPTOMETRIST
PASTOR
REFEREE

Vocational Voyage VIII

```
F  Q  E  N  S  V  D  M  N  A  I  C  I  T  P  O  A  Z  N  O
L  X  N  V  A  S  M  R  F  K  C  X  J  Y  K  S  F  X  Q  I
N  W  J  X  S  I  T  T  A  P  Z  Y  C  M  W  M  D  P  J  F
S  M  I  B  T  T  C  S  X  U  U  S  Y  K  N  T  I  C  T  K
P  Y  B  D  R  S  S  I  L  E  G  O  B  U  I  L  D  E  R  I
B  S  Q  W  O  I  P  P  N  I  F  Y  S  X  O  E  A  N  N  B
U  T  L  Y  N  T  S  A  O  H  F  R  T  T  K  T  F  R  R  G
Z  E  S  L  A  R  Y  R  K  R  C  E  A  I  A  B  Q  E  T  S
D  R  H  F  U  A  C  E  N  T  T  E  G  S  R  V  U  T  D  I
X  Y  S  F  T  P  H  H  G  C  R  S  T  U  H  U  Q  V  L  N
I  S  O  D  R  U  O  T  Y  D  D  E  C  D  A  X  C  T  V  G
W  H  M  Q  B  E  L  O  Z  V  R  X  P  O  N  R  D  E  O  E
F  O  M  B  K  K  O  I  X  N  G  Q  P  E  A  U  D  W  S  R
N  P  E  I  S  A  G  S  D  Q  F  Z  H  K  E  C  O  Q  N  U
Y  P  L  C  F  M  I  Y  M  K  V  B  M  G  M  K  H  S  X  R
V  E  I  N  Y  M  S  H  T  P  H  F  M  R  Y  T  O  L  I  P
A  R  E  V  E  N  T  P  L  A  N  N  E  R  Y  N  Z  O  P  X
O  D  R  P  T  Q  S  O  Y  X  R  V  N  S  X  G  L  E  Z  D
J  G  N  A  I  C  I  G  A  M  H  K  V  P  J  B  W  U  C  Q
C  F  T  S  I  P  A  R  E  H  T  H  C  E  E  P  S  N  A  B
```

ASTRONAUT	EVENT PLANNER	LEGO BUILDER
LIFEGUARD	MAGICIAN	MAKEUP ARTIST
MYSTERY SHOPPER	OPTICIAN	PHYSIOTHERAPIST
PILOT	PILOT	PSYCHOLOGIST
SECURITY GUARD	SINGER	SOMMELIER
SOUND TECHNICIAN	SPEECH THERAPIST	SPORTS COACH
TEA TASTER	ZOOKEEPER	

Medical Professions I

```
T V N Q H L M J D E P I D E M I O L O G I S T
S T S I G O L O H T A P H A R M A C I S T O S
I S N D T E N K C J A M E A F A A F B M Q Z I
G I T A K B P T T A V W E U Z N Q X C W O L G
R R S V T U W C H I R O P R A C T O R S N L O
E T I D F S Y F X C O D N V X B Y B L N C V L
L A G P E D I A T R I C I A N S J A R C O H O
L I O Z T V J S W J H D Q O K I B Y B G L Z I
A H L S S V Z U S Y V E U A L Y X O U V O V S
P C O G I T J K Q A R R M J L O P U B X G N E
G Y T N C S C J W B N M S A Z H G B T I I T H
M S A B I I R A E V I A X J T V V I C X S Z T
I P M I T G A C L E Y T I H V O Q W S I T H S
U J U L E O P J P P Q O A C H W L W G T U Y E
F Q E G N L T S I G O L O N I R C O D N E N N
I A H I E O M W L C M O L P K S L S G F M C A
S Q R S G I P N Y O P G J X H O Y A Y I P E M
I H I L R D S V L E U I B Q R M A H W T S M R
O T Z J X A K O V L K S R U X M B K P J O T U
Y F F T V R G R N N M T E F Z W O P G Z E S W
Q S G J M I N W K P Z N N V O H F M R R B R H
X N I U S C A H D Y R E N Z X Y J Y V H P B C
V S S T J X X N S H G E W H U C X X Q D V A D
```

ALLERGIST   ANESTHESIOLOGIST   CARDIOLOGIST
CHIROPRACTOR   DERMATOLOGIST   EMT
ENDOCRINOLOGIST   EPIDEMIOLOGIST   GENETICIST
HEMATOLOGIST   NEUROLOGIST   ONCOLOGIST
OPHTHALMOLOGIST   PATHOLOGIST   PEDIATRICIAN
PHARMACIST   PHYSICIAN ASSISTANT   PSYCHIATRIST
RADIOLOGIST   RHEUMATOLOGIST

Medical Profesisons II

```
X F V P G U G A T Y T Y A O Y W Z K G C S J Z
R G Y O T A M F V S S S S C F K N C E R P P G
Y X A F P S S C R A I E I N R R G H P N P Z Y
K X O V E P P T L M P G J G W J R T P R T A I
C C S P S T T E R S A D O Z O Y E C H I M P M
N T J O K L S S E O R F D L B L T O P K H F M
K Y M Q C K I I B C E J J E O F O O V Y T G U
F T Z P Y R T O G R H N I N P N R R S M R I N
B S M S K E E R U O T T T N X Y O I H G J Q O
W I W H A F H T W V L Q H E A Y A M L P K E L
A R G J S L T H T V A O T E R T X S L F E A O
H U R K V E S O P P C S C E R O U J S U S N G
V T O K R X O P X Q I J X I G A L R K K P Q I
T C D A T O R E L N S B S S X P P O O N V D S
M N D K Y L P D O S Y T K Y Q O O I G P C N T
M U Y H V O M I N Y H O Q H X X T L S I A T C
Z P G W V G T S I I P F E C U W C W T T S T V
F U U F T I P T T S I G O L O T A M U A R T H
D C U A R S K H T A P O E M O H Z U Q Y O G X
L A H T N T S I N E I G Y H L A T N E D B Y K
R G U D I R T S I L A T I P S O H G Y T O W D
K N N E Z T S I N R E T N I Z M X R U L S X M
N C U W H G E R I A T R I C I A N G F N Z J E
```

ACUPUNCTURIST

GERIATRICIAN

IMMUNOLOGIST

NEPHROLOGIST

PHYSIATRIST

PULMONOLOGIST

TOXICOLOGIST

DENTAL HYGIENIST

HOMEOPATH

INTERNIST

NUTRITIONIST

PHYSICAL THERAPIST

REFLEXOLOGIST

TRAUMATOLOGIST

GASTROENTEROLOGIST

HOSPITALIST

NATUROPATH

ORTHOPEDIST

PROSTHETIST

SPEECH THERAPIST

School Subjects I

```
F R Y H J B Q H S I L G N E C H M J X Z H H
G I Q R T C W T M P J I F F Z D I S S X O K
Y T B I O L O G Y E C N E I C S T S P J Z F
T A S S H T A M R R A N P A K V T X S U I B
L Z O N V E S E M N I R P H K L L X F L L C
B J L E Y M A I H U G W K Y Y E L L O P X
S E E U K E M L H C N N A E K S Y D J V W H
B W Z R Y N S R T M I I A S N S I E N U V O
S Q E K U K I E U H T L C R T H A C W T D P
M G X I V T L R I T I U B A T R Q P S J V X
P Y I C O K A O T F R N I U T W O D O Y R U
K J O H L R N R N S W R F H P I M N C E U Q
B O Q V M O R I E E T S O J L O A O I K T
O V G W E W U S V T V C K Y R I U N V M A R
C H Y G O L O N I M I R C H E M I S T R Y B
S P J A P A J Z P E T L E P B P A A I I C A
U F M H O I F P N C A L A A G Z V T N Q G M
U Q P F Z C E C N P E S A R H N D A I C Y P
R R F X Q O E I G P R P O G T Q B B P C G Q
Y Z F Z S S M U S I C O S O A W N X O V S F
G I A Q S M C X U Y O O O E M E Y O K R R C
G T S Y E U M Z G M K U P G N A R V U M H U
```

ART
CHEMISTRY
CRIMINOLOGY
GEOGRAPHY
JOURNALISM
MUSIC
SCIENCE

ASTRONOMY
COMMUNICATION
EARTH SCIENCE
HEALTH INFORMATICS
LITERATURE
PHYSICS
SOCIAL WORK

BIOLOGY
CREATIVE WRITING
ENGLISH
HISTORY
MATH
PUBLIC HEALTH

School Subjects II

```
A H J F V S E X T A V G I B U S I N E S S L
L Q H O C A E D U M V E N U N R J L Z C B H
Y Q Y W V I R L X F I W I K Q J D A X J M B
Z S G M G G I P G N I N N A L P N A B R U T
Y G O L O I S E N I K G S C N G J Z C G U N
E S L J D T C I X E I K I F I U T O N X L G
C X O H C R A G N S X W S S Y D Y E A E S I
S W P A T E C N E I C S E S I C R E X E P S
Z D O G J X B D A O M D R N B V H O W S O E
I K R W I M C M P Z L D P I U P X J F B R D
L D H M Y I Z M S A I O Q M J E N D N G T R
E P T S H T A C I E W I G C A A Z S K X S O
E H N P M M N R W J G K U Y U V R K B O M I
P G A B V E T E R I N A R Y S C I E N C E R
K R Z Q D S B W H A I Y G O L O O Z I B D E
G J K W U D W A K P H Y S I O L O G Y U I T
Q W A D E I C A Q I C Y M V G T G K V I C N
I R N S D O N L X C A X G L P V S B H K I I
Y I I J K B R J J B O T A N Y G G M K A N X
U G M Z S I Z G B P C M S O Y G O L O C E T
N L H N P E R U T C E T I H C R A M Q C G B
P C Y M C B B I R S I D D M E D I C I N E L
```

ANATOMY
BOTANY
ECOLOGY
GRAPHIC DESIGN
KINESIOLOGY
SPORTS MEDICINE
WEB DESIGN

ANTHROPOLOGY
BUSINESS
EXERCISE SCIENCE
INDUSTRIAL DESIGN
MEDICINE
URBAN PLANNING
ZOOLOGY

ARCHITECTURE
COACHING
GEOLOGY
INTERIOR DESIGN
PHYSIOLOGY
VETERINARY SCIENCE

School Subjects III

```
I J Y R R N H D P H S H S B A M Y Q Y G Q
E J O G Z B G N O I T C U R T S N O C G U
N E M W O I U N L D N X A Y N T U J S H S
S V S M M L O Z I G E G B G A O N J I X Q
Q A I E W O O Q T T R B J O A D V E E S V
A Y R G I Y Y I I I N T E L M F A C G S P
I E U J B D A V C O T U D O S W N O T S R
W R O R F P U U A O A T O H A P I N N E R
Q U T Y C A L T L I S X P C Y A M O U N S
Z T T V F T S E S G D L B Y C R A M X I T
E L Q G U I W H C S J R W S L A L I O S R
X U D R P F N D I N U G X P K T S C D U A
Q C E K F O L A E O E O L W U D C S K B Y
N I S E J R S U N J N I I O S L I S L D R
Q T E F N E X Q C C Q D C G J B E V L G A
S R Z E S S T M E L E B E S I W N Q G S N
H O S P I T A L I T Y T O S O L C J Q E I
X H U M A R K E T I N G L I I R E W X U L
W I K A C Y W B Y H E X I Y Z G U R W K U
O V B K M F J I A U F X F L P U N E U G C
E B P H A R M A C O L O G Y B B L N N R C
```

ACCOUNTING

AGRICULTURE

ANIMAL SCIENCE

BUSINESS

CONSTRUCTION

CULINARY ARTS

ECONOMICS

FASHION DESIGN

FINANCE

FORESTRY

HORTICULTURE

HOSPITALITY

MARKETING

NEUROSCIENCE

PHARMACOLOGY

POLITICAL SCIENCE

PSYCHOLOGY

RELIGIOUS STUDIES

SOCIOLOGY

TOURISM

School Subjects IV

```
F E C N A D C D L O E W Z J H W I N M Z R T X
O Y O G Y P A R E H T L A C I S Y H P W D K A
N Q A Z X Q M I C R O B I O L O G Y H F L A V
A U Z H K C Z B N H V S P X K F K Z W L V Z J
X T H E A L T H E D U C A T I O N R S J B E E
M A R I N E S C I E N C E D W C W E Z L B Z D
G Z P H H M V E C I F V E Q T J I C V I S C U
W J X H O P E U S Q T F R F J D Y R C B H W C
L T A N Q Q I T R H H O H U U W X E U R F D A
P H Y S I C A L E D U C A T I O N A V A J R T
G X A B S T Q O T O R E S H J B C T H R R A I
V P G K T H L N U W R L T L W C L I C Y Z M O
Y R Z I J O N U P Y A O I H K M E O Y S U A N
G J N Q G R Y E M B X H L E I Q R N S C B E N
O Y D Y B E Q I O W P A T O S C O A F I F D U
L F R T Q M O L C W K P A P G X S L L E W U W
O Y X H K R G E Y J U B W J U Y O S P N X C G
E C N E I C S Y R A T I L I M A O P W C Q A Z
A N N A U G K Q U Y R J R N L E T O K E L T F
H G A T D T X C K F G X X O R Z O R B N V I P
C T B E M X S Y I U U I S Q N F M T O J T O N
R V M R C P N O I T A C U D E C I S U M E N T
A S E C U R I T Y S T U D I E S Y M U S R T Z
```

ARCHAEOLOGY

COMPUTER SCIENCE

DANCE

DRAMA EDUCATION

EDUCATION

ETHICS

GLOBAL STUDIES

HEALTH EDUCATION

LIBRARY SCIENCE

MARINE SCIENCE

METEOROLOGY

MICROBIOLOGY

MILITARY SCIENCE

MUSIC EDUCATION

PHYSICAL EDUCATION

PHYSICAL THERAPY

RECREATIONAL SPORTS

SECURITY STUDIES

THEATER

THEOLOGY

School Subjects V

```
C W C X N Y P T P V L H V P W I Z E N W Y Q Z
Y G E Z O Q L I N G U I S T I C S T Y J J J L
S I I P I R Q X W L C K M P O B F O B D H J F
X N A W T G G W C A R T O G R A P H Y I L S H
T G P P A R G D T O D Q E O S Q B S H G E C T
H X G X C L N Y P D S F I L M S T U D I E S N
W C X L U V I C O U N S E L I N G G R T N K E
L O L B D I Y R W Z G Q E P P Q S E T A D B M
H I G H E R E D U C A T I O N O H G B L F S E
K Q K C Y W V G E O M A T I C S X A W M C P G
T U R J R H R H D I C V T D I L D J R E V E A
Q T Z O A W U O H B C W D F G U H A O D C E N
P Z T I D M S C O Y B O P N L Z F O F I P C A
P E U I N I P M Z K H G I T P R U A G A Y H M
Z I Y G O L O I S Y H P E S I C R E X E M T E
P T G M C I J B O C A D O P C S M T E D X H F
W J B G E A J X Y C U L C S G Q P E R U S E I
F M P G S B A R S C L H S G O W U D L C W R L
B R O K K N W D A V V G E D J L D Z Q A I A D
P U I F D R N T D I E C Z I Z K I D P T Y P L
I H W J U A I R R O N B X K X W O H K I D Y I
U P P I L O Z L K T S R C X C E C S P O M M W
P U E C N E I C S H T L A E H B X V X N R Y N
```

ADULT EDUCATION
DIGITAL MEDIA
FISHERIES
HIGHER EDUCATION
LAW
PHILOSOPHY
SURVEYING

CARTOGRAPHY
EXERCISE PHYSIOLOGY
GEOMATICS
IT
LINGUISTICS
SECONDARY EDUCATION
WILDLIFE MANAGEMENT

COUNSELING
FILM STUDIES
HEALTH SCIENCE
LANDSCAPING
MEDIA EDUCATION
SPEECH THERAPY

Kitchen Appliances I

```
T J M R I Y A P S J B P F I R F E T N N
M C V D F N I G I Z A R E C I U J E M B
M D X Y A C L R U L O I Q A A N K A M E
O X J B B K M S O J L C L I F P M M C B
R A N G E G M I N L N E Y S K R K A L D
P C D B T Y S L X E N C X H R E Y K C X
B I N Y C C E V V E D O Z K N S O E E Y
H A G O O F O O D P R O C E S S O R R C
I Z H D O H R F T Z H K U S Q U O S S N
Y K Q N K E H W F F I E L E X R D T B N
S L C D T V H X H E E R V N S E F O D I
E E O S O W L S J U E A R Y I C C A Y Z
L I A P P W B P T S W M O Q E O V S S F
T O Y B H Q B G K O W D A M B O U T H B
T C O F F L L I R G V T D K Y K N E V O
E W C B E R V C Y M V E U G E E E R H V
K R A N E N I H C A M O S S E R P S E H
E R D F L M U Q X E P S A D K U L X N W
R E K O O C W O L S S W E U Q K I W V K
R I P W D Y K I G P R M B M A W P R B Y
```

BLENDER
ESPRESSO MACHINE
GRILL
MICROWAVE
PRESSURE COOKER
SLOW COOKER
TOASTER

COFFEE MAKER
FOOD PROCESSOR
JUICER
MIXER
RANGE
STOVE
TOASTER OVEN

COOKTOP
FRYER
KETTLE
OVEN
RICE COOKER
TEA MAKER

Kitchen Appliances II

```
E C P S I H F B P T R E X I M D N A T S N F
X L I Z H A N D B L E N D E R G I Z V V I M
Z F E T N J J G C I N U Q I S L G P T B R Y
B X S C R G V P L P E Z X C X P N P R G E N
M H R N T U Q J E Y P I C E M A K E R V K X
X Z R D L R S D Q W O G D C J E A B H A A P
N K N F K E I J N I N A N R N D P D Q V M A
G U O O B K A C U X A C S E M A A E C G E N
N Y C O F A B I S I C O Z A H O M Z J T L I
Z S W D S M I B R K C K K M O Y J W M F F N
E W I S R N O J C F I E W M T F G W F L F I
D V N T E R X M L F R L R A P F I M C I A P
A B Q E Y O K W W Y T Y L K L P V X P N W R
S K A A R C U Y N O C B E E A E I K P S R E
O A M M F P N V G K E A Q R T B Z T X T U S
Y K C E P O A R X E L E K Y E S I Y Y A I S
Q J K R E P I H K R E K A M H C I W D N A S
L H J R E D N E L B N O I S R E M M I T L W
P Z Q K D I U F B R G J A U A J E W F P F F
T L Q L F J T O R B B T Z J P H H S S O F C
Q Z E H A N D H E L D M I X E R O Q R T P G
B X C K E Q W O E K U U K M S D B X K W V J
```

AIR FRYER	BREAD MAKER	CITRUS JUICER
DEEP FRYER	ELECTRIC CAN OPENER	ELECTRIC SKILLET
FOOD STEAMER	GRIDDLE	HAND BLENDER
HANDHELD MIXER	HOT PLATE	ICE CREAM MAKER
ICE MAKER	IMMERSION BLENDER	INSTANT POT
PANINI PRESS	POPCORN MAKER	SANDWICH MAKER
STAND MIXER	WAFFLE MAKER	

Kitchen Appliances III

```
B P P P N H F Z L O K J G N A P E K A C
G R A J O E N A P F A O L I R W Z D O C
A E E S A T A G G J L I G T I L N G F I
R T R L T C A U S Z F P L N Z D N O O I
B T X O E R M T C Q Z O E I C A M B D D
A U E D T E Y G O E V C K F H T L E M S
G C W G A C P B P M O V W F E S V V G M
E A Z A D D A E R O A A O U E K P E M D
D Z U M T I A P L U T S F M S B R R R C
I Z P L Z E R E M B S V H K E J D A J R
S I S U S P R F D O A H Y E G S L G W C
P P W I N Z C D I X C T W L R K B E O C
O S W J I D P Q I N H H E L A X C F W T
S G R E H S A W H S I D S G T B B R B I
A W F N R F Y Q X R P M R A E S K I D H
L K B A K I N G S H E E T R R V Q D A Q
R H G R O L L I N G P I N C V T B G T Z
P I F Z M A N D O L I N E S L I C E R M
P L M E A T T E N D E R I Z E R D Z M U
S P G T J M E A R E T T U C Y R T S A P
```

BAKING SHEET
CHEESE GRATER
LOAF PAN
MINI FRIDGE
PASTRY CUTTER
ROLLING PIN
WATER DISPENSER

BEVERAGE FRIDGE
DISHWASHER
MANDOLINE SLICER
MUFFIN TIN
PIZZA CUTTER
TRASH COMPACTOR
WINE COOLER

CAKE PAN
GARBAGE DISPOSAL
MEAT TENDERIZER
PASTRY BRUSH
POTATO MASHER
VEGETABLE PEELER

Kitchen Appliances IV

```
U C O V H I J V A C U U M S E A L E R H E
X P L F H R E D N A L O C G F O O E S U M
F A A N Q W U W W Z Z I J I C C Q Y H U F
H E V Q L Q R E N N A C E R U S S E R P X
C N M R M E A S U R I N G S P O O N S R T
Q U E M E A S U R I N G C U P S I M E N S
H S T V G T L C Y M K S I E V E C T P I L
S S S T O B E J H S Z F J E W V E C G C W
X G I Q I H N M L F R O F T K M C J M E O
O P I D E N C K O L J O H Z O V R D I D B
U D B B E Z G T S M V D S M G Y U I K I G
G R Q X H L T B U A R D R J H S S G G S M
D M E B Z X O Q O D L E F C U T H I P P I
R B R D H G W R B A H H H O W L E T S E X
J I T B R A V Q E T R Y A T O M R A D N I
T F L B C G Q Q T S U D K C Y D V L X S M
H J Q K N N X A E H S R C U T D S S K E I
Z O I M B X E T W C V A W W C J N C G R Q
O V D K C M T P Q L N T C C Q X D A A A N
P I Z P Y H S K C C F O O D M I L L C L U
Y N A P G N I T S A O R R H F F B E N V E
```

CANDY THERMOMETER

CASSEROLE DISH

COLANDER

CUTTING BOARD

DIGITAL SCALE

DUTCH OVEN

FOOD DEHYDRATOR

FOOD MILL

FOOD SCALE

ICE CRUSHER

ICE DISPENSER

MEASURING CUPS

MEASURING SPOONS

MEAT THERMOMETER

MIXING BOWLS

PRESSURE CANNER

ROASTING PAN

SIEVE

THERMOMETER

VACUUM SEALER

Kitchen Appliances V

```
M R L E N J O Q O N A Q Z Q J G J F P V P
O G E D P B O T T L E O P E N E R Q V K L
H P E D H N H G O I G E M T G R G T E X R
Z G K D L O O D S Y H P T U R N E R A G E
O U Z H P O E L R H C E L D A L O T J C N
B I T S D P H G E N C C H W N U E P S K I
P O X T S S C L N H D C A Y O F C R S Y A
W C D W P D N R E D L O H N I K P A N I R
Q C G J X E Y L P W O I W V O O K E Q D T
Z S P L V T F Y R N O S P A R P G N Q H S
T N S P A T U L A J C T N T T X E H Q W K
C B L C V O T V H I K H R V E R N N A W N
T L X O C L D I S H T O W E L S M J E A I
F S G R X S U S E Z R W N K P C E Y H R S
L Q W K D S O T F T K S C W Q A A F W E Z
I D S S E R P C I L R A G R K D P H I Y G
J H K C S A L O N R R G X N B P I A W N G
O C L R A B M G K H D J B Q O S F A H J K
Z F R E B L E K S M G U Y T K T Y L J Y F
G M H W E H D I S H S O A P D Y P N C I C
J A D J K X D R J F O Q T A W K V Q X M N
```

BOTTLE OPENER
DISH RACK
GARLIC PRESS
LADLE
SCISSORS
SPATULA
TURNER

CAN OPENER
DISH SOAP
KNIFE SET
NAPKIN HOLDER
SINK STRAINER
SPONGE
WHISK

CORKSCREW
DISH TOWELS
KNIFE SHARPENER
PAPER TOWEL HOLDER
SLOTTED SPOON
TONGS

Kitchen Appliances VI

```
J E F E X C C I E G Y Y P Y E V N C P H Z
O V Z F G H S T T I M N E V O S I T V C I
M B H S Q T O A S T E R B A G S E P P E S
M Y F D A O Q X N Q D K O K H N O Y M Y A
N S X M T L J G N S T A M E C A L P O Q N
Z L U Y N C A G U A P A T H S M E S A U T
S O H W A E A D V M H Q A Q U F S R E Q C
R W P F J L U B B C E M Y H G S Q E Q P V
E C Z F O B I F D O P E P B A K Y T I B L
K O Q P R A D W M A W N F L R B A T O Q I
A O K M T T J S G I P L G F B H R A U U P
H K K E E N N N O W L Z T O V T L I Y C
S E Q U V I E E T V L P E L W C G P S U C
T R D C K F G H W A Y A R B L V N G X F Z
L L N P L L O Z B C P N E N K P I N J Q G
A I A U A L X H Z O F N M U H V V I P W S
S N T S D T G P T S A L A D S E R V E R S
T E S E M I C R O W A V E C O V E R F A D
V R R Q H P Z S L Z I U R Q H M S E U C H
C S E O J R L R G N Q L C V Z F G S U G A
R N Y T U K Q G K R B D X V N M I K A A A
```

CHAMPAGNE FLUTE
HIGHBALL GLASS
OVEN MITTS
SALAD BOWL
SERVING PLATTER
SUGAR BOWL
TOASTER BAGS

COFFEE MUG
MICROWAVE COVER
PLACEMATS
SALAD SERVERS
SERVING TRAY
TABLECLOTH
WINE GLASS

CREAMER
NAPKINS
POT HOLDERS
SALT SHAKERS
SLOW COOKER LINERS
TEA POT

Kitchen Appliances VII

```
O G P J S D H Z B L L K B X F C S H Y
E H U S A L A D S P I N N E R R E S N
J S G R A V Y B O A T Q E E J D Y N V
O I A U E T C T C W C F P O G E E P M
D D S O W K O S T Z I P Q Z E V O Q D
T R R C C I A P E N O N Y H O N Y T O
I E A W O C N H K T G R E A F M J D O
Z T N O H Q T E S C L L Z O N Z E H H
P T G S B U S E A L O Z L I P Y U D E
J U E B M E L D B E I R I R N E F S G
G B C B E T S S D P R A C C Z Y N R N
U A L H T P Z E A S M A T Y V T G E A
M E C O Z N L W E W P Z T K K W S T R
R P B C O Z R G R H E Z O O C A N S V
E H J F J V K O B R C Y I Y R O B A W
E G O C W C M E T Q C G S X P I C O J
B T R E N E P R A H S F I N K C C S
V D I C E B U C K E T I B M R Z Q R D
B M J F R E K A M A T S A P Z J J B X
```

BEER MUG	BOTTLE STOPPER	BREAD BASKET
BUTTER DISH	CHEESE BOARD	CHEESE KNIFE
COASTERS	COCKTAIL SHAKER	CROCK POT
GAS RANGE	GRAVY BOAT	ICE BUCKET
KNIFE SHARPENER	PASTA MAKER	PIZZA OVEN
RANGE HOOD	SALAD SPINNER	TUMBLER
WINE AERATOR	WINE OPENER	

The Human Body I

H X Q J M E G A C B I R W G C
N X Q A V O L Z B E O P O W A
O W D W C K M K S I I M R Y L
E N A B D H P U C T O Z B U F
P E R O V F E A R U K N E Q B
E E Y N V R C E T D N N Y R O
Q D L E Q W G H K E R K E E N
X A Y V L N W O I B L A K B E
V P F T I A A G V N O L E O T
F K V F S S S F Z F B N A L R
E E P H M M K H C W R O E R A
M E H A O W L I R T S O N A C
U H D I G Z G E N O B L E E H
R C K Z U T W X J B Y S L D E
F Z L I A N E O T A I S V Z A

CALF BONE   CHEEKBONE   CHEEK PAD
CHINBONE   EARDRUM   EARLOBE
EYEBROW   EYELASH   FEMUR
FINGERTIP   HEEL BONE   JAWBONE
KNUCKLE   MOUTHWASH   NOSTRIL
PATELLA   PELVIS   RIBCAGE
TOENAIL   TRACHEA

The Human Body II

```
N D J Z X D J D Z R P I L A X E U S Z V H V L
E S M D Y G A N Q O B R X U R Q M B K K K X H
A S E D K D K A X Q I E E T Y A O R S F T P M
Y G N N D N P W B Q E R J X B V A Y O J G F Q
X O L A I B Q D L A P Q U J I I R X V N V A
Y J M L G T E S L O A B X E F Q K S D I E S Q
F F X G E R S N E B M Y Y Q X L Z G A R Y G S
A Q H Y G K O E H S L S J D R R J E Q H A V K
M Y P R V J N E T N R A G K N R L A W S D S N
X L S A A I T M V N F A D D X H V I F I G S O
G R X T O E Z Z I I I A E D C I Z E S C Z L D
W Z Y I O R V A K P T O M S E T K A X L E F O
D I D U J M R B T Z Q C O S R R R F F F R E A
I X X T W B A M X U J O U A R E J A K B A M P
O A Q I Q E J C D Q Q E T D D E V U K Z E K K
R C T P R L Y Q H C B N H D O U E I A F X T V
Y L U N G S D N A L G L A N E R D A L R P G G
H W Z M S C M B E H R L R O H N P Q C O P K E
T H J H S W S A R F B A Y O E E W E G K D N J
I H T F O K V U A L N P Y A X L M R M T E N
Y Q F U I G K Q L U W U S C R I K A S Z Z B K
D P A N C R E A S E Y E J G T L Q G Y P O F A
S X O I S R G S P L E E N T S H Q W A B J Y Y
```

ADRENAL GLANDS	BLADDER	BRAIN
EARS	EYES	GALLBLADDER
HEART	INTESTINES	KIDNEYS
LIVER	LUNGS	MOUTH
NOSE	PANCREAS	PITUITARY GLAND
REPRODUCTIVE ORGANS	SKIN	SPLEEN
STOMACH	THYROID	

Feathered Friends I

```
D  S  X  S  J  V  K  C  F  F  C  E
K  R  O  T  S  W  F  R  U  S  J  R
Y  E  V  N  P  A  R  R  O  T  S  S
U  N  B  I  A  C  G  P  N  E  D  P
Z  I  T  F  R  C  R  U  M  A  A  Z
T  B  F  F  R  E  I  A  L  G  W  W
H  O  A  U  O  A  G  L  N  L  R  S
Z  R  U  P  W  P  V  Q  E  E  E  P
V  E  I  C  I  F  U  E  M  P  N  K
V  V  R  E  A  A  W  T  N  W  I  K
P  O  K  F  I  N  C  H  A  W  K  N
W  D  X  L  K  M  S  A  I  I  P  N
```

CRANE	CROW	DOVE
EAGLE	FINCH	GULL
HAWK	KIWI	MAGPIE
PARROT	PELICAN	PUFFIN
QUAIL	RAVEN	ROBIN
SPARROW	STORK	SWAN
TOUCAN	WREN	

Feathered Friends II

```
R  E  T  A  E  E  E  B  A  V  I  K  X  Y  W  J
F  Z  H  H  B  U  H  O  R  I  O  L  E  R  O  R
R  G  U  A  B  M  F  S  F  G  A  R  W  E  O  K
E  G  E  O  N  H  V  T  U  O  N  S  L  N  D  S
V  R  E  B  A  Y  E  R  P  S  O  W  E  K  P  R
O  E  M  R  O  F  M  I  T  A  L  I  A  M  E  Y
L  B  K  R  A  L  C  C  E  R  K  F  N  H  C  V
P  E  M  X  S  A  U  H  R  E  H  T  S  O  K  S
U  M  N  H  U  M  M  I  N  G  B  I  R  D  E  N
R  Y  K  G  K  I  H  Z  X  N  F  M  L  A  R  D
J  B  K  R  I  N  P  A  O  G  O  T  G  J  F  L
D  N  V  G  T  G  U  R  N  R  F  U  A  A  G  C
Z  U  H  N  E  O  F  I  A  A  L  J  L  O  N  U
Q  N  K  K  P  V  K  N  J  L  C  C  H  X  J  Y
N  D  T  V  U  L  T  U  R  E  O  A  S  W  D  X
O  J  V  L  U  B  M  F  T  N  O  R  J  G  J  D
```

BEE EATER	CORMORANT	FALCON
FLAMINGO	GREBE	HUMMINGBIRD
JACANA	KINGFISHER	KITE
LARK	MYNAH	ORIOLE
OSPREY	OSTRICH	PLOVER
SEAGULL	SWIFT	TERN
VULTURE	WOODPECKER	

Feathered Friends III

```
K G J D E S U O R G X N Q C D A B T
U F Y T Z O N N Y U C R T U R W T B
C U K M X W S N O W B U N T I N G X
Y M P O Q Q M I F S W R B C B I T X
S E L I D W Y G K V M M U H K W I L
E S L B G T O H I B H Y K K C D B G
U X O L T E H T G B L U E J A Y U N
L D W R O C O I A V I G W R L V F I
L Y A G T W V N G O O S E U B A R W
I Y N P O A W G Z G Q D I E S P I P
B N B U I G B A O J S U B B S Y Z A
N Q P G Q W R L R T A C W W J L A L
R N D S L M D E A B W K F I K W N E
O G M N V F Y R A O L W O Y W O N S
H C S C I E T F M T W E D N R N G B
S W G N B E W W R N T X R E R R N X
E G C Z H K M F H X T I H Z N A B I
D H D F M E Y D D Z A F T N G B T Q
```

ALBATROSS
BLUE JAY
GOLDFINCH
GROUSE
IBIS
PIGEON
SNOWY OWL

BARN OWL
DUCK
GOOSE
HERON
LAPWING
REDSTART
YELLOW WARBLER

BLACKBIRD
EMU
GREAT TIT
HORNBILL
NIGHTINGALE
SNOW BUNTING

Playtime I

```
A S B J F I O P K X C N V S H X O P G
C E O W P S Y V D R I S T S S I O A U
Y D G N L O U I G T K I Q E A L C N C
V A G F H J O G C I K R X H B B P Z W
H P L U Y G J N P U T T P C X W C B I
E S E O N I M O D S L E H H D J S R Q
A M I I G J Q P T R T T L W G H Q E Y
R T B F E L E B R U U N Y Y O C V A D
T I F B O D Y N V P X S K W M E C K P
S E T R I G L C G L P C N V Z N E J U
H H K Z T N Z Q V A O R J C X V X B S
Y E Q I W B M B C I Y A I T N C D T A
Y B K S I R B M E V O B T D R H T L Q
J F P S S A A C R I B B A G E E U L C
P S D D T N D H O R J L E J L C G V W
R N Z M E T M E T T O E Q S M K O Z J
R Z U U R I E W S Q Y A H T Z E E G F
H E E R L W N G K K U F Z R R R N K D
Y F F U A F Q E R I A T I L O S C A I
```

BINGO	BOGGLE	CHECKERS
CHESS	CLUE	CRIBBAGE
DOMINOES	GO FISH	HEARTS
JENGA	PAC MAN	PONG
RISK	SCRABBLE	SOLITAIRE
SPADES	TETRIS	TRIVIAL PURSUIT
TWISTER	YAHTZEE	

Playtime II

```
E  R  I  S  R  V  R  E  K  O  P  R  V  M  Q  O
L  B  B  K  C  R  G  S  S  Y  J  L  E  P  Q  S
I  J  G  X  E  H  S  W  B  M  I  V  T  U  J  E
E  N  C  D  S  G  B  S  B  J  C  N  I  B  B  E
L  T  I  I  O  E  D  L  Y  R  B  A  L  Y  N  U
U  P  F  T  L  P  D  I  A  M  D  L  O  E  B  U
S  O  K  C  I  B  U  Z  R  C  M  A  U  U  F  M
G  Q  A  C  T  C  Y  C  U  B  K  U  E  B  J  N
S  D  R  Z  A  E  T  S  B  J  P  J  R  A  W  I
K  E  U  G  I  N  R  U  M  M  Y  S  A  Z  U  H
A  X  D  G  R  X  A  G  N  U  E  R  H  C  U  E
T  L  H  A  E  J  U  S  T  C  C  U  T  Z  K  A
G  T  J  E  P  Q  M  S  T  D  O  M  X  I  I  R
S  S  V  R  S  S  A  U  Y  A  Y  X  P  N  P  T
E  J  E  L  H  C  O  N  I  P  B  K  H  N  O  S
D  E  G  M  S  P  A  O  K  K  B  Y  I  U  W  D
```

BLACKJACK	BRIDGE	CANASTA
CRAZY EIGHTS	DURAK	EUCHRE
GIN RUMMY	GO FISH	HEARTS
OLD MAID	PINOCHLE	POKER
RUMMY	SKAT	SOLITAIRE
SPADES	SPIDER	SPIT
UNO	WAR	

Shapes

```
I  U  T  V  Y  Z  E  V  R  F  W  O  B  I  X  Q  V  P
S  L  W  E  P  F  A  Q  R  H  T  H  P  M  J  B  H  A
E  E  D  U  L  W  S  N  Y  G  F  X  K  B  Y  W  B  R
E  L  L  I  P  S  E  A  O  P  U  F  S  M  D  D  O  A
R  P  C  G  N  F  G  O  R  P  V  S  K  X  F  I  R  L
E  X  Q  R  N  F  W  A  A  N  S  U  X  O  D  T  J  L
H  B  Y  U  I  A  E  D  D  T  E  U  Z  I  D  I  A  E
P  H  U  B  D  C  I  F  A  Z  L  U  R  D  D  X  W  L
S  P  J  C  F  J  K  R  C  H  Q  D  H  I  J  U  Q  O
O  C  T  A  G  O  N  N  T  P  E  B  O  A  U  Y  L  G
B  Y  O  S  T  P  O  D  F  N  H  Z  M  M  D  W  Q  R
V  L  G  V  E  G  U  N  L  N  E  H  B  O  Y  B  K  A
O  I  T  R  A  E  H  L  S  P  X  C  U  N  B  I  A  M
P  N  Z  T  Q  L  H  Q  A  M  A  X  S  D  T  Z  K  Z
R  D  N  E  U  M  U  R  M  K  G  W  I  E  H  Q  K  J
Z  E  L  G  N  A  T  C  E  R  O  K  V  V  R  G  L  R
P  R  O  B  R  X  O  Q  Q  H  N  W  D  I  E  C  K  I
Q  J  T  E  Y  M  U  D  R  F  I  V  H  A  J  D  Z  L
```

CIRCLE	CRESCENT	CUBE
CYLINDER	DIAMOND	ELLIPSE
HEART	HEXAGON	KITE
OCTAGON	OVAL	PARALLELOGRAM
PENTAGON	RECTANGLE	RHOMBUS
SPHERE	SQUARE	STAR
TRAPEZOID	TRIANGLE	

Landform Quest I

```
P  D  T  N  D  B  Y  C  R  V  O  W  Y  R  E  C
G  O  H  I  L  L  D  E  L  T  A  X  O  M  M  W
R  H  J  X  I  J  M  S  L  L  S  L  Q  H  K  Q
X  P  K  Z  S  U  O  W  U  X  I  R  L  G  S  M
L  C  A  P  L  E  U  S  X  X  S  S  V  E  F  B
E  G  G  R  C  A  N  Y  O  N  T  B  L  W  Y  N
N  L  R  U  C  I  T  U  F  X  H  L  H  A  E  T
Y  M  R  A  N  H  A  F  D  M  M  K  X  F  N  R
B  H  F  E  E  R  I  S  E  O  U  W  C  L  O  D
U  P  P  T  I  L  N  P  S  P  S  S  M  N  O  U
F  A  S  A  C  C  V  J  E  J  C  F  Z  D  G  M
C  P  E  L  B  N  A  C  R  L  Q  Y  U  Y  A  U
P  H  H  P  I  Z  I  L  T  U  A  M  U  S  L  H
E  W  P  A  S  A  W  Z  G  B  M  G  C  F  Y  E
C  X  L  W  Z  H  I  Z  X  Q  D  L  O  M  A  G
B  P  U  W  K  Q  U  L  O  K  N  Q  O  M  Z  I
```

ARCHIPELAGO

CAPE

DESERT

HILL

LAGOON

PENINSULA

REEF

BAY

CLIFF

DUNE

ISLAND

MOUNTAIN

PLAIN

VALLEY

CANYON

DELTA

GLACIER

ISTHMUS

OASIS

PLATEAU

Landform Quest II

```
X  J  E  R  X  T  F  K  M  I  V  M  G  S
R  L  K  E  E  P  A  L  A  G  G  T  R  C
D  L  G  W  P  M  G  F  U  E  V  C  I  P
V  O  L  C  A  N  O  U  Y  G  S  W  D  R
U  T  A  R  I  T  U  S  W  W  I  P  Y  W
F  A  S  R  B  W  E  B  N  J  N  M  F  E
Y  H  P  E  D  R  K  R  Q  T  K  L  C  P
J  S  D  V  S  N  E  V  F  I  H  D  V  U
L  Q  R  I  E  V  U  O  R  A  O  F  R  R
X  Z  I  R  A  F  A  T  E  R  L  E  V  N
N  A  E  C  O  N  J  D  T  T  E  L  M  M
H  Y  K  L  J  S  O  O  A  S  W  A  M  P
S  R  A  Y  E  G  G  O  R  G  E  L  Z  X
W  A  L  E  N  N  A  H  C  D  N  M  V  I
```

ATOLL	CAVERN	CHANNEL
CRATER	FJORD	GEYSERS
GORGE	GULF	LAKE
MARSH	OCEAN	RIVER
SEA	SINKHOLE	SPRING
STRAIT	SWAMP	TUNDRA
VOLCANO	WATERFALL	

Insect Buzz I

```
M Z C Q G U B K N I T S A E F X X B
W V Z H G X M U S E M H Q B Y B B W T
L K F T H A P V T K C S A Q R U R N
F F U O K V M S C T I I Z W F H V U
P C S M F F E S A N E F M D L K N X
Z R V M O W E R T W I R L L R U T M
D I A H H S E G E E Q E F E T D T F
O C Z Y L D Q A R R J V T L A E N R
H K H C I J L U P A K L J D Y K A B
A E C P O N W E I X S I F R K N T M
C T S X P K G W L T R S M A T S P J
O I X D Y Z W M L E O N H G M C U I
N M X G U B Y D A L J I A O Y L S E
Y R Z U V A F F R N H I C N P J J Y
Z E K A T J B L R Z T A Z F F P J R
Z T D W A K G Y I P R I M L Q B E E
B H C A O R K C O C W F S Y D G N R
F G A Y L F N O I P R O C S X U V Y
```

ANT
CATERPILLAR
DRAGONFLY
GRASSHOPPER
MOTH
SILVERFISH
TERMITE

BEE
COCKROACH
FLEA
LADYBUG
PRAYING MANTIS
SPIDER
WASP

BUTTERFLY
CRICKET
FLY
MOSQUITO
SCORPIONFLY
STINK BUG

Insect Buzz II

```
Z  H  B  W  R  O  P  T  L  E  N  B  Y  T  V  D  V  C  B  A  Z
J  O  D  X  N  T  O  G  E  E  B  E  L  B  M  U  B  Z  U  K  W
Y  H  F  Q  P  I  B  S  C  B  H  J  F  S  X  G  B  O  A  K  X
G  K  S  U  Z  J  N  A  O  E  W  V  R  A  Y  B  H  C  D  P  A
N  R  H  V  R  G  X  S  Z  I  R  A  E  F  O  Z  O  P  W  E  E
Z  Q  H  G  E  Z  Y  N  F  R  U  I  T  F  L  Y  K  B  A  Y  N
H  W  C  J  O  L  F  U  V  A  F  N  T  G  N  H  O  V  E  L  C
C  A  A  T  F  C  I  C  A  D  A  R  U  R  V  F  B  L  Z  F  J
A  L  O  E  A  A  E  F  G  R  S  B  B  H  U  H  L  R  M  R  C
K  K  R  R  J  N  E  E  E  K  W  V  H  K  E  O  A  R  N  E  U
O  I  L  I  H  U  G  T  D  O  B  H  C  T  W  R  C  I  Z  E  T
F  N  X  P  Q  C  N  N  S  Z  N  Z  R  J  Q  N  K  O  F  D  W
H  G  E  U  S  E  L  E  W  O  U  H  A  F  F  E  F  A  A  B  O
J  S  W  Z  P  N  A  X  B  T  B  C  N  D  O  T  L  F  N  P  R
B  T  K  R  O  T  W  X  I  E  K  S  O  W  W  J  Y  J  U  K  M
T  I  A  M  W  I  W  B  O  E  E  S  M  A  G  I  W  R  A  E  A
O  C  Z  D  W  P  Y  N  T  H  Q  T  J  T  T  V  T  F  C  C  R
Z  K  P  N  R  E  T  R  A  G  Q  Z  L  E  J  S  W  R  H  A  O
C  V  K  L  X  D  H  C  G  E  Y  L  F  E  S  T  E  S  T  T  U
S  I  B  T  C  E  W  A  Q  O  F  B  U  V  C  G  V  K  C  U  Z
P  E  D  A  S  S  A  S  S  I  N  B  U  G  G  H  R  V  E  C  L
```

ASSASSIN BUG	BLACK FLY	BUMBLEBEE
CARPENTER ANT	CENTIPEDE	CICADA
CUTWORM	DEER FLY	EARWIG
FIREFLY	FRUIT FLY	GNAT
HORNET	JUNE BEETLE	MONARCH BUTTERFLY
ROACH	SOW BUG	TSETSE FLY
WALKING STICK	YELLOW JACKET	

Insect Buzz III

```
Q B B D R R T E T G F J A S I F E S Q R W
Y B R B H T O M A N U L A Q Z Z E M D K R
C A K O U E O E B J D B R M U G B Z Q K B
V Z K L T O R R O A I U N Q R N R D G A O
S L U L M K R A U K H J K I I L E L U A Y
Q V I W B A G L R P P U P R U G T J I F L
G E Z E X Y D D S I A N R R U Q N B V D F
E L T E E B J A P A N E S E B E E T L E E
G Z H V X V W S D E Z B W R Y D P L F O S
Q S N I R N T H L D A U A C B B R X R W U
D S V L G D J B C M Y G N U X G A H D A O
A I Z I P T H O O V B L G F P K C L T S H
M T S E B O J R R E P P O H F A E L I Z L
S N A S J P K E P O W I P N J S Y K B P G
E A I D Y L F R E T T U B E G A B B A C T
L M S F O D W C N C H J T T N L F F T V N
F Z Y C L C A S M N B O X E L D E R B U G
L R U O Q T D Y R E N I M F A E L G H Q G
Y S K M H H V H L E Q P M P L W S J S T J
T Q P A Z Z K I R Y B B T N Q X O Q Y O U
C H E K M Z H X U Z T W H V F L O C F E U
```

APHID
BOLL WEEVIL
CARPENTER BEE
EMERALD ASH BORER
HOUSEFLY
LEAF MINER
LUNA MOTH

BED BUG
BOXELDER BUG
DADDY LONGLEGS
ENSIGN WASP
JAPANESE BEETLE
LEAFHOPPER
MANTIS

BEETLE
CABBAGE BUTTERFLY
DAMSELFLY
HARLEQUIN BUG
JUNE BUG
LOCUST

Insect Buzz IV

```
R Q L L I A T E L T S I R B W R K D B
L J E H W J S C X I E B W T P D A N R
K J L G K A C Y Y U C D D H N G S K B
F O T X H N Y U C C Q A K I C Y S R Z
N R E L T E E B D N U O R G M L A G V
K V E L Y Y T N A C H A E I H W S Y F
W N B V L E Z A E T D O L S R T S V R
K Q S Z F Q L O L W N L L B S A I E U
E W S E N E R T T A I V I S I Q N L I
E M E A O N B R E P W L K V J V F V T
B J B R S E L T E E B F A E L M L E B
Y S Y W B Y U D B K B U D Q V H Y T E
E Q K I O K E E R G S K A A K W E A E
N D W G D S Y N E U A V C F G H W N T
O J K F Z L T A T X S U I I U I D T L
H H Y L F N A I S S E H C X L N N R E
D I D Y T A K T I D T A L M N C F K I
L Z A T D A R K L I N G B E E T L E Z
R M E S G H N E B M E A L W O R M X L
```

ALATE   ASSASSIN FLY   BESS BEETLE
BLISTER BEETLE   BRISTLETAIL   CICADA KILLER
CLICK BEETLE   DARKLING BEETLE   DOBSONFLY
EARWIG FLY   ELM LEAF BEETLE   FRUIT BEETLE
GROUND BEETLE   HESSIAN FLY   HONEY BEE
KATYDID   MAYFLY   MEALWORM
MILLIPEDE   VELVET ANT

Insect Buzz V

```
S R M P N A W O O D L O U S E R C M P
S Y J R S S F G C C W Q K O P V H K G
I A X D O G W C X W H W B S S K Z Z J
N G T I I W F H K C I T A R P S Q N D
U R Q H X N N K I R P W M Q I C Q Q I
E E J P I S O R E T R J Y R R A E R S
R L Z A G J T W O E E M I L H L C P P
W L Q Y M U O N P H D F Z A T E R I T
H I O L G R B A Y I O I L E Q I A W Y
R K D L M O P H L X C T E Y N N N R G
V W J O I A L L S M T B A G W S E A R
C O W O W W Y Q S A R N T M J E F M J
Z C J W K S B L R E U A A D O C L U G
G U E V P B P A G T I Q O V V T Y E N
M G P V G E N I I L K U S V D I H K X
K F A X O T T F D Y Y L F K C A L B M
F Z X E U S E L T E E B G A T S Q K Z
C G X L U X H S I F R E V L I S I O K
D Y A F M Y Y D R E C I K B D P T Y A
```

BLACKFLY	COW KILLER	CRANE FLY
PAPER WASP	PSYLLID	SCALE INSECT
SILVERFISH	SPRINGTAIL	SQUASH BUG
STAG BEETLE	TARANTULA	THRIPS
TICK	TIGER BEETLE	TOMATO HORNWORM
WHITEFLY	WIDOW SPIDER	WIREWORM
WOODLOUSE	WOOLLY APHID	

Dino Discovery

```
D A I O X V V S U R U A S O E B M A L P O T M
T M A I A S A U R A S X B J J Y Y T D V Q M V
E Q T Q L M U R D J X A E I D L V N Q M V L C
D V S P B S A U A C I F U M W D D X J L L K A
Y W U O R H Q A N K Y L O S A U R U S L A X U
T E C H A I V S A W L F S Y C S Q P G C Q Q Z
G U O X C M Z O K Y G Y Q K U T O I P S G Y Z
A O D A H H B T O F E Z Z H E T W G V N M S Z
L P O P I D X A V O W G C Y A L S U I B H T B
L L L A O Q I R K X R Y K R B X Y A J X Z E F
I O P T S X Q E S T N N E P W R G N G G U G S
M C I O A D K C T O X C A B M W P O C Q U O R
I E D S U H T A N G O S P M O C Z D P Z H S O
M P L A R I N I M T R I C E R A T O P S E A V
U H B U U K E J O G U H C M O U E N N Y G U I
S A O R S D D R X D D N D R T T S P B Q U R R
I L V U P I P B K S U R U A S O L A G E M U A
G U X S B G Z O V B O R N I T H O M I M U S P
K S U R U A S O L A H P E C Y H C A P D A I T
E C K L U I N X V W K M G J Q K O T T B H V O
D G S G U P B R Y O S F Y X U L N Y N Z Z S R
Y L P T C P I L M F I S K E A S F I I X Q S K
O O N G W S W A M Z Y O S U R U A S O L L A D
```

ALLOSAURUS
BRACHIOSAURUS
DEINONYCHUS
GALLIMIMUS
MAIASAURA
OVIRAPTOR
STEGOSAURUS

ANKYLOSAURUS
CERATOSAURUS
DIPLODOCUS
IGUANODON
MEGALOSAURUS
PACHYCEPHALOSAURUS
TRICERATOPS

APATOSAURUS
COMPSOGNATHUS
EUOPLOCEPHALUS
LAMBEOSAURUS
ORNITHOMIMUS
PROTOCERATOPS

Space Odyssey I

```
O E S J T U S L U W X K E F T P
S X A U R O E T E M H X O U S Q
P T S A S O Y E L X B C T I P P
G U A B E T G N O B B E T H H C
R A Q R I Y O A H P M Y D Q D A
X N S V Z O S L K O J X Y O M S
N O A H M S O P C C U A X N V T
S R E S F N U S A T E L L I T E
G T S O U X S A L C C A L I O R
Z S R A G P N P B R E G I I S O
N A E K T T E K C O R C O X D I
U G V O B S E R V A T O R Y W D
X Y I D V U J K N T Q E B A J M
O M N T E L E S C O P E I V F I
E Q U I Q R D U B T V G T R A T
L Q L E S P I L C E P A G U O L
```

ASTEROID   ASTRONAUT   BLACK HOLE
COMET   ECLIPSE   GALAXY
GRAVITY   METEOR   MOON
OBSERVATORY   ORBIT   PLANET
ROCKET   SATELLITE   SPACECRAFT
STAR   SUN   SUPERNOVA
TELESCOPE   UNIVERSE

Space Odyssey II

```
P R B N I T Z M M Z Q O F U E U I E O M M
Z R B Y K B E S P A C E S T A T I O N I J
M V E Z A S T R O B I O L O G Y T R C N A
E I M T L P S P E R I G E E E A W H K T G
M R R Q T O O F O H B Z D C X M L S L E M
O W E I T A R G D Y P J C P T A Y Z A R L
E K V H T H M T E N K S W W R R E Y W S N
Y Z O U P B S K N E I W O Y A T J J E T E
Y J E G P S X L R O F S I T T I Z Z C E B
B O V Y W L O U S A C R O L E A O B A L U
U R Z M B U M N S N D N W R R N U R P L L
J T T W J I R A O E M S O D R F G R S A A
I S S U X R U R L I R H U I E D X A E R L
F Y S N A G A L A X Y C L U S T E R M A I
T J P S L N B K R P M P C D T S Q Y I L D
I S U X L U O H S J S A I S R O I T O O G
M U U C A V O M Y G D G G Q I W S M K R A
M J T V R D Z F S Y O R Z L A E W A N J V
J O C A A M S Q T O J H P U L D C P C F M
A I E H P N S H E B C H C E S O R C Z N P
C K R C I B N E M I B B C F F S R S B H B
```

APOGEE

COSMONAUT

GALAXY CLUSTER

LUNAR

MISSION CONTROL

PERIGEE

SPACEWALK

ASTROBIOLOGY

DARK MATTER

INTERSTELLAR

MAGNETOSPHERE

NEBULA

SOLAR SYSTEM

VACUUM

CELESTIAL

EXTRATERRESTRIAL

IONOSPHERE

MARTIAN

PARALLAX

SPACE STATION

Space Odyssey III

```
P E N X W T D E O A P P B F P C I
I N M H I U B B T V G T X F J J
S U G T I T A N M R U Y E Y J X E
N T Y R U C R E M O W L T I K L I
D P Y A E W S G G J Z T P V F X G
F E L E K A M E K A M H M A Q K S
T N U W V G T T R N F W Y K C I Q
S G S R Y J Q R H E U Y T R R E Z
E A O V O X U C E K C T W E V J K
Z K S W I P I P L D I G N K N X Z
D H A U M E A O I F S C U R H X B
Y C Z T N J I L O T E P U V T X Y
H W W A R E A Y P L E T O T O P R
L J N S P T V F A G A R T T P Q D
Y Z J N L R U D U S L L D Q N K Y
D U S G O V U J S E U R A N U S L
L F M A R S R A E F M S L M G L C
```

CERES	EARTH	ENCELADUS
ERIS	EUROPA	GREAT RED SPOT
HAUMEA	HELIOPAUSE	IO
JUPITER	MAKEMAKE	MARS
MERCURY	NEPTUNE	PLUTO
SATURN	TITAN	TROJAN
URANUS	VENUS	

Drink Explorer

```
F  J  F  B  M  I  L  K  C  K  M  U  R  X  R  C  M
A  R  A  L  I  U  Q  E  T  H  Q  F  S  J  E  Y  J
H  P  W  U  H  V  H  T  M  R  X  E  U  Z  Z  Q  D
S  E  Y  L  E  O  F  J  A  O  N  Y  W  D  O  W  D
O  C  W  N  M  N  T  R  I  I  N  R  N  R  M  C  N
D  N  O  U  R  U  W  C  W  M  Y  A  U  S  A  O  M
A  F  A  F  S  K  F  M  H  M  E  M  D  E  R  E  D
A  N  I  C  F  B  W  M  V  O  A  Y  T  E  T  R  Q
H  E  D  H  R  E  T  A  W  Q  C  D  E  U  I  J  Q
Z  B  T  A  G  W  E  K  W  C  E  O  B  C  N  R  I
O  S  A  M  L  R  E  D  H  C  M  O  L  V  I  G  G
Y  A  O  P  M  I  U  O  I  Q  X  L  I  A  F  U  G
B  U  M  A  M  W  O  V  S  J  D  B  H  B  T  W  J
V  E  X  G  B  D  E  X  K  Z  I  N  Y  V  T  E  K
S  A  O  N  N  E  R  T  E  L  K  E  O  G  E  V  E
Z  M  D  E  N  I  E  Q  Y  I  U  W  Z  G  A  J  Y
L  A  T  I  R  A  G  R  A  M  O  N  F  V  F  N  M
```

BEER	BLOODY MARY	CHAMPAGNE
COFFEE	GIN	HOT CHOCOLATE
ICED TEA	JUICE	LEMONADE
MARGARITA	MARTINI	MILK
RUM	SODA	TEA
TEQUILA	VODKA	WATER
WHISKEY	WINE	

Tree Trek I

```
A E G C D C R T R D Y S Y
M Z D H O W H L Z L U M D
E N A I O U Q E S Q T X U
R O O L W K S P R U C E U
N L L M D B T S A R J L J
M I C H E S T N U T Y P L
W V E C R L A P I N E P V
D E J R Y N B O C E D A R
K H H I A A S P E N F O R
T A Q B M A P L E D G G N
Z L O V M A I A C N F L V
J L W J L Q O R A N G E N
X E C M E U P M W T V K S
```

APPLE   ASPEN   BANANA
BIRCH   CEDAR   CHERRY
CHESTNUT   LEMON   MANGO
MAPLE   OAK   OLIVE
ORANGE   PALM   PINE
POPLAR   REDWOOD   SEQUOIA
SPRUCE   WILLOW

Tree Trek II

```
B  B  A  O  B  A  B  A  I  G  K  M  M  S  Y  Y
T  E  X  A  S  Q  G  R  L  A  A  P  P  L  O  P
M  L  E  F  G  W  M  D  T  N  I  Q  N  C  E  M
A  T  R  C  D  I  X  A  M  A  L  A  S  N  Q  G
T  L  E  K  H  S  N  I  H  R  O  V  A  K  E  Q
Q  H  D  L  W  T  B  K  R  O  N  B  B  L  F  I
A  J  B  E  T  G  L  I  G  U  G  L  D  N  C  N
D  G  U  B  R  R  K  L  J  O  A  A  R  C  Q  B
O  L  D  O  N  P  Y  A  D  C  M  K  N  H  A  N
G  P  X  X  R  A  E  M  K  Q  A  Y  X  Y  W  T
W  D  X  W  P  I  Y  W  E  E  P  I  E  R  S  S
O  E  B  O  S  E  O  N  T  P  L  Z  Z  I  U  J
O  E  Z  O  Q  O  Z  W  A  A  A  J  W  R  O  E
D  U  E  D  D  Z  H  N  L  B  T  R  P  A  K  T
Y  S  B  M  P  A  C  A  C  I  A  Y  C  B  C  D
L  B  R  O  O  B  M  A  B  R  C  R  S  H  V  J
```

ACACIA
BANYAN
BEECH
CATALPA
DOGBANE
GINKGO
MAHOGANY

ALDER
BAOBAB
BLACKWOOD
CRAPE MYRTLE
DOGWOOD
KAURI
REDBUD

BAMBOO
BAY
BOXWOOD
CYPRUS
ELM
MAGNOLIA

Tree Trek III

```
P  J  H  C  C  A  U  P  W  U  F  T  J  M  T  P
Y  M  E  O  A  A  D  A  C  J  Z  C  N  H  B  Y
G  L  M  U  S  B  O  A  R  U  S  T  A  K  J  W
K  G  L  A  C  A  U  N  F  N  G  J  M  Z  Q  L
T  N  O  O  D  A  G  L  K  I  S  V  S  C  D  G
H  M  C  M  H  N  L  E  F  P  J  L  W  Z  Q  L
C  L  K  A  W  T  A  Y  O  E  L  M  Z  N  H  Y
R  U  G  D  I  W  S  R  P  R  E  H  A  A  B  Z
A  P  E  R  F  I  F  U  A  T  A  V  Q  S  L  S
L  Y  R  O  K  C  I  H  C  C  U  N  E  Z  T  B
D  E  U  N  P  M  R  W  K  O  A  S  G  J  N  U
J  D  R  E  Z  C  L  B  J  N  L  J  E  E  X  P
B  N  M  U  L  B  E  R  R  Y  Z  J  D  M  L  G
V  A  U  W  A  R  D  I  L  A  J  N  F  M  G  X
U  F  M  E  R  L  X  F  E  V  I  L  O  I  A  W
B  S  G  Y  N  O  B  E  D  L  U  G  G  K  Q  H
```

DOUGLAS FIR	EBONY	EUCALYPTUS
FIG	FIR	HACKBERRY
HEMLOCK	HICKORY	HOLLY
JACARANDA	JUNIPER	KATSURA
LARCH	LAUREL	LINDEN
LOCUST	MADRONE	MULBERRY
OLIVE	OSAGE ORANGE	

Tree Trek IV

```
T D G S V I O V D U T L E R I Y U
R Q Q H N L I X T P V R D E O T Z
X A A H A L M O N D D N A K W P J
M O I B E T U L A B A I B E P R D
P I I L H T I U E A A N Y B P S T
G T A I A C D F G Z S B O K I T I
N Z I M P R R X O A A O I H E J T
S A E T E Y A I G D V H T E Y W S
X Y L D R L C J B I W A H C S V D
I W C B S T A S R R G X G C E E V
U E U A I I N N R A E H G S T B P
V Q T E M Z A O C C M V J T D I Z
H I U E M O I Q S H M X L S Y Q W
Y L N I O Q R A N T I W D I Z S P
T P L A N E U E E A K E D I S A J
W V A I H C O L O T S I R A X R W
M J W W E R E D B U D O T S M N I
```

ABIES
ALMOND
ARALIA
BETULA
PLANE
SILVER BIRCH
WITCH HAZEL

AGATHIS
AMELANCHIER
ARISTOLOCHIA
PEAR
QUINCE
SYCAMORE
YEW

ALBIZIA
ANACARDIUM
AZADIRACHTA
PERSIMMON
REDBUD
WALNUT

Tree Trek V

```
L  B  C  I  H  M  L  T  C  A  R  A  G  A  N  A  T  A
S  A  S  I  T  L  E  C  M  E  K  S  U  N  R  O  C  G
H  J  A  U  E  U  V  T  L  G  P  B  S  R  U  E  G  P
L  W  N  I  S  A  S  T  R  A  T  J  U  P  D  D  A  I
J  O  G  H  S  S  I  M  O  U  D  Y  G  R  J  E  Y  H
O  U  F  R  N  S  E  L  N  Q  W  R  E  E  S  V  R  S
S  Y  W  C  O  K  A  R  L  W  S  L  A  Q  U  E  N  C
A  O  Q  Y  M  U  E  C  P  E  A  G  T  S  H  C  R  Q
V  P  Y  W  E  T  J  L  S  U  M  M  A  I  T  U  S  A
T  Y  X  Y  T  D  M  G  U  A  C  A  R  B  N  I  V  Q
B  Q  K  U  S  A  Y  L  N  R  S  E  C  G  A  T  S  H
L  E  B  V  I  C  F  G  I  H  A  I  N  O  N  G  I  B
U  E  J  S  L  R  A  H  T  K  C  J  H  F  O  S  I  T
J  M  U  L  L  Y  H  P  O  S  Y  R  H  C  I  F  Z  C
O  C  F  N  A  D  Y  W  C  Y  C  S  G  C  H  I  S  A
H  K  Y  O  C  I  S  S  U  N  I  P  R  A  C  Q  D  T
V  M  A  E  Q  U  V  W  A  I  M  E  T  V  T  S  O  S
A  F  N  G  X  M  E  B  S  F  C  V  R  R  X  H  A  I
```

BIGNONIA	BURSERA	BUTTERNUT
CALLISTEMON	CAMELLIA	CARAGANA
CARPINUS	CASSIA	CEDRELA
CELTIS	CERCIS	CHIONANTHUS
CHRYSOPHYLLUM	CLADRASTIS	CORNUS
COTINUS	CRATAEGUS	CUPRESSUS
CYCAS	DACRYDIUM	

Greek Alphabet

```
M F W S Q E A F W Y C V
K W Y A A H P L A M I S
B A J N I D I X U T L B
H M P U O X B F O N E D
C G A P T L R M T T D Z
L I T S A F I A A F W I
I S E I J C U S J L A F
B O H L R J L T P H M G
R P T O H R C W U E M S
I T N N I D D E L T A L
R C D I K N T P A B G Y
L F Z V L A W G U J W E
```

ALPHA	BETA	DELTA
EPSILON	ETA	GAMMA
IOTA	KAPPA	LAMBDA
MU	NU	OMICRON
PI	RHO	SIGMA
TAU	THETA	UPSILON
XI	ZETA	

Chemistry Challenge I

```
N E P T U N I U M Y K R R O P
Z E C E S I U M V G R P C R O
Q N G O M M S T K R W T H E B
I I Y O P M U Q B L Q V L N L
O R M G R P Q I E T T G O Q E
D O Y U A T E K R L N P R R K
I U G A I D I R Y A O O I J C
N L J Z I N O N L B B T N D I
E F N V R Y O L L O R A E V N
C L P C I F H T I C A S L G K
A M U I D A R A U N C S R C X
K B P T I L H H M L I I V T X
C S R M U I N O L O P U R O C
Y F M A M F W W O S T M M O T
P C I N E S R A I N R F S F N
```

NEPTUNIUM   NICKEL   NITROGEN
ARSENIC   BARIUM   BERYLLIUM
COBALT   COPPER   FLUORINE
GADOLINIUM   PLUTONIUM   POLONIUM
POTASSIUM   RADIUM   IODINE
IRIDIUM   IRON   CARBON
CESIUM   CHLORINE

Chemistry Challenge II

```
G R D A P J Y H X J Q R S Z D Y
I Z R R Z M R L B V K N U T Z W
S J H G M S H N E G Y X O V R A
A M K O I S U J E R T H G E A R
R B E N I M O R B S E Y C E T Y
K B C M T I M K O L I V A E D U
B H F U U A W U I H Y L L E A D
H I Q N N I Y U M W P J I I H M
A O S I D J M U B G R S F C S N
K V U M W K N O O V G C O F O G
Y M W U U I L R P Q A R H Y N
F T J L T T D O O H F D N K P V
K T A A J W H F N Z C M I C P J
Q V L H A T S E L E N I U M G E
P P L U S F C A L C I U M L P D
P E R U R J S O D I U M F B B S
```

ALUMINUM	ARGON	BISMUTH
BORON	BROMINE	CADMIUM
CALCIUM	CALIFORNIUM	CHROMIUM
GERMANIUM	GOLD	HELIUM
LEAD	OXYGEN	PHOSPHORUS
PLATINUM	SELENIUM	SILICON
SILVER	SODIUM	

Weather Watch I

```
Y  N  P  G  F  U  Q  G  Y  H  U  K  Q  N  H  I  D  E
W  O  N  S  L  J  M  I  S  T  X  S  C  H  U  Z  Z  K
O  E  H  I  W  T  L  P  R  B  I  R  N  E  E  U  K  X
Q  C  N  C  A  O  S  M  H  Q  P  D  W  B  U  K  E  B
W  I  M  P  B  R  H  U  H  B  U  N  I  R  U  U  Q  F
Q  J  M  O  R  N  L  W  G  I  D  W  C  M  G  O  F  W
C  N  O  I  T  A  T  I  P  I  C  E  R  P  U  R  F  C
Z  D  B  E  H  D  P  N  G  U  X  O  W  I  R  H  K  T
K  P  V  N  Y  O  F  D  L  H  T  J  I  T  O  O  M  S
E  Z  O  A  Q  I  J  C  G  S  T  Y  P  A  J  V  G  O
J  W  F  C  F  T  Z  N  R  V  M  N  K  L  U  O  O  R
C  P  M  I  B  R  E  E  Z  E  R  R  I  H  K  P  F  F
C  E  T  R  S  I  D  E  R  U  I  A  Z  N  N  F  W  B
N  Y  Q  R  P  N  H  D  L  X  H  N  G  Q  G  G  Q  X  N
S  G  C  U  U  F  Y  P  H  S  J  C  A  H  Q  S  X  H
P  K  J  H  V  R  L  V  Z  Q  G  C  L  H  S  M  W  C
A  Y  T  J  S  C  E  R  U  T  A  R  E  P  M  E  T  R
L  T  N  O  D  U  W  E  E  P  B  L  Q  U  H  Y  P  Y
```

BREEZE
FROST
HAIL
ICE
PRECIPITATION
SNOW
TORNADO

DEW
GALE
HUMIDITY
LIGHTNING
RAIN
TEMPERATURE
WIND

FOG
GUST
HURRICANE
MIST
SLEET
THUNDERSTORM

Weather Watch II

```
Y  C  U  B  F  L  O  O  D  R  N  D  B  I  N  M
Y  W  U  H  E  A  T  W  A  V  E  M  M  E  O  U
G  G  D  I  W  D  S  T  H  G  U  O  R  D  O  D
P  T  E  U  L  Q  M  D  M  R  O  T  S  W  S  S
W  I  Q  R  S  L  A  N  D  S  L  I  D  E  N  L
Y  D  U  X  E  T  R  O  V  R  A  L  O  P  O  I
T  A  N  S  E  T  S  A  N  D  S  T  O  R  M  D
J  L  P  I  I  H  S  T  Q  Q  A  Y  L  U  I  E
T  W  E  R  W  B  C  A  O  J  C  P  F  X  C  X
V  A  G  I  X  L  M  N  E  R  R  H  H  Q  Y  K
Z  V  S  K  J  I  R  K  A  R  M  O  S  V  C  A
Y  E  W  C  U  Z  M  I  Y  L  O  O  A  I  L  U
L  G  K  D  D  Z  H  R  H  W  A  N  L  E  O  D
Y  T  S  U  N  A  M  I  W  W  Q  V  F  E  N  P
R  C  P  A  E  R  U  D  B  V  J  P  A  J  E  S
T  E  V  A  W  D  L  O  C  B  F  K  R  P  B  U
```

AVALANCHE

BLIZZARD

COLDWAVE

CYCLONE

DROUGHT

DUST STORM

FLASH FLOOD

FLOOD

HEATWAVE

LANDSLIDE

MONSOON

MUDSLIDE

NOREASTER

POLAR VORTEX

SANDSTORM

STORM

TIDAL WAVE

TSUNAMI

TYPHOON

WHIRLWIND

Weather Watch III

```
C R E N I H S N U S F L W B Y H I
R Z E R U W N I S T R A T U S Z R
Q S P E S U B M I N O L U M U C S
F L F V W P C B R E E Z Y F J Z G
R Q N X A L T O C U M U L U S L A
J R Y R T L U S R S S X B Y M S B
S U R R I C G T F U W Y A T X V S
R F R M O Z T R T L E G D H M J N
I H S I X X O A O U L R X N I R I
C X J S N S R T D M T Z X C I G H
Y J H T T T Y U N U E K Z W A W G
X R K Y S H O S T C R B O R V K L
B Z C O T L T E F S I B U N T B Z
L G T H C B R X T O N X Z Y T Z E
L L M W M L A C X I G T F G U P Q
A P F U X Y W B A M U G G Y J H G
M N Q R G U G R D W D W Y Q R L I
```

ALTOCUMULUS	ALTOSTRATUS	BREEZY
CALM	CIRRUS	CLOUD
CUMULONIMBUS	CUMULUS	FOGGY
FROSTY	ICY	MISTY
MUGGY	NIMBOSTRATUS	RAINBOW
STRATUS	SULTRY	SUNSHINE
SWELTERING	WINDY	

Weather Watch IV

```
L N I C P A I X D Y Y M L A B S C
E G U A G N I A R B V R H V O D J
R Q D R E T E M O R A B D U L T L
E E A O A I E L H I M N P F E U X
T N C O L D U T K S D W E T B Z A
E W A R M C A X I K O D W O U M T
M P I V I H I R M L A A G J Q D J
O D J J R R E H R R L Z N K B K F
M Y V A N E M O M E T E R P D X Y
R W P C K T H C I F L K T P Q A U
E B T W X E U T Z R Y P P A L B R
H J F L K M U B A E N N P O S Q O
T O H O F O G P M E F B C O W X H
Y H L O K R R F M Z W J P H D S J
O G S C N G X F B I B T J U T E R
C H I L L Y X R Q N L X W N D J M
S C O R C H I N G G T D X Y U O O
```

ANEMOMETER	BALMY	BAROMETER
BRISK	CHILLY	COLD
COOL	DOPPLER RADAR	DRY
FREEZING	HOT	HYGROMETER
MILD	RAIN GAUGE	SATELLITE
SCORCHING	THERMOMETER	WARM
WEATHER VANE	WET	

Weather Watch V

```
S Y L E O S B Z O J R P P G I J S W D A M N
R N L E R I A N O I T C E V N O C R R W G W
I O N O S P H E R E U L C H D J E Z Y L C O
K I U J Y D T O N O E I A C P T Y T M A S X
G T X E V S N X J R N R X I A C R U A G N T
I C P Y G Y T J E G W P Z W T F A A H B C Z
S U T I K X C H A F N J E X H S O V O C J U
B D T S Q K P I G A B L W F E O E Q Z D P E
D N E I T S V W G I B S T A R S W L E F M I
N O O M O H T B N A L T B I M T F N E T B V
M C D S K M G S T B U N U I O S B L G C J X
M H E W Q L O I K P L O R C S I Y D Z U J Z
U M B T N L P E L H F Z J E P N O E U V L I
X E L P A I I H Q N R O N F H O Z S F O J S
D U A T C A E V I Z R N G P E T D R S M B M
W K I E I R I B H A C E S W R N U U G Q N E
U O R H B V D K B P H L H Y E Z N O K M P B
N P B E R E H P S O T A R T S B W H S M F E
V N B F U P T W L L E Y N V R K K K X K Y J
N S F Y N S Y Q C I R E H P S O M T A T L K
M A E R T S T E J X K R J M J C N U L V P L
M A D R P E V A P O R A T I O N R R C L I O
```

ALBEDO
CONDUCTION
INSOLATION
MESOSPHERE
OZONE LAYER
SOUTHERN LIGHTS
SUN

ATMOSPHERIC
CONVECTION
IONOSPHERE
MOON
PRECIPITABLE WATER
STARS
THERMOSPHERE

CELESTIAL
EVAPORATION
JET STREAM
NORTHERN LIGHTS
SKY
STRATOSPHERE

Music Mixtape I

```
D E A T H M E T A L C H R I S T I A N F
T Y G V I K T P K C H O R A L T R T R V
E T J A U T L N J C F S U O K G G O S C
I B S L P C U Z E T O Z H N A B X L M J
C U F T U U I I H I C R A D T R O A Y Z
Y U D E N O F S S Z B I C Z R R K C R Q
H H F R K P E O U Z B M A I N M Y I B M
K Q V N R P N S T M A S A W S E F S D N
X W N A O L J A U T R D T R D S A S T Z
G Q V T C A Y C M O N E X O R K A A V N
E A Q I K O M T O W H P B V U Z B L U H
F N R V H Y U A Q I B U P M M I E C C I
Y X P E B W T S K Y N H E Y A U L V U F
N I R R G Y B W T P J X U R N H O N V R
T J B O C G L U I I R P C M D V C X U F
V L V C B M A G B M C R O L B E U Z F I
T K Z K P L G E N Q R B U D A N C E W U
R L S D V H E S R U Y A X E S N A M W K
Y M G S O C S I D G H I P H S M K M X C
F Y G F N Z Y X X N R T L K H Y V I R N
```

ACOUSTIC

ALTERNATIVE ROCK

AMBIENT

CHAMBER MUSIC

CHORAL

CHRISTIAN

CLASSIC ROCK

CLASSICAL

COUNTRY

CUMBIA

DANCE

DEATH METAL

DISCO

DRUM AND BASS

DUB

HOUSE

PUNK ROCK

RB

RAP

REGGAE

Music Mixtape II

```
R  Z  E  J  M  P  Q  P  B  O  R  S  I  B  G
R  P  R  F  E  G  O  S  P  E  L  S  T  O  B
C  A  O  H  O  G  Z  S  K  X  Y  X  R  K  A
D  B  C  B  E  D  N  L  T  L  C  C  V  C  B
S  N  L  A  E  A  B  U  Z  P  H  V  A  O  L
G  A  A  U  B  B  V  P  R  E  U  P  D  R  O
N  R  T  B  E  U  W  Y  S  G  E  N  R  D  S
E  E  E  W  G  G  L  T  M  L  M  U  K  R  E
W  P  M  G  H  I  R  T  L  E  O  Z  V  A  V
A  O  C  F  G  A  B  A  S  S  T  W  E  H  K
G  K  L  U  L  A  B  D  S  N  O  A  J  U  N
E  U  G  N  E  R  E  M  I  S  W  O  L  L  S
X  L  C  K  C  E  L  T  I  C  N  F  C  I  K
H  K  N  I  H  H  A  P  O  X  Z  E  A  V  F
I  R  V  D  Y  L  W  U  D  N  G  W  Z  R  C
```

ACAPELLA	BASS	BEBOP
BIG BAND	BLUEGRASS	CELTIC
FUNK	GOSPEL	GRUNGE
HARD ROCK	HEAVY METAL	LATIN
MERENGUE	METALCORE	MOTOWN
NEW AGE	OPERA	ORCHESTRAL
POSTPUNK	REGGAETON	

Music Mixtape III

```
A Q V S S E U L B M S Z P W T Z V
F A Z S Y P B F T R I P H O P H O
K Q M A G I T L A T E M K L O F I
K T Y B O S S A N O V A D S T C F
O I Y E I A W O E W F O K U W E E
U P H R E E M K E B O X R B E Z D
X B N U S C N C C W O H V W E Z F
T X S T D D N T Y O N R P Q P A P
C Q L U B A I L H Q R R F N O J T
H L M F R F L N G O N E U A P D K
I I G T W O R L D M U S I C T I I
P T M V B C P W A I T S V D A C S
T I J B T C U C R B E O E Q N A Y
U N D E R G R O U N D P J B B I E
N S E V A W R O P A V E O P C U I
E E B X P B I Y G A Y Z L P J P M
D N L A F T K G T O S F P H C R C
```

ACID JAZZ   AFROBEAT   AMBIENT HOUSE
BALLAD   BLUES   BOLLYWOOD
BOSSA NOVA   BREAKBEAT   CHIPTUNE
FOLK METAL   FUTURE BASS   INDIE POP
INDIE ROCK   TRANCE   TRAP
TRIP HOP   TWEE POP   UNDERGROUND
VAPORWAVE   WORLD MUSIC

Music Mixtape IV

```
Q L B L S E L K W J V D C C S S M
P O P S O U T H E R N R O C K C H
W E K K R E Z A G E O H S D V T A
Z U I U C Y N L X C E C M Q K A K
X D I Z U A L I K A B S A M B A B
J K P N E D R A G T N A V A Y S U
K K C E N H N T W T W O R N S L O
T E X O S D B J D G X N L O K A U
S G A S R I Q U B N S W S Z Q S U
K Q V O G T B R H I U S O U L R
G Q L U F S F O P W R O C K V W E
N L J L T A V O T S F P S K A N T
H A W E O P D E S V R K K C P H I
X H P M C L C Z T P O P H T N Y S
P P M L K H Z K Z R C Q W Z I F C
R Z Q H N E O W X P K M H L H C E
B K S O D L L A T A H C A B I K L
```

AVANTGARDE
DUBSTEP
ROCK
SAMBA
SOFT ROCK
SOUTHERN ROCK
SYNTHPOP

BACHATA
NEO SOUL
ROCK AND ROLL
SHOEGAZE
SOUL
SURF ROCK
TECHNO

BAROQUE
POP
SALSA
SKA
SOUNDTRACK
SWING

Music Mixtape V

```
Y P E I N D U S T R I A L K I Q M K L X
S E F G Y U X X R K G G R Z O S J O Z
M L E I L B J K G H E L E C T R O N I C
Z D D J L E S U O H H C N E R F M E I C
A X A P I K A L J B P Y X W O T L L O B
K L Z F R C J U L D Y P I U V M E M J T
T C N Z O O W V A S T H A T V D E A Q O
G Z O S A L G Z T K W R O W E J Z Q V B
F H U R K A M R N S N V N H Y Z J I I N
T G O T H I C M E T A L C B F O W F Y A
M R G R Z T L K M S M Y M U W E K L O F
R K H F S Z A A I G S R S B S J T A Y Z
R O I L U E A M R P N I D P U H I M N A
I X P E J N N J E Q O D V M F N I E U E
D X H P C V K L P N W W H E T J I N L M
N V O Z S E W M X T Z C W K R D Q C X W
Q P P T R A P M E T A L C Q N O R O D U
Q Z B Y F I O O F T H Q X I X P C X Q Q
T A R O A M K Z P C A B N Y N Z J K W S
N G U L H C C Z P K X L O W X V T O R X
```

ELECTRONIC	EMO	EXPERIMENTAL
FLAMENCO	FOLK	FRENCH HOUSE
FUNK METAL	GOTHIC METAL	HIP HOP
INDIE	INDUSTRIAL	JPOP
JAZZ	JAZZ FUSION	KPOP
MATH ROCK	PROGRESSIVE ROCK	PSYCHEDELIC
SOCA	TRAP METAL	

House Hunter I

```
Y N I T N H J K P N D H T U G T W C H T I
P M J V U T R A N S I T I O N A L N O V M
F N O G A T C O N T E M P O R A R Y M Q R
X R C C O E R F I A E O S C C E O L O H R
F W N G S A F X D J X X M I D N E I I X E
Z P A L A C E U K T K V S O J T D M L T S
J I E C O J G P T P A S M I W W J A D D U
V X N Y C J M A S U A Y C S U X N F Y X O
U K A G L A K T Q L R W N N L O V I V M H
M S R X W C F I C U D I U X I P S T D H E
V A R B L Y O O T C O A S T K Z M L W X E
L D E A V L E N M U E M I T P A G U K M R
P A T F H N E W D T J D M B I E J M U P T
I I I D C C Y Z A O A O Y M K C C L F O Q
S D D N D C M H E R M M B H Q W A F W L J
Y X E I O Y C F T K Y I K G R F T N T P C
W L M B N L L J S O M C N Y Q E H K D B J
P E J P W M O X M B O O E I L O X B M A I
K V K B H T D C R O J E R A U Q S R U O F
L J Y J P V G C A U L L H S O M L Y K S O
U I L W L E G I F P B C E C Z M T H D A Y
```

CHALET
CONDOMINIUM
FOURSQUARE
MID CENTURY MODERN
OCTAGON
TINY
TRANSITIONAL

CHATEAU
CONTEMPORARY
FUTURISTIC
MULTI FAMILY
PALACE
TOWNHOUSE
TREE HOUSE

COLONIAL
FARMSTEAD
MEDITERRANEAN
NEOCLASSICAL
PATIO
TRADITIONAL

House Hunter II

```
Z  D  N  F  A  E  V  K  U  Y  F  O  J  O  H  J  X  U
Y  Y  P  M  H  E  X  A  G  O  N  A  L  R  O  U  W  O
I  R  C  A  U  B  S  R  V  H  W  J  A  X  U  R  I  Q
H  P  T  E  S  E  X  U  E  W  Z  D  E  T  S  X  F  M
R  P  T  N  B  S  G  E  O  R  G  I  A  N  E  M  K  B
E  A  E  G  U  U  I  J  R  H  H  I  R  T  O  I  E  T
B  D  R  L  N  O  E  V  P  Q  T  F  O  L  N  N  L  U
I  K  I  I  G  H  C  A  E  H  H  H  F  O  S  I  Z  R
U  T  A  S  A  I  Z  H  R  H  U  J  G  F  T  M  W  Y
W  Z  P  H  L  N  D  J  C  T  O  H  T  I  I  A  K  A
K  L  A  T  O  L  Z  U  R  N  H  U  J  Q  L  L  Z  A
K  A  R  U  W  I  I  V  I  N  E  S  S  R  T  I  M  K
N  R  T  D  H  U  F  H  A  U  S  R  H  E  S  S  B  O
B  E  M  O  H  G  N  I  T  A  O  L  F  I  L  T  U  B
S  D  E  R  E  S  U  O  H  M  R  A  F  V  P  R  Y  G
G  E  N  B  C  U  E  N  I  B  A  C  Y  H  Z  I  K  S
D  F  T  I  Z  P  U  L  P  L  U  S  T  R  O  N  W  O
O  M  E  W  J  M  H  G  R  F  K  B  C  X  V  Z  V  U
```

APARTMENT   BUNGALOW   CABIN
EARTHSHIP   ENGLISH TUDOR   FARMHOUSE
FEDERAL   FLOATING HOME   FRENCH COUNTRY
GEORGIAN   HEXAGONAL   HILLSIDE
HOUSE ON STILTS   HUF HAUS   I HOUSE
LIGHTHOUSE   LOFT   LUSTRON
MINIMALIST   PASSIVE HOUSE

House Hunter III

```
Z U U Y E P L C D U J J D W L Q B Q
G H K A D B B F O A Q A B S O T X C
C C E V R T L D U F W P H H W G K L
M K H D E X A I B R C A K O R O W G
J A T G M O V F L A Y N I T I H E F
G D N W V B I I E M G E X G S J E B
Z F N U L T V W W E M S M U E S R S
O T Q H F L E T I O C E G N U G A E
O I N B R A R S D Y V S O O V Q H Y
L Z Z M B S C C E S U O H L L A H E
S O P L U O I T D H N W F E I L W U
V Z G A A S H H U I O N W R V X F Z
V F O C E D T R A R T N O U V E A U
J T N D A X O V P G E R C I J D Z I
X G O C J B G B G M C D D C S J Y W
D E M O D R I C E B K E V M O N W R
G O E D S H I N G L E S T Y L E A E
N V F V I C R A F T S M A N Q A F M
```

A FRAME   ADOBE   ART DECO
ART NOUVEAU   CRAFTSMAN   DOME
DOUBLEWIDE   GEODESIC DOME   GER
GOTHIC REVIVAL   HALL HOUSE   JAPANESE
LOG CABIN   LOW RISE   MANSION
MANUFACTURED   ROW HOUSE   SALTBOX
SHINGLE STYLE   SHOTGUN

House Hunter IV

```
Z G R C F H R C X S O J C I C T O A Q F E L P
H A O Q Y Y Y J W C O U R T Y A R D Z I N C Y
N U R C G Y B Y E W C Q L A F F S L T Y O S Z
J E D A L I F N E K X A B L I C Q U Y V T C B
S W F U C U G V I P B Z V I X A I O K X S J U
O Y W S J F S Q H Z A A X A O P E Z E K N H B
D B J T Q M C T O V U U K N J E K L A G W I G
A D O A F M L U E B H T J A G D P L Z V O G X
C K U O C L N H E R A H R T H U Z T I O R J N
D X T B O Z U A F G U R A E D T F Y L G B H Y
Y G J E X F C F H P S J N L E C U G R R I Q R
K E O S C H P O P L I B A D C H I O Q G S N Y
Q H N U H I L G S Y P V S C O Y W N H K J X G
P F D O R P M R R S I Y Y Y F M Q R Z S I N B
J Q U H T L H B X V F H M L R O I E V E N U Q
D S B G E S D I E C R M M J I S A N I O V K Q
E S C I T Q T R F R Z O E C E L H W I U M I J
F H I V E Y K D E F T C T U N S S J O U J P N
Q O H V F E L H M B V C R V D O E L Q T M K X
R L T H E T O O W K A E I G L X G A S V M R P
N O O R Q W S U G Z J U C X Y Q V H W K L W U
M N G R C I T S U R Y R A R O P M E T N O C I
B D L B Y U F E Q P J Z L J H H R D O Q Q L J
```

ASYMMETRICAL	BARNDOMINIUM	BAUHAUS
BEACH HOUSE	BIRD HOUSE	BROWNSTONE
CAPE DUTCH	CLUSTER	CONTEMPORARY RUSTIC
COURTYARD	DUPLEX	ECOFRIENDLY
ENFILADE	GOTHIC	GREEK REVIVAL
HIGHRISE	HOUSEBOAT	IGLOO
ITALIANATE	STONE	

House Hunter V

```
A J D Z J U T M C W F T G T U A Y L M Y C
M X W X V L H A R P U U A J U G R Y W I A
D I U O T R K Z L B C E K H R D Q X T Y S
Q Y D G C F Q H E D O C E P A C E Z D T T
P G O C F T H A T C H E D R O O F R U T L
T A H P E N N A N E E U Q E E J V D R C E
H S P P P N S W J Q L W S F S S O T A Z C
Y P G M B P T T F Q Z P A A U R F T N S S
C L O T E T R U Y N E O Z B O I T G C U Y
P I I Y Y D G V R G R Z V R H H K M H T B
T T D M S W I Q A Y I E H I E I U L F D E
U L M D A L S T Y P M D W C G A C V F M
H E Q N K F T B E F Y O J A A H P O T H A
C V H L A O E P B R P M D T I J X D Y Y K
X E K F C I H L R E R K T E R A L U D O M
C L P T O D R M G A T A N D R B L Y B Y G
T S K M R E E O L N I I N A A N L M W I A
D H Q N Z T J R T H I R I E C A R R E T G
Y D L A I N O L O C H S I N A P S Y N S V
A Z Y B O E X M X M I V C E K N W P G Y O
P W V V S T A A P Y Q V H T Y Y R E U S O
```

CAPE COD
COTTAGE
MODULAR
QUEEN ANNE
SPANISH COLONIAL
TERRACE
VICTORIAN

CARRIAGE HOUSE
MEDITERRANEAN
PRAIRIE
RANCH
SPLIT LEVEL
THATCHED ROOF
YURT

CASTLE
MID CENTURY MODERN
PREFABRICATED
SINGLEFAMILY
TENTED
TUDOR

Shoe Shuffle I

```
V S L A D N A S R E P P I Z I X Q F W A D B Y
Q T A W H W Z Q B U N U R O X D Z I V C S L N
W O R D N O S E O H S R E T A W K S Z Y G D U
W U W A G S T O O B H G I H H G I H T D B R P
L G T S I N L F X N I X A C E D U E M H O I Z
K W I N K L E P I C K E R S K C N R X T Z V I
O T T M L R R L U S N W G G A H F M C H T I P
X Q V B N U M U Q Q A J J N S G N A U X N P P
M I D B K E K M N D B N B P Y M M N C O P G E
S F S K Y U Q S E N S P X G Y F Z S G S R S R
Q T G E O F U R S S I P J C B K L A I E R H B
V Z O O I S S H J L U N Z U V A G N V O W O O
E T J O U L W H X I E O G B W V S D P H Q E O
N A E M B E L L I S H E D S A N D A L S W S T
S Y S I H T X E B K W H H Q H V E L C R O O S
G O B R E T R G J Q I B N N Y O Y S C O T T Q
K G G T E P C E P V C N R S E R E K M T G T Z
K V W J G N H D S J G Y G M Q T X S R A Q E P
V K C S A O I M C E B E J B X R T B I V N L H
W W F B O F E A V E D S X Q O B N I V E D I B
P J V Q C K C F R H D N B F U O C R K L L T E
T Q T E P Q J I V T H C B Q N R T C S E U S G
O D K D M C L T E N N I S S H O E S L V Z H U
```

DESERT BOOTS

DRIVING SHOES

ELEVATOR SHOES

EMBELLISHED SANDALS

FISHERMAN SANDALS

HIKING BOOTS

JELLIES

KITTEN HEELS

STILETTOS

TENNIS SHOES

THIGH HIGH BOOTS

TRAIL RUNNING SHOES

TRAINERS

VELCRO

WADERS

WATER SHOES

WINKLEPICKERS

YOGA

ZIPPER BOOTS

ZIPPER SANDALS

Shoe Shuffle II

```
U C Z L T K T L L D Q S J O X G W B K W
D R W H P T S V E T D R B R N I N O N H
Y S B G C W T K T A P S H O E S K O H R
R B R G Q R O X F O R D B O O T S C K F
B N O S N U O S N I S A C C O M A Z S Q
D M G E H G B Z L Y L D E E O T S T E W
M S U L R B N P I E A T R E D E F R O M
A R E L Q Y I F P O D I Y E I E I Z H I
R E S I D B A T H O N G S A N D A L S Y
Y F Q R T O R G D G A K V Q I I V Z T C
J A S D L O Q O S P S X A N W T S F R Z
A O W A J T O A S G M E G F F E N I U O
N L H P L S N B O E R B O B O A M R O P
E L P S B D D L E E O N O H O G Y L C Q
S E O E A O C I U O F H S R S O G J P H
I S I L M N N K T A T R S P O Y T T K V
X S S N M G X S Z C A P G K A T B S R F
V A I L I Q L R J B L X E N N Z A R D R
L T P W W Z R B T V P S Z E I O N Q E F
R A S W H Z L J S V W B N C P J M K X D
```

BOOTS	BROGUES	CLOGS
COURT SHOES	DERBY SHOES	ESPADRILLES
MARY JANES	MOCCASINS	MONK SHOES
OXFORD BOOTS	PEEP TOE BOOTIES	PLATFORM SANDALS
RAIN BOOTS	RIDING BOOTS	RUGBY BOOTS
T BAR SHOES	TAP SHOES	TASSEL LOAFERS
THONG SANDALS	TOE RING SANDALS	

Shoe Shuffle III

```
E C N B R O T H E L C R E E P E R S Z R S
D C O R C W T B L P O I N T E S H O E S Y
O A N M W H F J E S E O H S E L D D A S D
Z G J S L I P O N S H O E S I X S A W O F
G X M F V S P I K E S U N W F H N D F Y T
P F I E E L S P O L F P I L F R G Q S L Q
A F O N D I D C P M W K X S X H N F T Q G
K P J O S N E A K E R S C X W K Q O O C S
R I D B T G T B B I C C H B Q E V I O F E
U L F U D B L A D X H Y U R Y Y K W B D O
N R O E Y A A D K E L I K Y S F B K T U H
N T R L E C R L L D L G K P F O P V A H S
I G M S Q K B S L H D S A G Y S U W B P W
N Y A H L S E H F B B D B B X I P M M C O
G I L E H A T F Y S O R O M J W K U O E N
S H S B B N D B Y A S O O R W E P Z C T S
H D H O F D W N I N T F T N R I Z N C F T
O J O J I A B H A S S X S S Z R N W V R Z
E T E X N L S X X S N O H K N Z G V E N R
S P S B C S E O H S R E P P I L S K Q X G
O L Q F H N C T K Y C T P O U U O A I C D
```

BROTHEL CREEPERS
COMBAT BOOTS
FOOTBALL BOOTS
POINTE SHOES
SADDLE SHOES
SLIP ON SHOES
SNOW SHOES

CHELSEA BOOTS
COWBOY BOOTS
FORMAL SHOES
PUMPS
SANDALS
SLIPPER SHOES
SPIKES

CHUKKA BOOTS
FLIP FLOPS
OXFORDS
RUNNING SHOES
SLINGBACK SANDALS
SNEAKERS

Shoe Shuffle IV

```
S Q W E D G E S M X G P S B P V T A Z Y O
P K S F J F G E W D H T I C W Z Q O S T D
I J R G E Q Z N H V I N M Q K C Q M E F T
T G C T L U V S T A L F T E L L A B H V O
G M T S L A G G O L F S H O E S I C D R
N W D C Y F D B X B I C I T E L H T A G S
I U X D S G K I S K E S U Q B B Q R R L T
W W I B A V U K A L B N R Q R A J L A F O
A E F I N D W A H T R I I E Z S L D U D O
K P X D D L X G R B O A T P F O N L H U B
R P B V A Y H L Z D G R M Z M A V Z E G K
C H C F L O Y T D S U Q S F S S O H P T R
P Q M K S Z H E E L E D S A N D A L S W O
J O S N O W B O O T S J T M N J M L M H W
X K K U N G F U S H O E S G H D E P K C C
E L A R L E D Y R C G D E U J E A K T Y B
X D I P B S Z U T X P I C G H Y B L W P P
P F W W E L L I E S I L F H Y H Z T S Z P
K A B L D R R W E Y G J G Z I P N N O A L
W N U N C V I X S Q O I N I C W Y I Q B R
D M Q P I I U V O A H I Y R H E Z U C G Z
```

ATHLETIC
BOAT
GLADIATOR SANDALS
HIGH HEELS
KUNG FU SHOES
SNOW BOOTS
WINGTIPS

BALLET
GETA SANDALS
GOLF SHOES
HUARACHES
LOAFERS
WEDGES
WORK BOOTS

BALLET FLATS
GHILLIE BROGUES
HEELED SANDALS
JELLY SANDALS
MULES
WELLIES

Hairstyles I

```
A  I  H  X  O  U  Z  F  C  N  A  H  Z  P  P  T  P  L
C  Y  N  L  R  U  C  I  R  E  H  J  G  I  F  M  C  S
B  A  D  H  F  R  O  S  T  E  D  T  I  P  S  F  E  F
Y  R  I  F  M  S  S  W  O  R  N  R  O  C  O  A  B  B
O  N  A  P  G  N  T  S  B  V  S  C  N  L  Y  O  R  A
Z  B  X  I  M  O  R  M  O  O  N  L  H  Z  B  D  N  N
D  R  W  X  F  N  A  X  B  Y  X  S  S  T  I  D  M  G
I  A  O  Y  J  K  I  L  O  I  P  B  U  A  W  G  R  S
A  I  N  B  Q  U  G  G  F  I  D  O  R  I  N  I  Q  Y
R  D  L  T  C  K  H  I  K  D  D  B  Y  A  A  V  S  K
B  S  J  U  F  Z  T  Y  G  E  H  W  W  H  I  D  F  T
N  J  W  C  M  T  H  V  P  C  K  H  D  N  F  D  V  U
W  X  L  W  F  A  A  P  N  B  E  E  H  I  V  E  S  C
O  Y  K  E  I  G  I  E  T  A  R  P  K  N  O  U  R  R
R  F  Z  R  V  L  R  D  M  E  T  G  A  H  O  R  F  E
C  Q  S  C  F  F  M  B  Y  C  Y  I  D  H  S  R  F  P
S  H  U  J  S  G  N  A  B  Y  P  S  I  W  N  R  U  A
F  V  P  M  M  F  L  W  I  L  P  Q  Q  N  W  K  G  T
```

AFRO
BOB
CREW CUT
FRENCH BRAID
JHERI CURL
STRAIGHT HAIR
WISPY BANGS

BANGS
BOX BRAIDS
CROWN BRAID
FRENCH TWIST
LAYERED HAIR
TAPER CUT
YARN BRAIDS

BEEHIVE
CORNROWS
FLIPPED OUT BOB
FROSTED TIPS
SPIKY HAIR
WIGS

Hair Styles II

```
R  Q  Q  W  O  H  I  U  L  I  N  K  L  R  E  P  W  H  C
I  O  H  X  Y  T  U  C  E  U  G  A  E  L  Y  V  I  I  U
T  N  A  F  F  U  O  B  H  R  X  D  V  A  T  O  L  G  R
K  V  L  B  X  C  P  M  X  I  U  X  T  P  N  K  S  H  L
U  B  F  O  B  V  N  S  B  T  G  B  G  S  V  T  E  L  Y
M  E  U  L  K  D  B  R  C  R  O  N  A  K  E  X  V  I  H
F  R  P  F  A  M  Z  H  P  M  E  B  O  R  P  D  A  G  A
F  E  H  B  P  H  B  C  R  F  R  H  B  N  J  M  W  H  I
L  X  A  P  F  R  Y  E  F  A  S  I  H  L  W  E  R  T  R
M  X  L  T  A  X  Y  L  I  Y  V  G  I  B  T  E  E  S  I
Q  L  F  I  H  S  M  D  N  D  E  H  M  B  W  Y  G  M  F
Y  I  D  G  A  E  E  D  T  F  K  P  E  D  I  T  N  T  F
E  A  O  S  W  D  R  E  A  D  L  O  C  K  S  Z  I  O  X
D  T  W  T  U  C  R  E  D  N  U  N  U  Q  T  W  F  N  U
U  Y  N  P  N  D  M  M  D  V  Y  Y  T  F  E  H  E  K  N
O  N  D  A  J  V  O  G  R  H  Q  T  U  U  D  O  D  P  U
B  O  D  W  C  K  T  T  P  A  A  A  E  E  B  S  L  O  B
C  P  W  G  O  W  X  C  Z  L  L  I  H  J  U  P  Z  T  L
R  A  P  U  V  U  D  K  R  M  M  L  R  M  N  I  D  A  O
```

BOUFFANT	BRAIDED UPDO	BUN
CHIGNON	CURLY HAIR	DREADLOCKS
DUTCH BRAID	FEATHERED HAIR	FINGER WAVES
HALF UP HALF DOWN	HIGH PONYTAIL	HIGHLIGHTS
HIME CUT	IVY LEAGUE CUT	OMBRE
PONYTAIL	TOP KNOT	TWISTED BUN
UNDERCUT	UPDO	

Hair Styles III

```
E T B A P T S B G E I C V R V M M G C
M O K C N L R X O X Y X O U C J E C B
O Y U Y W O C R V I S M O O Y L S L T
H E Y N Y W K I B T M H X D F M S C I
A E M R E P U O H D U R I A U U Y S A
I E D P Z O N U R P K C O P S L B H I
R I A H G N O L T I Z M R M K L U B O
F R I A H Y L L I B A K C O R E N W T
U A F M Q T H W P V I H V P Z T U J F
N A T U R A L H A I R U E K W A H O M
T U I W L I H T T V K Z H N C Q R L M
O F Y I W L S T U H E S I D E P A R T
F S O O B L F T C C T S R D F C K L G
V A N Q B O W R E R L T O Q N I S E T
W Q M F N E L Z I L Q W E U A N Y Q G
S F C T G N G B X N G C O R Y E U O Z
G A K P X F L A I C G N I B H F I R Z
H F M H W L E T P U T E I U D A N F O
C Z P L Y F L F Y H C Q A R L B E J R
```

BOWL CUT	EMO HAIR	FULL FRINGE
LONG HAIR	LOW PONYTAIL	MESSY BUN
MOHAWK	MULLET	NATURAL HAIR
PAGEBOY	PERM	PIXIE CUT
POMPADOUR	QUIFF	RAZOR CUT
RINGLETS	ROCKABILLY HAIR	SCENE HAIR
SIDE PART	WAVES	

Drive In Style I

```
C  T  P  H  Y  B  R  I  D  T  I  V  V  U  M  R  J
X  N  P  D  S  C  A  R  A  C  R  E  P  U  S  R  G
N  L  R  A  I  V  L  T  G  T  V  P  U  S  C  F  I
M  A  U  A  Y  R  R  A  Q  U  I  L  R  P  R  Y  Y
X  I  V  C  C  B  B  O  S  C  F  S  C  O  O  W  S
W  H  Q  I  O  E  X  Y  K  S  C  D  M  R  S  S  T
Y  B  M  G  N  B  L  U  H  W  I  W  R  T  S  L  A
Q  F  J  C  V  I  P  C  V  N  F  C  A  S  O  U  T
T  D  Y  L  E  T  M  X  S  D  I  O  C  C  V  B  I
T  U  D  X  R  J  M  N  I  U  K  G  E  A  E  H  O
E  B  P  U  T  U  U  E  C  M  M  M  U  R  R  U  N
O  J  C  F  I  F  S  O  F  G  J  U  Q  L  E  P  W
X  K  E  B  B  E  U  S  R  N  T  Z  I  F  P  X  A
A  D  I  P  L  P  C  O  M  P  A  C  T  L  X  S  G
B  N  A  D  E  S  F  X  U  L  Z  T  N  M  Q  Z  O
M  A  I  Z  F  K  C  A  B  H  C  T  A  H  R  E  N
W  V  Q  W  E  L  E  C  T  R  I  C  P  V  K  U  W
```

ANTIQUE CAR	CLASSIC CAR	COMPACT
CONVERTIBLE	COUPE	CROSSOVER
DIESEL	ELECTRIC	HATCHBACK
HYBRID	MINIVAN	MUSCLE CAR
PICKUP TRUCK	PLUG IN HYBRID	SEDAN
SPORTS CAR	STATION WAGON	SUPERCAR
SUV	VAN	

Drive In Style II

```
K  U  B  Z  K  X  V  I  Z  W  U  K  P  F  O  G  Y  F  Q
F  C  O  X  R  E  R  A  C  O  R  C  I  M  F  G  I  K  J
T  R  U  W  R  A  C  E  L  C  S  U  M  O  F  E  N  S  D
K  H  U  R  N  L  R  Z  Q  C  Y  R  W  G  R  P  K  N  F
S  F  S  A  T  O  I  H  E  B  K  T  C  Q  O  S  C  O  G
K  I  F  D  K  M  B  E  U  E  K  L  H  W  A  R  U  W  R
S  C  C  J  J  T  A  G  J  B  C  A  D  U  D  E  R  P  G
V  A  U  Y  N  K  G  E  X  O  U  T  R  A  V  T  T  L  R
R  R  R  R  X  Y  U  R  R  E  R  S  L  D  E  S  E  O  A
O  R  A  A  T  F  A  S  Z  C  T  O  K  P  H  D  R  W  L
U  A  C  C  T  W  O  B  D  Y  E  P  B  C  I  A  I  T  L
W  C  E  Y  C  M  O  O  B  R  G  C  W  U  C  O  F  R  Y
F  Y  C  R  R  I  C  T  D  K  A  B  I  G  L  R  X  U  C
J  T  I  U  S  N  T  M  I  T  B  G  L  Q  E  S  W  C  A
N  I  L  X  T  R  I  O  R  S  R  Y  S  S  T  V  Q  K  R
B  C  O  U  R  D  F  S  X  S  A  U  Z  T  H  V  B  V  Q
F  P  P  L  R  B  N  G  M  E  G  Z  C  U  E  K  R  I  X
L  K  A  R  A  C  E  C  A  R  S  D  Z  K  F  R  F  Z  S
S  Y  E  C  N  A  L  U  B  M  A  E  N  X  V  Z  P  R  D
```

AMBULANCE	BUGGY	CITY CAR
DRAGSTER	EXOTIC CAR	FIRE TRUCK
FOOD TRUCK	GARBAGE TRUCK	ICE CREAM TRUCK
LUXURY CAR	MICROCAR	MUSCLE CAR
OFF ROAD VEHICLE	POLICE CAR	POSTAL TRUCK
RACE CAR	RALLY CAR	ROADSTER
SNOW PLOW TRUCK	TOW TRUCK	

Book Bonanza I

```
B X D V D I Z U V G E R I T A S P J N I E P X
T A P W R O M E M O I R K T E O S Y C N U V Z
J V T K E R U T N E V D A D N A N O I T C A O
Z S H E L Y Y X E L M H J H T D Q U H R Y E E
R H N V L S S H O Z G T I T E N I N Z H P M V
T H N C I S F K P P B S C O C I I G P R V G T
B N Z O R I Q I O A T G F S N E F A N T A S Y
O P X X H K X D L O R L S Q A F R D O S R I L
H A O K T K A A R M B G J T M G U U I S J C W
R O J S A W B Y X W Y S O P O O G L T C Z O G
E A R Q S Q L F F O B N I R O P T C I O V T
L P K R D H K M K Z M G B E B F J F I E I K Z
W T W A O G A I D U P O A U R P N I F N B I T
A F J D X R D I E R T J N O S D Q C W C U A R
L P V U H C C I U U A R Q M B Z L T S E G R H
H B O J K O V O A Y Z M X F N C H I O F Y K B
N M B E M N C Z B J Y A Q O H Y O H I V C C
A T U E T N P V N O I T C I F N O N R C X M D
X X D Z A R H Z R C J L J N N K Z Y S T H B P
Y Y R E T S Y M M P Q N G G B O U M Z I J K W
F L V G W D G V E L N R E T S E W Y Y O M V B
X Z H L F H O I H V G V I H G N N W O N C P S
H S J J A P X P H O P N V X Z T C W H F K M R
```

Book Bonanza II

```
J  S  D  K  O  O  B  M  L  I  F  N  L  L  M  A  S  C  W  G  J  S
H  C  K  O  K  C  D  F  K  P  I  S  E  L  F  H  E  L  P  H  Y  K
J  I  C  O  M  I  C  B  O  O  K  Y  T  M  J  Y  Z  G  M  E  S  O
A  E  L  B  O  E  C  A  I  O  Z  W  M  L  U  D  W  J  Q  P  P  O
V  N  E  L  N  B  B  I  E  K  R  F  J  F  P  S  B  L  Z  Q  O  B
K  C  N  A  D  U  L  F  B  C  D  S  U  O  I  G  I  L  E  R  R  K
J  E  V  C  H  L  J  A  E  W  J  I  O  O  Z  F  G  C  O  W  T  O
Q  J  I  I  K  E  C  O  N  O  M  I  C  S  B  O  O  K  B  U  S  O
R  A  R  T  A  N  D  P  H  O  T  O  G  R  A  P  H  Y  P  O  B  C
G  J  O  I  F  Q  G  Q  I  G  I  A  C  Y  Z  L  Q  Q  S  X  O  E
B  H  N  L  U  S  I  N  H  A  N  T  G  U  P  M  O  T  G  O  O  K
D  E  M  O  W  M  O  M  I  T  X  O  A  W  L  U  W  R  K  A  K  Z
R  C  E  P  C  O  U  C  H  X  L  K  A  C  R  D  A  A  H  K  O  C
Y  P  N  A  G  E  X  R  I  O  C  S  E  R  U  P  O  V  W  Z  N  V
C  M  T  H  G  Q  O  O  H  O  O  F  Y  L  H  D  D  E  H  D  B  D
W  X  A  K  E  P  T  C  J  F  L  N  N  I  M  Z  E  L  X  Y  U  A
F  I  L  O  O  O  Y  I  I  M  S  O  C  E  N  U  L  G  C  T  V  B
O  R  B  L  X  S  W  B  H  T  W  N  G  I  Y  O  S  U  D  M  V  S
M  C  O  E  P  H  I  L  O  S  O  P  H  Y  C  A  X  I  U  P  V  J
H  G  O  Q  G  S  C  O  X  V  Y  H  K  X  Y  P  E  D  V  Y  R  B
Y  X  K  O  O  B  S  S  E  N  I  S  U  B  E  W  J  E  H  B  T  K
X  T  U  C  H  Q  K  L  K  R  R  K  R  K  G  G  F  S  C  K  I  D
```

ANTHROPOLOGY   ART AND PHOTOGRAPHY   BUSINESS BOOK
COMIC BOOK   COOKBOOKS   ECONOMICS BOOK
EDUCATIONAL BOOKS   ENVIRONMENTAL BOOK   FILM BOOK
GRAPHIC NOVEL   MUSIC BOOK   PHILOSOPHY
POLITICAL BOOK   PSYCHOLOGY   RELIGIOUS
SCIENCE   SELF HELP   SOCIOLOGY
SPORTS BOOK   TRAVEL GUIDES

Book Bonanza III

```
M D K W F R E T U D G R F R O X F S R A E X
Y G Y C S V Q J H J A E C N E R E F E R X Y
O F S V N G I S E D R O I R E T N I M C P X
E A P S K T U B H F D B U J X T K N Y E K W
S S I P E E M I R C E U R T H Q A S Q N E D
G H K K T N Y F T C N B D S Y L D P F Z Y A
A I E C J V L E H C I R K A H I W I P A Y U
K O G R S R S L A J N A T L C T D R G I D T
O N R C G Z P N E R G B E T V K X A P O G O
Y A K R M V A Y Z W B X I A W Q G T C F A M
T N P K H M C T E Z D O Q Y R N B I U H Q A
R D K B L N R O B F N N O B O F T O O E F T
C B R A T B E O R A T K A K F I T N E S S I
J E D X S E S U R U A S E H T C I A Y J D V
V A G F V Y L Y D W B P S K T K F L F W C E
B U N G U S E E P L W T J H I L M T K K Y W
H T I J V E R U T C E T I H C R A T M G Q U
E Y Q H Y W G N I T N E R A P W E E F A H Q
M B P D H K H L P I K E O Y D P F T H V E E
H L L Y H E N C Y C L O P E D I A F I X U I
Z V F C Z K X W M B Z C D V M C L J U I F B
C C O Z U K O O B D N A H T K I R E J D S F
```

ALMANAC

ARCHITECTURE

ATLAS

AUTOMOTIVE

DICTIONARY

DIY

ENCYCLOPEDIA

FASHION AND BEAUTY

FITNESS

GARDENING

HANDBOOK

HEALTH AND WELLNESS

INSPIRATIONAL

INTERIOR DESIGN

PARENTING

PET

REFERENCE

THESAURUSES

TRUE CRIME

YEARBOOK

Furnish Finder I

```
V  E  R  E  C  L  I  N  E  R  A  X  D  V  B  U  J  G  H
N  N  S  L  O  O  T  S  R  A  B  P  I  V  C  P  G  I  T
A  U  A  Q  N  I  E  O  D  W  D  P  N  H  R  Q  Q  I  M
V  A  O  M  S  V  N  F  I  H  D  A  I  B  Q  J  W  F  N
Z  B  B  O  O  K  C  A  S  E  N  N  N  U  I  Y  H  L  E
I  D  J  K  L  T  D  L  P  L  A  T  G  I  O  N  O  S  L
L  L  J  A  E  V  T  F  L  C  T  R  T  Z  R  P  R  R  B
Y  N  L  Z  T  B  I  O  A  Y  S  Y  A  U  V  M  V  I  A
A  Z  T  Z  A  B  R  B  Y  U  V  C  B  N  E  W  J  A  T
I  Y  J  F  B  I  I  Z  C  M  T  A  L  H  C  T  U  H  E
J  T  G  J  L  N  X  E  A  R  S  B  E  B  F  N  N  C  D
P  L  H  R  E  T  N  X  B  H  U  I  J  N  R  O  E  G  I
C  Z  D  T  K  D  A  D  I  D  V  N  M  X  I  A  X  N  S
U  Z  Z  I  T  T  C  N  N  C  P  E  Z  L  A  D  L  I  D
H  D  N  A  L  S  I  N  E  H  C  T  I  K  H  B  X  N  V
B  T  B  K  E  L  B  A  T  E  E  F  F  O  C  N  E  I  B
Y  L  G  V  D  C  V  O  O  W  H  P  N  N  M  C  L  D  V
E  B  U  F  F  E  T  T  A  B  L  E  Z  S  R  A  M  J  S
H  A  E  K  O  M  F  O  Y  G  P  U  N  W  A  P  X  Y  G
```

ARMCHAIR	BAR STOOLS	BED
BOOKCASE	BUFFET TABLE	CHINA CABINET
COFFEE TABLE	CONSOLE TABLE	DINING CHAIRS
DINING TABLE	DISPLAY CABINET	END TABLE
HUTCH	KITCHEN ISLAND	OTTOMAN
PANTRY CABINET	RECLINER	SIDE TABLE
SOFA	TV STAND	

Furnish Finder II

```
Y  S  H  R  I  A  H  C  K  S  E  D  Y  C  W  B  P  U  X
N  C  W  E  Z  O  L  O  H  Q  F  K  H  Y  R  H  L  Y  Z
M  E  G  S  U  D  S  E  L  B  A  T  Y  T  I  N  A  V  I
U  I  B  S  O  V  F  P  O  M  M  J  A  A  A  D  K  D  S
P  B  Y  E  S  A  A  O  W  Y  S  V  R  U  H  N  H  M  R
O  H  B  R  C  T  K  U  R  K  L  Q  M  B  C  K  N  F  E
U  N  I  D  B  S  O  E  V  G  V  G  O  K  G  R  I  L  W
F  H  L  M  H  H  M  R  B  A  O  E  I  E  N  L  G  O  A
O  R  A  E  Z  T  A  X  A  O  X  O  R  R  I  P  H  N  R
O  J  L  E  J  B  T  L  M  G  R  X  E  N  K  H  T  W  D
T  F  A  S  A  C  T  I  L  U  E  D  G  K  C  C  S  S  F
S  R  A  V  N  Q  R  J  Y  T  C  C  R  A  O  B  T  R  O
T  X  Q  M  B  R  E  D  U  Z  A  W  A  A  R  M  A  R  T
O  I  U  J  O  C  S  B  D  B  V  B  T  B  W  B  N  G  S
O  O  C  R  P  A  S  M  I  Z  R  R  L  F  I  I  D  D  E
L  A  P  Q  E  H  O  N  J  M  A  Y  M  E  K  N  B  V  H
W  A  R  L  P  B  E  U  H  C  N  E  B  A  R  P  E  W  C
B  W  M  L  A  T  N  K  K  C  A  R  E  O  H  S  Z  T  W
E  W  S  E  I  B  D  E  S  K  R  F  I  E  L  R  L  F  F
```

ARMOIRE	BENCH	BOOKSHELF
CHEST OF DRAWERS	COAT RACK	DESK
DESK CHAIR	DRESSER	FILING CABINET
FOOTSTOOL	HALL TABLE	MATTRESS
MIRROR	NIGHTSTAND	POUF
ROCKING CHAIR	SHOE RACK	STORAGE CABINET
VANITY TABLE	WARDROBE	

Furnish Finder III

```
J  R  P  W  B  T  R  I  A  H  C  E  C  I  F  F  O  V  V  C
U  Z  W  U  U  D  Z  T  J  E  L  L  F  C  S  S  P  S  L  X
C  L  O  V  E  S  E  A  T  Y  U  O  H  N  H  E  E  P  H  H
Y  D  E  B  T  F  O  L  B  O  N  S  J  Z  J  C  F  U  N  D
H  M  Y  T  L  G  S  K  C  E  P  N  I  K  R  T  V  Q  U  X
G  A  D  W  N  O  C  E  G  N  U  O  L  E  S  I  A  H  C  V
D  A  K  Z  A  A  N  T  N  W  O  C  T  Q  M  O  A  Z  Y  T
V  Q  G  S  R  Z  M  Z  V  T  O  A  R  P  P  N  Q  X  Y  X
Q  U  D  E  E  R  N  E  D  R  R  I  S  H  V  A  U  N  M  D
J  A  N  N  S  D  F  E  C  Y  N  D  F  E  Y  L  Q  E  I  W
J  I  Y  O  A  N  R  M  D  A  V  E  C  A  F  S  K  E  P  B
W  V  B  T  F  T  P  E  M  E  L  M  W  R  Q  O  H  R  Q  W
B  U  Q  U  U  L  S  O  T  B  R  P  A  T  N  F  A  C  P  Z
G  U  L  F  P  K  T  R  R  U  Y  C  E  H  L  A  P  S  G  N
W  E  N  O  H  T  T  A  E  Q  P  Q  A  R  Z  E  S  E  N  S
W  I  E  K  O  W  B  F  G  T  M  M  W  U  I  A  G  R  S  G
H  Z  W  F  B  E  K  E  N  L  N  G  O  G  B  F  J  I  U  V
H  Q  U  Z  M  E  W  X  F  V  Q  I  K  C  P  X  H  F  K  D
G  O  T  O  X  B  D  E  B  Y  H  P  R  U  M  Y  W  C  R  T
P  H  H  Z  C  B  O  Z  I  E  K  D  I  P  K  B  G  Z  Y  Z
```

BUNK BED	CHAISE LOUNGE	COMPUTER DESK
CREDENZA	DAYBED	FIRE SCREEN
FIREPLACE MANTEL	FUTON	HEARTH RUG
HOME BAR	LOFT BED	LOVESEAT
MEDIA CONSOLE	MURPHY BED	OFFICE CHAIR
POUF OTTOMAN	PRINTER STAND	SECRETARY DESK
SECTIONAL SOFA	WINE RACK	

Route Riddle I

```
R X D E X G C U L D E S A C N Q V
L Z E M R O G X Y R J O A L Y H D
M A G I E A E Q Y A K E E R C T Y
Z L N I Q U F F J V W S K X R T Q
G L J E N Q R H D E O R R Y F M R
L E W E R W M Z G L W C O U R T V
Y Y V Y V W S J C U J T A T X O W
W A O Z L R O D Y O O U D D O X X
G W W E Z Y Z T O B D R C M M M I
C S L K Z P E Q T S I N O V Z N B
L S C I R C L E E H G P F H F A K
U E A Y L A E W U I H I J R T Y K
I R U A P R P E A G R K E X S G Z
E P P P T P V S B H Y E I G Q T Z
B X L S G I N H Z W W O V O P L P
P E C A R R E T Y A W Z J L R H P
R E F D W A B P Y Y O M V A Q Q A
```

ALLEY

AVENUE

BOULEVARD

CIRCLE

CLOSE

COURT

CUL DE SAC

DRIVE

EXPRESSWAY

FREEWAY

HIGHWAY

LANE

MOTORWAY

PARKWAY

ROAD

STREET

TERRACE

THOROUGHFARE

TURNPIKE

WAY

Route Riddle II

```
L D L M A P D A O R E G A T N O R F R J L A
B V L I B I E A R L E T U L U H Y R W R Y N
Z Z S D M H S V I M W L N N D A O R P I L S
R M M I S I J C M V E O D E W E E Q Z D N N
C X D O A E T Y S G I P V E C Q P I B C J P
K P P M S R R E D P L M L E J S P V S G G O
H C E N A L M V D H J C I E R A E Q A M Z Z
D R G I G X T A I A Y I S Z W P U R C L N Y
T O L M V W G F V C C W Q A N A A A Q C W S V
O W J H S F O O I L E C O A R R U S E S B U
Y C A H S F C O D M A R E E F A V X S D W U
F I X K D J Y T E T B E O S U D S A S J A C
D X Y A O Z X P D C V C W A S E P L R V R I
P A E P F W L A H U E A V G D R E V O X G K
E R X Z O J F T I D K L C D E U O Q A W P Q
F D D P V T W H G A B P I D Y H T A D I Y R
U T M F F V G N H I I Y N N K Y Q P D S V J
N I D M H L C E W V A U W O K M Z Y U L O E
C L X L P R F Y A W E S U A C T C Y X E O J
D P Y H K X R Y W P N S X Y Q U K A E X E
G C F B Q B P W X N P H B B B Y I T K U X A J
K N C X L R B F G S A W Q P G C T J A G I I
```

ACCESS ROAD

BYWAY

CAUSEWAY

CRESCENT

CYCLEWAY

DIVIDED HIGHWAY

FOOTPATH

FRONTAGE ROAD

LANE

LIMITED ACCESS ROAD

MEWS

OVERPASS

PARADE

PLACE

SERVICE ROAD

SLIP ROAD

SQUARE

TRAIL

UNDERPASS

VIADUCT

Garden Adventure I

```
I  Q  J  X  L  U  X  Q  O  S  Y  U  P  X  V  R  P  G
I  W  C  S  S  E  E  D  S  E  T  R  M  B  C  E  Z  M
G  N  G  Y  E  X  V  H  M  H  R  A  G  F  G  Z  R  T
G  N  P  N  J  Y  A  O  G  L  O  V  E  S  U  I  W  A
N  N  I  L  I  U  Z  I  H  L  W  N  O  T  M  L  B  H
I  Q  I  H  A  T  L  M  K  S  E  Q  H  R  G  I  Z  U
D  S  D  N  C  N  S  X  R  Y  L  C  W  A  N  T  N  W
E  M  U  A  U  L  T  E  Q  N  A  N  I  N  I  R  H  P
E  M  X  S  L  R  U  I  V  I  U  Y  U  S  R  E  W  G
W  T  J  E  F  Z  S  M  N  R  T  R  B  P  E  F  K  F
K  F  E  H  G  K  U  U  N  G  A  Y  Z  L  T  G  D  J
R  O  D  S  W  V  V  H  L  K  E  H  B  A  A  I  O  R
I  U  O  R  Z  M  A  Y  E  W  T  A  R  N  W  O  A  A
V  I  N  S  U  B  H  M  N  Q  R  N  N  T  U  R  Y  U
L  X  I  N  S  E  C  T  S  R  Z  Y  M  I  V  E  X  T
M  T  N  I  C  O  M  P  O  S  T  P  M  N  T  U  L  X
H  T  U  M  D  X  S  W  C  K  K  E  C  G  X  C  P  R
S  E  D  I  C  I  T  S  E  P  S  R  H  T  N  O  X  H
```

COMPOST	FERTILIZER	GLOVES
HARVESTING	HOE	INSECTS
MULCHING	PESTICIDES	PLANTING
PRUNING	RAKE	SEEDS
SHOVEL	SOIL	SUNLIGHT
TRANSPLANTING	TROWEL	WATERING
WEEDING	WHEELBARROW	

Garden Adventure II

```
D N E L U Y S U B D B A Q J Y H F S B I L Q
E E G A R D E N D E S I G N C C P S V M C G
O D R W I Z I N A B U T C I M I M M K Y M V
O D G N G A R D E N S C U L P T U R E G G B
E M G F C Y I J Y E V E M O N G N E D R A G
R Y H H U G O P H D C C B F R A A D A D R E
E H W F P V O S H R U B S B S B Q R S A J G D X
H M K J B X I I X A T M G I E D A Y P A E T
E K A W Y B Y V A G J L A M P E U Y Q R N U
W B F U W V E G E T A B L E S N B M U D D X
A Y H C R A I S E D B E D T C O Q T V E E B
R H F G E J L Z Q H S F E L I R I N T N C B
V M A C N S D Y G P L J L Q R N M X P O K
R S H D T I U S W K O B V G R A V V V L R X
N K A T S R P O J L O K I U I M U W E O A M
W J H N C R A A H B T Y F Q G E A F P T T R
S R E W O L F N C N N N C H A N N Q K X I G
O Y R H X T R E E S E W A R T T L X T M O U
N X B U P V Q P Q D D E H E I S G Y O V N E
E A S D A O H W R E R N R S O P L B R K S S
F M P N J S W A Y M A A A G N F A H P D A X
C S Q G G N G H D D G W L Q C W H Z C V U
```

FLOWERS
GARDEN DECORATIONS
GARDEN GNOME
GARDEN SCULPTURE
HERBS
LAWN
TREES

GARDEN ART
GARDEN DESIGN
GARDEN ORNAMENTS
GARDEN TOOLS
IRRIGATION
RAISED BED
VEGETABLES

GARDEN BED
GARDEN FURNITURE
GARDEN PLOT
GREENHOUSE
LANDSCAPING
SHRUBS

Artistic Adventure I

```
V  Q  T  G  Z  D  I  Y  E  Z  H  P  M  R  K  S
Q  C  J  R  Y  K  G  C  J  Q  D  K  R  Y  N  A
L  V  P  V  O  C  I  L  Y  R  C  A  T  L  B  X
T  Q  Y  A  J  L  N  D  P  O  B  B  Q  J  S  K
B  O  K  L  L  F  O  P  F  L  M  A  K  A  M  E
A  R  N  U  A  E  I  C  M  O  E  P  S  N  F  A
K  P  U  E  X  G  T  I  R  C  Y  R  G  Z  U  F
S  A  C  S  M  V  A  T  M  E  D  I  U  M  E  N
H  I  A  E  H  I  R  O  E  J  T  G  U  H  X  H
C  N  N  G  Z  S  U  E  E  H  D  A  O  G  D  O
H  T  V  H  M  E  T  K  M  A  L  C  W  U  H  Y
S  G  A  V  R  V  A  R  N  I  S  H  G  X  M  I
T  H  S  U  R  B  S  Q  O  N  R  E  L  K  L  D
S  Q  A  P  T  B  M  I  U  K  S  P  L  R  D  G
J  C  R  D  H  J  B  P  R  S  E  Z  U  F  G  I
L  H  H  U  E  P  A  Q  O  R  L  E  T  T  I  L
```

ACRYLIC	BRUSH	BRUSHSTROKE
CANVAS	COLOR	EASEL
GESSO	HUE	MEDIUM
OIL	PAINT	PALETTE
PIGMENT	PRIMER	SATURATION
SHADE	TONE	VALUE
VARNISH	WATERCOLOR	

Artistic Adventure I

```
W V E N M S U L A I O M R F X P P U E Z Y C Q
N X E M S I N O I S S E R P X E L C P J H X K
G Z F J I E I D G N F Q E A E U E O M U B F Y
W S D N N K U O O R H J Y G B X I O L K E G R
S O U D O Z M Q O P L A Y E R I N G I N W X K
R O Y U I D V A I V B C X T M O A A T K B W U
M Y U B S P Q W O N M L M T C I I G H C H E X
S U K O S D A I P F H C E H S L R R A T E F P
U F P O E L D I F L T C R N Q V P W T V E I I
R C A Y R Y M W N I H O E D D V A T A G E N O
R C B S P U U H M T M Z V T A I I L E S Y K D
E C S S M M C P T A I M T D G A N J Y T H G S
A Y T E I Z A S T Q G N A Y R N T G L I P N L
L Y R H O S F I O Z R E G T E Q I A J L F I D
I N A Q T S C X N R V G S N D N T X L M T G
S J C O W M O R S M A O E N U D G B N L E N I
M L T J S C S G T E P I S O S R C T G I T I Z
G L A Z I N G I S I F I H C Y Z F R K F A A O
K W R C G P N R L K H Q A C Y D Z A L E Z P H
J F T P U T L C B A B X O A Q H E C L U H C
I L U Y R U R U X U E M Z Z X A K S X X E J E V
C T Z M R B K J F I H R X V T N A O W H P X B
G N V N X Q Y S F R K E N O Q L Y Y O S P B N
```

ABSTRACT ART	BLENDING	CHIAROSCURO
EXPRESSIONISM	GLAZING	IMPASTO
IMPRESSIONISM	LANDSCAPE	LAYERING
MONOCHROMATIC	PAINTING KNIFE	PAINTING SURFACE
PAINTING TECHNIQUES	PLEIN AIR PAINTING	PORTRAIT
REALISM	STILL LIFE	SURREALISM
TINT	WASH	

Fashionista I

```
T R I K S S Z T J I J Y S Z Q F
E N S N Z U E G T E K C A J V N
I A S Q U N V Z A J A O B S Z Z
G U C T V G W R H V C R K B M Y
U V Z C N L G A F G T L P J U B
S L S W E A T E R F I B H N J L
B T I D C S P W J C N O D Z D V
Z I R F C S S T L L B U Q V F G
S D L E A E E O N A X E A V O P
S S E R D S T O R U A E N L S G
S I O S U H H F E I C I D F T X
M I K O I V A I W U E T R R Y T
A Q L N D G T C O A T S I A L Z
H B G Z S K N X F N I H Q C E V
J A V T I F T U O L S M W S A W
U U R H Y V Z K D N E R T I J C
```

ACCESSORIES
COAT
FASHION
JACKET
SCARF
STYLE
TIE

BLOUSE
DESIGN
FOOTWEAR
OUTFIT
SHIRT
SUNGLASSES
TREND

CLOTHING
DRESS
HAT
PANTS
SKIRT
SWEATER

Fashionista II

```
W  B  T  V  P  Y  U  L  E  A  T  H  E  R  T
Q  E  R  C  F  V  Y  K  F  W  K  A  M  A  H
N  L  K  F  S  R  B  G  H  V  C  I  U  U  S
X  T  V  F  L  A  C  E  S  X  F  R  F  G  N
M  A  K  E  U  P  F  F  I  P  S  S  R  T  I
S  R  W  I  M  A  J  C  L  N  D  T  E  J  U
R  E  L  S  B  B  G  I  O  W  A  Y  P  K  Q
J  D  N  R  T  D  R  T  P  C  E  L  P  H  E
E  L  I  T  X  E  T  O  L  A  B  E  R  A  S
S  C  V  A  T  U  C  R  I  A  H  T  D  N  L
A  V  R  W  B  W  G  U  A  D  E  F  S  D  B
D  B  Z  Y  Z  K  H  P  N  L  E  U  A  B  T
A  M  I  N  E  D  R  O  L  O  C  R  I  A  H
W  A  T  C  H  P  O  A  U  A  Z  B  Y  G  Z
Y  P  G  B  S  G  W  O  R  W  W  L  M  T  K
```

BEADS	BELT	BUTTONS
DENIM	EMBROIDERY	FABRIC
HAIR COLOR	HAIRCUT	HAIRSTYLE
HANDBAG	JEWELRY	LACE
LEATHER	MAKEUP	NAIL POLISH
PERFUME	SEQUINS	TEXTILE
WALLET	WATCH	

Fly High

```
A M G E O T I S X R T K C C I E K P S T N L F G
I V O G H X F B U S H P L A N E X W M Y X Z Q E
Q Z J N O R A U W P O U E P E N B O X I I A S I
R E Q U L T R A L I G H T P L A N E O V C A J K
Z R C O M M E R C I A L A I R L I N E R V Y V Y
X C E N Y F T X V B V U L C C P P H N K E U R S
F W A T A Q P P S E T D T E B E R G A G N C T K
O R Y R P L X Z A Y R F H N T C I G L T A B D S
W E A F G O U O W I X J T A R N V R P T L Z A G
X G F H B O C B G Y I E G L A A A U S V P L G Z
Q I Q R T N H I M U K G Y P I S T U U X C N G V
O O K L K V Q E L A K P T A N S E Z O N I L S K
C N L N R N V D L E R P N E E I J B I P T Y V T
R A D Y S Z U P U I H I C S R A E L B J A U O Q
X L R N X N Y U T Y C R A Z P N T D I F B Z O Q
G A E G O E R N G Z O O E I L N R R H X O H C V
Y I K M O L E E P C G P G A O N I P Y R P P P P
K R N F N P G F D L P E M T N C E W M T E I Z A
K L A N B I L U V I L H A E E E W Y A T A U A D
R I T K X A S A T J L Y N S E R S H D X X S H K
Y N R D Q T K P N K B G X T E J S S E N I S U B
B E I I E J R X R E T P O C I L E H A J F J I Q
O R A R C Z J X M T I S H T F X T V B P X P Q Z
I A R N I A Y G I I B W J F A Z Q L G E S I L C
```

AEROBATIC PLANE
AMPHIBIOUS PLANE
CARGO HELICOPTER
CROP DUSTER
HELICOPTER
RECONNAISSANCE PLANE
TRAINER PLANE

AIR AMBULANCE
BUSH PLANE
CARGO PLANE
DRONE
PASSENGER HELICOPTER
REGIONAL AIRLINER
ULTRALIGHT PLANE

AIR TANKER
BUSINESS JET
COMMERCIAL AIRLINER
GLIDER
PRIVATE JET
SEAPLANE

Tech Savvy I

```
O T Y K B A M S G G Q G A O O R L B S V M
Z D A B H U M M F T J N E T W O R K N L Z
R W D B O G P A Q L I I F T X X B N Z Y U
R M P T L M W R I I O T C B I Z W X G A U
I W J M T E C T Z D X U N R K S I C W Y S
N B I E X N T P F X E P Z S A K B S Q C O
I E S T U T T H A D I M Q A O J D E I G F
A R L S Q E W O T B L O L K F R E T W X T
H P J Y Z D O N E Z A C J A F D O R A S W
C V A S H R J E N E P D N X I B Y J F S A
K L U G B E P K R E T U P M O C W T L I R
C U D N N A P L E V O O V R U M O I J Y E
O B I I Z L D X T L P L H F M R A S V W K
L C Q T C I C G N M B C G W F M E E T D T
B O U A U T G K I I B Z S O E V Q B M U D
R N D R W Y B J G I H U K P V N O Y Z W B
Y Z J E I Z D D O O F B G Q U B U D E G E
K U M P G M A C H I N E L E A R N I N G V
U S B O Z T Y C N E R R U C O T P Y R C N
G R D H A V V I R T U A L R E A L I T Y Y
X T C J B Z A A R K E R A W D R A H B L F
```

AUGMENTED REALITY   BIG DATA   BLOCKCHAIN
CLOUD COMPUTING   COMPUTER   CRYPTOCURRENCY
EMAIL   HARDWARE   INTERNET
LAPTOP   MACHINE LEARNING   NETWORK
OPERATING SYSTEM   ROBOTICS   SMARTPHONE
SOCIAL MEDIA   SOFTWARE   TABLET
VIRTUAL REALITY   WEBSITE

Tech Savvy II

```
N V C J J H X W L E F N V T V C P X M Y
O O T W E F K K C V I D E K I J G Q L S
I X S X G O J F R W U A S M R X N E N P
T U F T W Y Q U T T Q S Z D U J I Y W A
P T E C N E I R E P X E R E S U K N E C
Y O N C O E A L G O R I T H M A C T E E
R G Q E A N M D P S O A H U T M A P B T
C J X P M F T P E R Y S M A R T H O M E
N E X Q U P R R O B J G G K Q R D N A C
E Q R F Z B O E O L W E M M C R S N S H
A F D A E Q H L T L E C G A O O I V K N
T S X F W E B G E N L V S N R D D C W O
A X H L I L F H J V I E E U T I L I F L
D U P W X R A Q E S E R R D A V N A N O
W E K B R V E M X H Z D E D B F P U N G
K P D S J W U W S X S T P S M E Y T Y Y
B I V G N I M M A R G O R P U B W Y L M
G A M I N G E P S L T E S D A E H Z C C
J U B T Z B R U E B L K E O U Q G K C J
T Y T I R U C E S R E B Y C O N S O L E
```

ALGORITHM
CONSOLE
DATA ENCRYPTION
GAMING
MALWARE
SPACE TECHNOLOGY
VIRUS

APP DEVELOPMENT
CONTROLLER
DRONE
HACKING
PROGRAMMING
USER EXPERIENCE
WEB DEVELOPMENT

CODING
CYBERSECURITY
FIREWALL
HEADSET
SMART HOME
USER INTERFACE UI

Tech Savvy III

```
V P K A M I X E D R E A L I T Y K T Q O S
H D Q S C E E U X V U O E A N M K J D E R
Z G U Y I T R M M F O B R U A L N P N G D
V E T H J N H O E I O L Q Z T P R E N G I
A O M P X K T B T L M S T U S E H I N X I
G T C A Z I P I G S G Y L E I W G I L L R
E A M R C X O L N L P Y S R S A P H L C I
V G B G M D A E F S L P R M S P O C Q Q L
J G A O Q U K P C H Y A A S A Z W F J X N
N I G T T E H A B M C G E M E R H C R W E
I N N R V S C Y B L T M E T C N T J F Y S
W G I A V H N M J E T L I Z I M G C N J G
T V M C G Y I E F N I Y U Y O N D R I A A
L R A D E T Q N A B J M Q B V L H B T T C
A X O T O P S T O H E L I B O M Z N H F Y
T J R B P E S M K N S L L T Y Q F H D S E
I H F P B N D L M F E S B A Y F Y Q H R G
G O T S I G F Z H D P P A E L I B O M V Z
I C D Y H M R B A P C R O Z B M X N V O Y
D S N I Q S N T E S A B A T A D O E G D Z
D R X Z L L A C O E D I V W B Q R C T A Y
```

APP STORE

CARRIER

CARTOGRAPHY

DIGITAL TWIN

GEODATABASE

GEOTAGGING

INSTANT MESSAGING

MIXED REALITY

MOBILE APP

MOBILE DATA

MOBILE HOTSPOT

MOBILE MAPPING

MOBILE PAYMENT

NFC

ROAMING

SMART CITY

VIDEO CALL

VIRTUAL GLOBE

VOICE ASSISTANT

VOLTE

Tech Savvy IV

```
A D R A C M I S R I Q P S J E M X Q T Z C P C
M V C W S Q N O X F E V M R V V R Q M G P N J
H L K J N E A G I J G N O N M J Z L U D P T U
X T R Z E X L R N V E M M F W G V H U U Z O G
A D O P J S P C O G B F T D W Q I F H S S P N
D R W P O P E X I Y R E V R N O C G C P D O I
G E T P P A L K S H D I E Y G W J K A X O G P
D L E W K T I N S C E L L U L A R T O W E R P
G D N K D I B P I O P V A C M E I T N M V A A
L S E Z E A O S M X N H S Z R A D I L Q Q P M
X H L Z S L M W S A M R U U L B X I M E P H R
G N I K C A R T N O I T A C O L R O Z A I I O
X B B B D N Q M A K N V O A E M K L E J I C O
Y O O C Y A G V R E T M F L M L O S R W G M D
Y P M X M L J B T L P D U S B T L N M Y W A N
A Z C E A Y Q L A U I M Y M T B F P O S S P I
X T F D K S Q V T W J N T C G P G O H T I A H
Q O C H S I N I A C K I L I L G X J J O U I S
Y H B X S S N H D I Y E L L D Q B C A Y N A M
Q Q V A E G N I S N E S E T O M E R H Q B E U
L R A N F E Y P Y G O L O N H C E T O I B H M
A P C N I P E H V N Z E Z X P A Q O O X V Y E
N Q N A T A P W A T A D L A I T A P S A W K U
```

AUTONOMOUS VEHICLES
CELLULAR TOWER
LIDAR
MDM
MOBILE PLAN
SMS
SPATIAL DATA

BIO TECHNOLOGY
DATA TRANSMISSION
LOCATION TRACKING
MMS
REMOTE SENSING
SPATIAL ANALYSIS
TOPOGRAPHIC MAP

CELL PHONE
INDOOR MAPPING
LTE
MOBILE NETWORK
SIM CARD
SPATIAL COMPUTING

Tech Savvy V

```
D J T Q T P M O R P D N A M M O C L Q F U Y
B A N S C A N N E R T O D G Y A V G R O Z E
R N E Q O S F I N B O H W C R X V S V M B X
M T I A D P P A I I S D X N D U V O A V C D
R I L D E R Y V H D B W F E C Q M C E T A O
N V C F R E N P C D V S B P E U B A J T M D
E I P R B A Z W A L J D Z K B E G M A N E C
N R T O O D T H M U W N A B W Z T B D R I I
O U F B A S E C L O U D S T O R A G E M H A
H S K G J H O E A H V S J L A S E S O K N W
P S C G D E K F U A E J V S E B W I Q O X H
O O C Y R E R O T A L U M E H O A Z A L K U
R F D Y S T A G R O Z K F R R V Z C J P F T
C T S F M A E C I E F A B B Q O I M K J K W
I W W Y A L H B V E I F B Y T R U M E U Q S
M A O F L E N D M Q B E I T Q D X M N Q P P
D R D I N D D R G A W D M C B B U P F S E B
G E N G C P E I Z U P E V L E R C Y Q W E O
Y U I H A T O W S O Q M T P K Z T D R D B X
X N W J D Q S W O R D P R O C E S S O R X P
E X M T K W B G T G L X J N L L M L I T X Y
D Y O N C E M A I L C L I E N T Q P N U E L
```

ANTIVIRUS SOFTWARE

CLOUD STORAGE

COMMAND PROMPT

DATA BACKUP

DATABASE

EMAIL CLIENT

EMULATOR

FTP CLIENT

LINUX

MACOS

MICROPHONE

MICROSOFT OFFICE

SCANNER

SEARCH ENGINE

SPREADSHEET

VIRTUAL MACHINE

WEB BROWSER

WEBCAM

WINDOWS

WORD PROCESSOR

Tech Savvy VI

```
M Y L D I Z I U X F L M Y Y H N M L Z Q
K E L B A C T E N R E H T E U L Y Z J I
P D R A C S C I H P A R G N Y K P M A U
O G N I L L A C I F I W Y Y G N Q M R F
W M E G A S S E M T X E T C O P A E P N
E O E I U Y N A J O T Y L Q L R S M R E
R V V D A M L U L T R S G Y O I V C R R
S F I C M O N I T O R Y D Z N N A O R H
U C R R I T K F L I A S N N H T A C I F
P U D D D H H H G V S T N I C E Y C J K
P W L I S E C N E I R E P X E R E S U C
L I A Y G R T P C P D M V M T O V T O A
Y N C T A B W A K N X S T I Z S T R K J
U F I P U O F E T V N E T I R C X R E O
N P T I T A K J D S R T U I B D E S Y I
I W P Y D R G D M A D T X I S S D T B D
T I O N M D Y O A Y C I M O J Q J R O U
E Y Y M Y X U P C W G N L N U G E O A A
Q Q R P A S D U E H E G D O Q H B L R H
K V T R E G A N A M K S A T S R G L D B
```

AUDIO JACK	CPU	ETHERNET CABLE
GRAPHICS CARD	HARD DRIVE	KEYBOARD
MONITOR	MOTHERBOARD	MOUSE
OPTICAL DRIVE	POWER SUPPLY UNIT	PRINTER
RAM	SOLID STATE DRIVE	SYSTEM SETTINGS
TASK MANAGER	TECHNOLOGY	TEXT MESSAGE
USER EXPERIENCE	WIFI CALLING	

Tech Savvy VII

```
F V Y F O G C L X U Z Q Y X N I V X W H G A U N
F Z G K I N T E R N E T O F T H I N G S P L Q R
H O R Q D E A F B O X B I Y Y K P H D M X W Y P
W H E K S F J G U I G I E L G Q O W S Y Y A Y Y
A P N W X D R R Y T M C N U A Y D U R L S P G H
R X E W P L K A K D C E N Q M V O K J O O B
C T E I J A G E G V W W H V O X F N O W L W L B
G Q L R J I R S S E G B A P R G Y H O O N U O F
Y K B E X D D A G L P A V J Q Z F N N X E I N M
G C A L F W L T B E P L H J O G M H S T V P H T
O A W E G T V E U L Q H C N V Y C R O U U Q C U
L M E S I P H L O A E K E K L E D O E Q K S E U
O D N S I Z K L F T R T T C T G T Z Q T Z T T G
N J E A K W H I V I S Z E E W H M O N A U R C N
H C R D H X M T Y G L N L C B W N F C Y W O I R
C Y F A C H A E X I U B B P H I I A K L T P R R
E N F P K R F K H D A O A Y Y N R V H R R Y T U
T P V T M J S A F R E X W P I H O B W J P A E O
N B M E B O R O A L R M E D O M K L G T E L M M
E D I R E G T E D R L T N W Z Z P N O Y O P O X
E W F Z Z E W U U S H K E L R F N X X G J S I U
R Z I K B K Z D P D Y I R A P A B U A B Y I B C
G W W E W N T G F Y S E H Y C C S N Q Q F D V O
N X T I T T G N I T U P M O C M U T N A U Q Z D
```

BIOMETRIC TECHNOLOGY
DISPLAYPORT
HDMI
QUANTUM COMPUTING
ROUTER
VGA
WIFI

BLUETOOTH
GPS
INTERNET OF THINGS
RENEWABLE ENERGY
SATELLITE
WEARABLE TECHNOLOGY
WIRELESS ADAPTER

DIGITAL ELEVATION
GREEN TECHNOLOGY
MODEM
RENEWABLE TECH
USB
WEARABLE TECHNOLOGY

Sea Explorer I

```
E  F  G  Z  M  A  N  A  T  E  E  G  G  M
L  U  R  Y  E  I  L  R  M  A  L  C  J  L
K  J  Q  A  S  E  A  T  U  R  T  L  E  P
J  Y  B  R  R  F  H  D  I  U  Q  S  I  H
N  I  Y  G  O  J  W  H  S  F  S  A  S  Z
F  R  M  N  H  E  R  E  K  U  D  I  J  P
O  E  A  I  A  L  A  K  M  O  F  B  F  L
D  T  Y  T  E  L  N  W  L  D  A  W  P  O
Z  S  T  S  S  Y  P  P  R  R  Z  L  S  B
A  Y  A  E  W  F  H  O  C  T  O  P  U  S
O  O  E  Z  R  I  W  N  K  C  U  O  F  T
W  P  I  R  N  S  Y  S  U  R  L  A  W  E
A  P  M  I  R  H  S  I  F  R  A  T  S  R
N  G  B  P  G  Y  I  W  N  L  X  M  U  I
```

CLAM	CRAB	DOLPHIN
JELLYFISH	LOBSTER	MANATEE
MUSSEL	NARWHAL	OCTOPUS
OTTER	OYSTER	SEA TURTLE
SEAHORSE	SEAL	SHRIMP
SQUID	STARFISH	STINGRAY
SWORDFISH	WALRUS	

Sea Explorer II

```
N F L N W C L O W N F I S H Z F Y W
I Y E O C H R L A R O C B H B H W F
H E E G P T B O Q X I N H S A Q M C
C B Y A D T K N R X H S S I R W G H
R B A R N A C L E S I R Y F C L L E
U Q R D A G X S I F O W K R E I K E
A E O A Q O U F E N M E W E O O V S
E Y M E H Y R L D A D U C L H N X E
S H A S F E T B B S A I D G S F U A
D G N D F T Q K N P R N S N E I L L
L J F F U E H A H T A N E A S S B I
M T U C G C U S C E X Q K M R H E O
J P R Z B T A E I W Z P M D O G B N
F A A W I J L R F F Y K L C H N W S
V L B L Y E C H R X A D Z B G O E A
Y I U O A K Y A R A T N A M I G O L
O S B G N A T E U L B G U N T U J G
A K G U N P O Y V M R K C T D D N N
```

ANGLERFISH

BLUE TANG

CUTTLEFISH

HORSESHOE CRAB

MORAY EEL

SEA ANEMONE

SEA URCHIN

BARNACLES

CLOWNFISH

DUGONG

LIONFISH

NAUTILUS

SEA DRAGON

TUNA FISH

BARRACUDA

CORAL

ELECTRIC EEL

MANTA RAY

PUFFERFISH

SEA LIONS

Sea Explorer III

```
Y  Q  F  S  D  E  K  N  B  Y  A  U  E  B  V
E  V  P  V  W  Q  S  A  R  D  I  N  E  G  Y
B  P  O  Y  T  S  P  C  B  X  H  Q  U  B  T
R  G  E  H  J  A  U  A  T  Z  I  G  A  T  X
A  X  C  R  C  F  M  P  U  W  T  P  I  G  V
Z  K  M  X  C  N  P  I  O  D  B  B  P  M  P
I  H  A  M  I  H  A  M  R  T  C  G  A  F  Z
K  W  C  F  N  M  O  P  T  W  C  R  L  S  O
W  V  K  H  A  D  D  O  C  K  X  O  I  A  S
E  W  E  R  G  X  H  A  L  I  B  U  T  A  G
B  A  R  R  A  M  U  N  D  I  F  P  S  C  X
S  R  E  T  S  Y  O  O  P  I  K  E  N  S  I
F  P  L  T  G  N  C  I  A  C  A  R  P  V  G
J  K  L  O  L  E  B  F  C  U  V  Q  R  Q  H
N  C  R  E  P  P  A  N  S  A  L  M  O  N  C
```

ANCHOVY	BARRAMUNDI	BASS
CARP	COD	GROUPER
HADDOCK	HALIBUT	MACKEREL
MAHI MAHI	OCTOPUS	OYSTERS
PERCH	PIKE	SALMON
SARDINE	SNAPPER	TILAPIA
TROUT	TUNA	

Sea Explorer IV

```
H O H M K R A H S Y K L I S C K V U F
P U G K R A H S H S I F G O D N T A V
H P K R A H S L E G N A Y W B N E J M
U P K H H F C J C O Z T C O B C T N J
K P O F S A C K D P D W O H H R I V H
R R S F R W M G K C Z B C E G V H T T
A X A W E I C M L R K S T H K N W N I
H R N H H T L K E A A E E H U H T B G
S Z D T S A A L S R G H R R J W A G E
N E T H E G L L E G H L S U A E E A R
I B I S R U N E I D H E O E C I R O T
L R G S H N S O S Z S S A L U S G H G
B A E P T V L A G H I H L D D L A P E
O S R N K S N P A E A U A C O X B W C
G H S D Q A T R A X B R A R F P F E G
C A H P I T K C A L B B K E K X H O M
K R A H S E L G A E B R O P T L K H B
O K R A H S O K A M X I W W K J M J I
R T K R A H S N O M E L N X A Q E I U
```

ANGEL SHARK
BULL
GOBLIN SHARK
LEMON SHARK
PORBEAGLE SHARK
THRESHER SHARK
WOBBEGONG SHARK

BLACKTIP
DOGFISH SHARK
GREAT WHITE
MAKO SHARK
SAND TIGER SHARK
TIGER
ZEBRA SHARK

BLUE SHARK
FRILLED SHARK
HAMMERHEAD
NURSE SHARK
SILKY SHARK
WHALE SHARK

Sea Explorer V

```
Z V H F W D F H I C F C R L W P X H T P S L W
N I B K K V B G U A M F Y X H E U K Q A H O R
S E N W O C Z A L A H W R A N A U B K C O J X
Q E E F E V P W O G D L B D A Z C N R C V Y E
V L L B L E L A H W A G U L E B Q E U V Q Q L
N A A A A Y R A F L P S Z B E W F L A Z N G A
H H H I H U I P Q H B E B G L O S A U F R M H
W W W R W W C D W B O W H E A D W H A L E K W
Y D D D N S T R A P T O O T H E D W H A L E R
P E E S I X C H N A M S P Z W N T M C C A A E
T D K B F B H N G E J V U F I Z Z R M D H F L
C A A E T X R M I I P W V M E O O E W D W C L
W E E A X Y O Y U U R L I L S E V P Y K K E I
Z H B K P W L K D O B N Y Z L G G S O X C L K
G N W E D I Q N L E K Y R A N W C J I A A A E
U O P D J Y A I H E S U H E X B J P S J B H S
T L X W L Q Z M W N I W D P H U V S Z N P W L
O E V H D Y H H D M R M H I S T V R O M M Y A
M M D A E L A H W E U L B A F W U J D T U A F
S C F L B L P I L O T W H A L E O O U J H R B
L Q B E E C T L E G O X K X Q E S C S X N G W
S T W Z Y G I A Z N F T T Y F P S Q O Y F R W
P Q X T W K P Z G H P Q X Z E M Z S Q P X S G
```

BAIRDS BEAKED WHALE   BEAKED WHALE   BELUGA WHALE
BLUE WHALE   BOWHEAD WHALE   BRYDES WHALE
FALSE KILLER WHALE   FIN WHALE   GRAY WHALE
HUMPBACK WHALE   KILLER WHALE ORCA   MELONHEADED WHALE
MINKE WHALE   NARWHAL   PILOT WHALE
RIGHT WHALE   SEI WHALE   SOUTHERN RIGHT WHALE
SPERM WHALE   STRAP TOOTHED WHALE

Engineering Expedition I

```
R S O H T M A N U F A C T U R I N G T W M O E
G C A N P Y U P R O T O T Y P I N G Y G J R A
C I F X M N E N R B A F G C J A R U K U T G X
U M O A N V K D E V E L O P M E N T A H A C M
G A F F J Z A P I G J R R E Q S X S P M V J E
J N A S C I N O R T A H C E M W B Y K O L Q A
G Y I T T K O V C F E H D M J V P Y Z I K C B
N D O R O V Q P T C A U Y L J C P O A J O L J
J O I U E N M X T N J Q H Q D V I Y V N U B Q
U M U C V E N A I I D J G N I T S E T E L K V
Z R Q T I R N C C S M C R O P Z O R P V T K B
K E B U S S S I I H S I O U N V O R S E U H C
R H B R W B S S G N I L Z N E L I M Y M V B A
H T Q A J K Y N V N S N K A S N M F W T E X L
D K I L H L I Q G W E Q E Y T T F A I S W U C
G P X A A E C N E I C S S L A I R E T A M U U
K K P N K U D G E U S T S T E Q O U N R B C L
F U A A X R D V F M E E O E H A O N C Y D M A
N Y D L N K J V R M A J D K C B R W B T P S T
R J N Y B K Q N S N Q T A G V O T N I X I Z I
U Z M S Q G V W N P F Z I J O Q R T I B O O O
H X E I C I R I X J J D O C V R S P D N U G N
P Z A S Z I G H L X Q L P P S A U Q N S G Y J
```

ANALYSIS
CONSTRUCTION
DEVELOPMENT
MACHINE LEARNING
MECHANICS
PROCESS ENGINEERING
TESTING

BLUEPRINT
CONTROL SYSTEMS
DYNAMICS
MANUFACTURING
MECHATRONICS
PROTOTYPING
THERMODYNAMICS

CALCULATION
DESIGN
KINEMATICS
MATERIALS SCIENCE
OPTIMIZATION
STRUCTURAL ANALYSIS

Engineering Expedition II

```
W F L U I D D Y N A M I C S U B Y P U J C X Y R
I B W C G N I R E E N I G N E L A C I T P O G T
G D N J H N V M U P Z G N B Y M L J W F V N E E
N F O U S E I A F Y Y D I A U Q U G I I I Z Q D
I X I H I O M R M J G I R Y L C L K O R A J J K
R H T R S G F I E T M R E X S K S T E X X W G N
E O A K Y J M T C E O J E U F L Z E F W O U H D
E N T T L K A H W A N Z N N M V N Y B P N Z E X
N A N X A G R T K A L I I B E I O F J M D L A Q
I N A B N R I G L N R E G R G E H F F G J R T J
G O L K A G N N F S H E N N I Y L P J D O X T U
N T P B N H E E N J I L E G E B F B O A I M R A
E E S F O U E R C V W G S N I R V F A H T G A R
S C N Z I A N T F E N V C N G N E Z W W S F N J
M H A N T W G S H I S S I D X I E M E P E C S W
E N R B A J I D D S D Q T G R M N E Y Q N N F Z
T O T Z R O N L S C I T O B O R B E R L G A E U
S L O Q B B S E E P X F P B X K V V M E I O T R R
Y O N E I W E I E P O H O X N F T S Q R N P P U
S G E D V Q R Y E C P K R D H S Z D U O I G O L
B Y X C Y T I C I R T C E L E O M R E H T N L K
D D P C A P N C I V I L E N G I N E E R I N G K
J R P O A T G N I N N A L P N A B R U Y G L E X
O Z V M F Q U A N T U M M E C H A N I C S Z J A
```

CHEMICAL ENGINEERING
HEAT TRANSFER
OPTICAL ENGINEERING
RENEWABLE ENERGY
SOFTWARE ENGINEERING
URBAN PLANNING
XENOTRANSPLANTATION

CIVIL ENGINEERING
MARINE ENGINEERING
POLYMER ENGINEERING
ROBOTICS
SYSTEMS ENGINEERING
VIBRATION ANALYSIS
YIELD STRENGTH

FLUID DYNAMICS
NANOTECHNOLOGY
QUANTUM MECHANICS
ROBOTICS ENGINEERING
THERMOELECTRICITY
WELDING ENGINEERING

Architectural Quest I

```
M A H V G Y T B B U F K A M M Z U A A G B V V Z
X M R E K V J J I K Z Z W B P P N W G Z U Y S T
P R I C G F B A J V O R U F H S A J B V I U T O
U T D E H L C B S V M I U S C R L Q A F L F Y H
C X W K E I R S J I L N M I T F P J E M D S R J
G W M J U Q T M X D T T T M E L E O U F I G F X
E G K N H N G E I O Z E P N K O T A G Y N Q X S
J Z F C R X G N C X H R A N S O I N R P G U K U
K Z P R S Z G I I T K I C N Y R S D P D S A V S
G E T F N C E R S L U O F C A P F Y X Q C N Z T
N V S Z O J H E E E E R D A Y L I G H T I N G A
I I M D I W A W I D D D A G W A Y Q P V E X T I
N G E P T I H C F F B E O L G N A S B Q N S A N
N S Y F A A R M W L E S M M S N T O I O C A W A
A G J W V B D X U L Q I B O D T I M A S E O Q B
L Q B G E B W E E B B G N O M E Y T X A U X V I
P H G F L D P T J K L N D A A Y E L E F T Y Q F L
E Q W S E R T T P X V Q F X V T J R E A F L X I
C P A S I L Z U C F L S J C A H V V H S R M D T
A M T N E M E G A N A M T C E J O R P T J D V Y
P E T M H J B G V I R J X E W Q Y R L T Y X W P
S L A I R E T A M G N I D L I U B M X J E Y T O
N F V H D Q A T N G I S E D N A B R U T E A Z H
Z D X E N W W S B B F A W Y D N Z V D I Z S X E
```

AESTHETICS
BUILDING CODES
DAYLIGHTING
ELEVATIONS
PROJECT MANAGEMENT
SKETCH
THREE D MODELING

ARCHITECTURAL STYLES
BUILDING MATERIALS
DESIGN
FLOOR PLAN
SITE ANALYSIS
SPACE PLANNING
URBAN DESIGN

BLUEPRINT
BUILDING SCIENCE
DRAFTING
INTERIOR DESIGN
SITE PLAN
SUSTAINABILITY

Architectural Quest II

```
D G N I F O O R P D N U O S B G L M Y I X X E
P N D K W B Z G A Z Z Q L L A A L R A R M D D
K I Q I Y I N N S U D M H T J U E S T H B A A
H N V T J Y X O S L R E B R I L K S P Q N I C
T N W K R E J J I M M X P Z A Y V P O E B Q A
F A N A D O O E V T W M G U S P H R S W A W F
X L Z V T D F P E E A N P C I Y O Q T Z M L G
Y P W W V E S M S E I R R B T D H F M N P C S
T N Q W Z O R X O D J A T I J J Z N O N X A C
W A M N J F B M L C P K L S P D P F D R Y P I
E B R B F D A I A E L A Z O E N Q N E W U W T
W R D J T L U F R N I A F B S N N B R I E O S
K U N S G B J V D R A I M V K B E O N D D Q U
S H J K N T Z E E T I G Y R A F F F I F A A O
R V I E A S O T S I M C E C E E W H S F R O C
J B E A F U A Q I J R W Z M B H Y D M C T Z A
C R R G V M J D G G N Y S X E X T F H V S I T
G W O D A H S D N A T H G I L N X I A G U Q C
S A U L M R B Q X R E S T O R A T I O N L V W
S I S Y L A N A L A R U T C U R T S K B A D T
V I N Z G E S P O C E D T R A R M W M X B T L
L S Y H K T Y N M U L O C V D M K H Q N B G Z
Y K N H C O E B E Z I O E C J O A E I R B U E
```

ACOUSTICS

ARCHITRAVE

ART DECO

BALUSTRADE

COLUMN

FACADE

FENESTRATION

GREEN BUILDING

HVA

LIGHT AND SHADOW

MATERIALITY

PASSIVE SOLAR DESIGN

POSTMODERNISM

RESTORATION

SKYSCRAPER

SOUNDPROOFING

STRUCTURAL ANALYSIS

THERMAL COMFORT

URBAN PLANNING

WATER MANAGEMENT

Architectural Quest III

```
N S K X R I F P U V L B K D D R O Q J K K O
U Y B Q Q O O Z O Q R R I D K V W U Z C I O
G H I F S M J X W Q B O I N V T H M K T Z P
R L B A A P T H Y N O I T A D N U O F D L B
E V Q U V C G Y T P T Y E D I T F K U Q U U
E I G E M O A D I W G E Q Y N H F T Y V H I
N J V K C E A D V O B P P V T S C Q L C N L
R E R G F I Z S E G Y G B A E L A C Z S T D
O W O E A O N Z R E E A S Y R W I C V J G I
O C F C D C W R A N N Z G S I A B B N E N N
F E H Y L R Y L O N X G Z F O X P D W R I G
J P R M P A O T H C I B I B R G O D P B Z E
C G L A N D S C A P I N G N D Z O E C F A N
X E E P O Y B S I P O B E Y E J G A Y J L V
X C Z L E B T N I N R G A P T E N G L U G E
W K P K Y P G K C C O W R O A T R N M I I L
H V C L Z O Z T I A A I T A I B C I S G C O
P U S Q T T G F F Q G L I L L C B W N P P P
T I M H N G Z R Z Z G O E Y I L G A Q G L E
I U I C N X D O A E U V Z G N S F R Q U D B
K C L C A B U V Y G E X I W G J K D T R U Z
O C L E R E S T O R Y A D N M P I F M X R E
```

BIM	BUILDING ENVELOPE	CANTILEVER
CLERESTORY	CORNICE	DRAWING
FACADE ENGINEERING	FOUNDATION	GARGOYLE
GLAZING	GOTHIC	GREEN ROOF
INTERIOR DETAILING	IONIC ORDER	KEYSTONE
LANDSCAPING	MEZZANINE	NEOCLASSICAL
PARAPET	REVIT	

Casting Call

```
F  F  G  W  T  O  U  J  L  E  B  E  R  E  H  T  N  T
Y  R  R  O  V  I  V  R  U  S  E  H  T  M  T  Z  B  F
I  P  K  U  N  I  A  L  L  I  V  M  R  J  D  I  C  F
T  T  S  I  T  R  A  E  H  T  K  S  E  P  Q  P  P  U
H  H  F  T  J  S  E  N  W  E  Z  Q  V  N  R  Y  G  R
E  E  E  O  X  E  T  S  I  T  N  E  I  C  S  E  H  T
E  F  M  P  W  T  S  I  N  O  G  A  T  O  R  P  F  N
V  A  M  F  O  E  M  O  V  R  N  O  C  X  P  F  W  A
E  L  E  O  N  L  O  V  E  I  N  T  E  R  E  S  T  N
R  L  F  L  Z  H  I  R  E  D  I  S  T  U  O  E  H  T
Y  E  A  X  H  T  H  T  N  Y  K  I  E  T  Z  R  Q  A
M  N  T  G  B  A  B  A  I  E  K  M  D  F  D  K  A  G
A  H  A  T  R  E  M  A  K  C  I  K  E  D  I  S  K  O
N  E  L  B  D  H  S  Z  N  D  I  H  H  N  A  M  Q  N
B  R  E  K  C  T  Z  T  Q  L  I  A  T  G  T  O  T  I
Z  O  R  N  Z  N  H  L  I  N  A  Y  N  Q  D  O  C  S
U  R  E  N  O  R  E  H  I  T  N  A  E  H  T  F  R  T
M  H  Y  V  R  C  O  M  I  C  R  E  L  I  E  F  Q  J
```

ANTAGONIST	COMIC RELIEF	FEMME FATALE
HENCHMAN	LOVE INTEREST	MENTOR
PROTAGONIST	SIDEKICK	THE ANTIHERO
THE ARTIST	THE ATHLETE	THE DETECTIVE
THE EVERYMAN	THE FALLEN HERO	THE OUTSIDER
THE POLITICIAN	THE REBEL	THE SCIENTIST
THE SURVIVOR	VILLAIN	

Reel Roundup

```
U U O L W Z N G X N K J V N D J C D S
X R O M A N C E W L R Q W H H U A Y D
U E F X Y O W I W O R E D E H Q C R L
A T T O M O D U P M S N T I M Y A J S
S E S E O R E H R E P U S S I M Z F R
C Z D C N K N U A H T R T A Y R T Y
H Y Y C I D J X E R O J U V M S B O C
E R U T N E V D A R O U S F I B I Z B
P W X J V I N J I J U R T A X V G D I
X E Y N O I T C A L E S R W I H A K Y
K S C D E C A P E F S O A O K H R L Z
X T H R I L L E R F P W L E H Z Q J N
K E S Y J U K O U A I R A S R W M B C
B R N W P U X R G N O C I R T T T H Q
W N Y W Y Y F F O T N R T B H J L E R
V I H P K O Z A R A A N R I Z C Y F L
B E T O R V M X P S G D A X O I J I L
Q D H M K V X T R Y E P M R D N D U C
N D M N M W W U J S U E Y D D U B G F
```

ACTION
COMEDY
FANTASY
HORROR
SCIENCE FICTION
SURVIVAL
WAR

ADVENTURE
DISASTER
HEIST
MARTIAL ARTS
ESPIONAGE
THRILLER
WESTERN

BUDDY
DRAMA
HISTORICAL
ROMANCE
SUPERHERO
TREASURE

Writing 101

```
Q  P  K  T  P  I  P  C  K  C  P  S  U  H  F  S
P  E  S  O  R  P  H  E  Y  L  C  N  T  Y  R  V
O  N  O  T  E  B  O  O  K  E  E  L  I  C  E  T
E  C  P  W  T  T  O  L  P  M  D  X  H  K  V  Q
T  I  B  Q  C  P  A  T  E  D  I  T  O  R  I  E
R  L  H  T  A  N  I  H  U  C  A  Y  G  O  S  S
Y  N  W  P  R  G  T  R  V  T  L  Q  Z  C  I  R
Z  B  E  U  A  S  U  E  C  C  O  N  K  F  O  T
J  R  O  P  H  E  W  I  R  S  G  Y  T  I  N  S
Y  J  I  O  C  W  L  C  A  N  U  V  D  P  S  Z
X  V  D  R  A  F  T  U  S  D  E  N  T  O  B  J
F  A  D  G  N  I  T  T  E  S  D  G  A  X  H  M
U  B  L  O  T  H  P  W  P  L  G  E  F  M  X  L
S  G  C  F  O  Z  E  D  S  I  C  U  M  C  Q  I
E  U  Z  R  W  E  I  V  F  O  T  N  I  O  P  C
P  T  K  Q  R  E  E  X  Q  M  V  A  F  M  U  W
```

AUTHOR	CHARACTER	CONFLICT
DIALOGUE	DRAFT	EDITOR
GENRE	JOURNAL	MANUSCRIPT
NOTEBOOK	PAPER	PEN
PENCIL	PLOT	POETRY
POINT OF VIEW	PROSE	REVISIONS
SETTING	THEME	

Artistic Evolution I

```
L Q G J C J P Q N V J A E G G N Z H E W A P
G K V U Z H G O G N A V T N E C N I V R T H
Y T T S S T N K S K C L A U D E M O N E T C
O Y D E R T U N X I Q O X J Y V M V P N H N
C Z L P H L A T T L U U Z N B U Z M Q X N U
F W R K E Z S V G N E O C L A S S I C I S M
A U I I N X M G E Z S Y F M C I E E F O A D
B L M I R B P Z A C L Q V G N C C L K R M R
O D W M I N H R B A O U N O K N T E X C D A
G C F P M B E J E K U U I E A R N O S A D V
Q P U R A F P Y Y S I S R S O M Y N P L Z D
T G N E T R E A L I S M S B A S F A O E F E
I W D S I F S V M E D I R D E I A R P D K D
S S W S S M N F R T A M O V O T U D K E K E
D N C I S K L P D N V L C N J Z V O Z N I V
S V Y O E V M N E U I Z O Q I B I D J E O J
U G Q N P I A R H N D O C N H S S A T G P F
T U E I T R R Y F Z I M O N R D M V K U P X
M U C S B A R O Q U E Q B L I R T I Y E T D
U C O M J N H O N O R E F R A G O N A R D L
J P E T Z G A I K E R O M A N T I C I S M O
E R C Q R X R I L B X C X H U E D I G Q M F
```

CLAUDE MONET
EUGENE DELACROIX
GUSTAVE COURBET
JACQUES LOUIS DAVID
NEOCLASSICISM
REMBRANDT
ROMANTICISM

BAROQUE
EXPRESSIONISM
HENRI MATISSE
JN HONORE FRAGONARD
POST IMPRESSIONISM
RENAISSANCE
VINCENT VAN GOGH

EDVARD MUNCH
FAUVISM
IMPRESSIONISM
LEONARDO DA VINCI
REALISM
ROCOCO

Artistic Evolution II

```
P N E U V L T B W V F I F Q S F S O L N L N A
G E K T L B X F Y A Y B T U L L U V O P R M Y
Z G V K R R N T N T Z Y B I J E K U H E U D G
F A T V T A G O F N C D A Q X C O M R R B E E
G P K C D F P X S G Z H D B H B U B A F M F M
H X K C O L L O P N O S K C A J E E W O I B V
F T I J L Y M E P Z S T K S F U F R Y R V A F
D R U Z J M S I R U T U F K Z F Z T D M R X C
I A B S T R A C T E X P R E S S I O N A O K L
I L Z R O B E R T S M I T H S O N B A N Q M D
M A A C H K Z D I D D U J D L A N O D C N M D
J U N D H S H E K N T S P Z O F W C V E H H A
P T D U R C S P P M A H C U D L E C R A M X B
Y P D N C O Z U E M L A N D A R T I B R S L O
O E L A N M D X R S B E B I X N Z O T T I S K
X C M G D D T A J R O Q L R G A V N I C L V X
H N M X L A V A V N E J C B A M I I K M A J Y
U O S S A C I P O L B A P U W M P T H T M C K
N C D C G N Q S I X A S L O B S O U H H I B G
W D D J V L D X M I F S F I H I N V X Q N N E
S R Q Q M U W N O E D S D N S V S S I H I Z X
L M M W E L F K U K Q I G B M M L M M C M Q O
G J W J X C Z I I R C G Q Z R O P U J M J T X
```

ABSTRACT EXPRESSION
CUBISM
FUTURISM
LAND ART
MINIMALISM
POP ART
SURREALISM

ANDY WARHOL
DADAISM
JACKSON POLLOCK
MARCEL DUCHAMP
PABLO PICASSO
ROBERT SMITHSON
UMBERTO BOCCIONI

CONCEPTUAL ART
DONALD JUDD
JOSEPH KOSUTH
MARINA ABRAMOVIC
PERFORMANCE ART
SALVADOR DALI

Artistic Evolution III

```
X S S D N P R M U X F X N T F K A N B P Y
S A N U I C A M E G R O E G M T B V B D H
N L T G Z N G R L L G W D P J O W N M N V
N E U E W I L D E N S Z E N I O K X B J T
N X O O U K F P O S T M O D E R N I S M R
G A D E R I T G Y U P R A X S E H F R V A
H N X A X A F F L X Z U S L O H N F B E C
T D O Q G P C U E U U A A G M L G R S Y I
C E N W H E R U R L J I E S U N A O N P T
R R E U H N Z E A F D O I A O B L D A E E
V C W A R U G E S K G L A M E C R N M T N
F A M H U J F P A S A R Y F K L S E R E I
K L E Q L M J X V E I T M C V E D M E R K
O D D X Y A O O R I U O U W L D C M H H O
H E I H E N V O O H P H N M Q T S I S A P
K R A O T A T Z T U C F K I Z Y A G Y L A
K L A N N O Z A C U N I S Y S F B R D L R
K S R X H C Q N I G E V P T Z M W J N E T
Z B T P A L Y M V F M A L O B M B U I Y H
A Q G O B Y R K E I T H H A R I N G C E D
B X A T Z S G R A F F I T I A R T W F B A
```

ALEXANDER CALDER   ANSELM KIEFER   CHUCK CLOSE
CINDY SHERMAN   FLUXUS   GEORGE MACIUNAS
GRAFFITI ART   JRG IMMENDORFF   KEITH HARING
KINETIC ART   NAM JUNE PAIK   NEO EXPRESSIONISM
NEO GEO   NEUE WILDEN   NEW MEDIA ART
OP ART   PETER HALLEY   PHOTOREALISM
POSTMODERNISM   VICTOR VASARELY

Artistic Evolution IV

```
Y C T P O R T R A I T U R E X X T L H X Z F
G W S U Z G N G P A U L C E Z A N N E O W I
Y S U J K Q Z B A P J K J Y C N Z H P Y N R
S M P Q O G A C I H C Y D U J R M I W S O P
E Q R W R H O D O R V M Q E D T E Q T J I V
P D E A L F N P E I S E T M D T F A R G T Q
A K M H C U M S D L I T U P M Q L Z A Y C M
C C A I U F A E I O B G I O Z L G C T F A I
S X T S T D O B V N Y A N L A K L K S G R W
D C I G I A X I E L G D T T L G E A I A T E
N P S Z R M T Z C A R E I S Z L N D N Y S D
A N M T R Y I B N I L O R K N O I O I E B U
L J X A X I T R A W N O G S J O G F M F A A
R Y O W M R O N M A X A I N A R C D E Z O L
T C O G D V Z Q R A C M A V U R S N F V E C
E U V S B X M T O K L O L O L N G F H N G E
F K N F J C O Q F N J E J O N L F E C O F N
G X H C N L K K R S T R V L M R I B N R J N
R L T R M G L M E N S C R I O B R B G T V A
Z N V K U P A B P I T R A T C A R T S B A E
A N Q D E H L Z Q I J R H D S H D W P E I J
R L E W E K A Z I M I R M A L E V I C H E Y
```

JEANNE CLAUDE

VIDEO ART

JOAN JONAS

LANDSCAPES

JOHN SINGER SARGENT

ABSTRACT ART

KASIMIR MALEVICH

INSTALLATION ART

JUDY CHICAGO

PERFORMANCE VIDEO

PAUL CEZANNE

PORTRAITURE

PIET MONDRIAN

SUPREMATISM

BILL VIOLA

FEMINIST ART

JOHN CONSTABLE

STILL LIFE

KAZIMIR MALEVICH

GEO ABSTRACTION

Artistic Evolution V

```
A L E X A N D E R R O D C H E N K O F N P M B
C V F O V S V B I G A L C M J P Y E V Q A L W
D Q W Z G A Y L D J O H Q M V U O W M Z W S B
W D V C U E K I I L T M I L K V A T S U G P Q
F W E N S O C I A L R E A L I S M V T A X H L
O A E E T Y W N A N T D B D S B O I G O R S P
F W G U A L U B A G E J M I K C G E P L D E L
G T M E V M N D C S O N L D G T R N I K N I D
B M P S K G S H T N S Y V E S R D N U E M V X
F F M A L O G I Y E K I P W I A C E C S G G F
W P Y C I G J C V A G Y A T Z W S J E R G G
E J O H M L D G N I A Z R N U A N E T H A A S
M B K L T C K D R A T I K A E A O S Z O C N S
C Y W I J D I S H A E C E V C R N E T G X P O
W T N C W N D L R T N V U I A Z M C T J M H X
I J R H S E N D V H U T R R X O C E D T R A L
Y Y P K U Z M E O O B E W U T F R S L P P A Q
Y B Y E A Z L Q N H M J D O Y S N S F R E U Q
K L S I H D F T E A B Q T C O L N I W G A Z E
V L K T U G R N K S A L G U O D N O R A A H A
G A U V A A R E V I R O G E I D X N C C J F X
Q E Z I B P Q A E N X P C X U Y V J C Q A N L
M L E P Y A K C I P M E L E D A R A M A T J S
```

ALEXANDER RODCHENKO   CONSTRUCTIVISM   GERRIT RIETVELD
DE STIJL   WASSILY KANDINSKY   BAUHAUS
GUSTAV KLIMT   ART NOUVEAU   TAMARA DE LEMPICKA
ART DECO   GUSTAV KLIMT   VIENNESE SECESSION
OTTO DIX   NEUE SACHLICHKEIT   DIEGO RIVERA
SOCIAL REALISM   GRANT WOOD   AMERICAN SCENE
AARON DOUGLAS   HARLEM RENAISSANCE

Artistic Evolution VI

```
I I E X H J G E O R A L S U R U S J T I V K W
Y T S H S K M I N I M A L I S M V M C M A V E
F E Q Y O K O O N O N W D X E Z Z R X M O P S
W D A Q B T X C O L O R F I E L D O G J C D K
T A E R J A Z C W V Y E V A X O S X U B H S R
Z S B L H Q K M N E O N D J X K T H A H A X O
E T M S D P I X D L R C I S A H M T G F R J W
W J J U T E H W Z I Z E K T L T D E X G L M H
D E R X V R N Z C E O W N W R O O Y U M E E T
M C X U I F A H V T G E W C E R D T P U S L R
Y K D L I O A C D I J I O R G K L R Q Y S R A
M W K F E R J Y T H D N N E G R O A Z Y H Y E
A O R T D M L P D E C E B O U A G T Y Y E C D
H G L L Z A R I J E X R O Y V M G S E S E T G
A G O M C N D G P V E P K A B S N I C Y L I A
R N Y J L C P T F C I U R C R X I N V B E Q K
G H R A G E U J H L S K C E T T R I Q G R F S
N D A A L A B T A I G D X X S Z H M N T A I Z
A H M E L R C I C K J P Q G H S T E J B J Z Z
D K E A O T V R S K P P S L V Z I F P T I R Z
A P R E C I S I O N I S M C S X A O V P P T H
G T O A Y V D A N F L A V I N M F T N F W L I
U C K W I L L E M D E K O O N I N G Y Q T N D
```

ABSTRACT EXPRESSION   CHARLES SHEELER   COLOR FIELD
CONCEPTUAL ART   DAN FLAVIN   DAN GRAHAM
EARTHWORKS   FAITH RINGGOLD   FEMINIST ART
FLUXUS   GEORGE BRECHT   LAWRENCE WEINER
MARK ROTHKO   MINIMALISM   PERFORMANCE ART
PRECISIONISM   RICHARD LONG   VIDEO ART
WILLEM DE KOONING   YOKO ONO

Artistic Evolution VII

```
H P Y M N M O J N H H Q V S H J O J P X D C
U N E W R E A L I S M M Y P X F F W P U Z S
I W J J Q F O J G Q Q G L F W B Q E J Q I T
U C G E G W Z E P J X X V S O C J O M E H M
P G X T J A L H X N K T R A C I T E N I K D
L Y W M E L L A H P T N I A S E D I K I N Q
A G R G S K V Z T W R N N W O N N K J X Y J
F E J Y U I O T X W N E W T C I M G E X I U
J K T K S X N K R Z G W S H A T F K F U X Q
S U K B R K H R C T F R A S S V V S F F M R
L R L R A B N T E N J R A T I N B U K M V L
H N C I F Z Z A R D D U R F D O U F O O E Y
D Q H D A A D B B A O E K H F V N Q O G F X
D N X G E N Q I V Q E M R N I I I I N K Q H
X Z I E L C S I G T N S T R I U T A S R O O
F X P T S S E C A I J E T S Z P C I A M P G
X H I R O S Y R H W T U O E O R Y I A X A D
Y X O I T E T W C N A A T G A P L D N R R K
P D E L O T A N U L A N L Y E D N H A L T M
F G R E G U R K A R A B R A B O E C E L V S
S U Q Y C P G R J A K O E B R X L V R V Z C
G M B U W P T T W U C C D L Q T Q P C C A L
```

NIKI DE SAINT PHALLE

KINETIC ART

JEFF KOONS

NEO EXPRESSIONISM

BANKSY

GRAFFITI ART

CHAR DAVIES

NEW REALISM

BRIDGET RILEY

NEOGEO

BARBARA KRUGER

STREET ART

CORY ARCANGEL

VIRTUAL ART

JESUS RAFAEL SOTO

OP ART

JULIAN SCHNABEL

POSTMODERNISM

LADY PINK

DIGITAL ART

Hobby Hunt

```
B E A O T Z L N J B J E A G E A J I D R V Y S
V O H W S U L P G J X P C N X C A U V I J Y P
P Q T U A E S K G I U P L I H C T U F T Y H U
G N I T C A U K Z Z S G Q K Y Y H Y D H Y P D
S V H V B B F Q M A R E S O A S I R P R L A X
B P G M D A N C I N G P D O U M A A B A F R V
S N D G V U P N T K Q X C R W R O Y C V G A
Q P R O G R A M M I N G F K I G N I R O L O C
X T W R H I F C R V P A P N O H N K A M X T W
L E O E N X S K X B K T G E Q G P I Z K C O B
N T N T B T L O W Z K B D N V T U A E H K H F
Y S I X A D Y V E J F I V I I C O A R F I P O
E N S L W F E E N D V R D L G T C M J G F A F
G N I D A E R S E N I E Q N I F C I G O O N D
V M U Y F M V E I S O V I I N J K E O H Z W O
I I F V H J E U K G K G G L W I H S L S H I B
D Q W Q F R W E A J N S G N S F A F F L N V L
P L R J T C T M G I J P H K I Q J A Q J O P P
X M I L H C E M S A C P O E N T C L K Y S C I
L K T F H S S O T O H P G N I T I D E V M A V
E E I I A Q V U D G C O N Q E L W D U T Q V G
Y S N I O C G N I T C E L L O C Y H E K I H I
L G G R V T G E I R M Z D M T K N N T O K V L
```

ACTING

COLORING

DRAWING

GRAPHIC DESIGN

PLAYING VIDEO GAMES

SINGING

WEB DESIGN

COLLECTING ANTIQUES

COOKING

EDITING PHOTOS

PAINTING

PROGRAMMING

SKETCHING

WRITING

COLLECTING COINS

DANCING

EDITING VIDEOS

PHOTOGRAPHY

READING

VIDEOGRAPHY

Let's Pack I

BERMUDA SHORTS
CREDIT CARDS
GLASSES
MEDICATION
RASHGUARD
SUN HAT
TRAVEL CHARGER

BOARDING PASS
EMERGENCY CONTACTS
HAND SANITIZER
MONEY BELT
SLEEPWEAR
SUNSCREEN
WEEKENDER BAG

CELL PHONE
FORMAL WEAR
HEADPHONES
PASSPORT
SUITCASE
SWIMSUITS

Let's Pack II

CONDITIONER
DRIVER LICENSE
FLIP FLOPS
LUGGAGE LOCKS
SHAMPOO
TOOTHPASTE
UMBRELLA

DAY BAG
EVENING WEAR
HOTEL RESERVATIONS
RAIN JACKET
SNEAKERS
TRAVEL INSURANCE
WALKING SHOES

DEODORANT
FACE WASH
LOCAL CURRENCY
SANDALS
TOOTHBRUSH
TRAVEL TICKET

Place To Stay

ALL INCLUSIVE
BED AND BREAKFAST
CARAVAN
COTTAGE
GUEST ROOM
LOG CABIN
YACHT

APARTHOTEL
BOAT
CATERED
COUCHSURFING
HOMESTAY
PRIVATE HOUSE
YOUTH HOSTEL

APARTMENT
CAMPING TENT
CHALETS
GUEST HOUSE
HOTEL
SHIP

Islands I

BAHAMAS
CORSICA
CYPRUS
FAROE ISLANDS
FRENCH POLYNESIA
MALDIVES
SAINT LUCIA

BVI
CRETE
DALMATIAN ISLANDS
FIJI
HVAR
MARTHAS VINEYARD
SAMOA

COOK ISLANDS
CURACAO
DOMINICAN REPUBLIC
FLORIDA KEYS
KO PHI PHI
MAURITIUS

Islands II

ANTIGUA
CAPRI
GRAND CAYMAN
PALAWAN
SAINT BARTS
SEYCHELLES
TURKS AND CAICOS

BORACAY
CORFU
MIYAKO
PORQUEROLLES
SANTORINI
SIQUIOR
WHITSUNDAY ISLANDS

BORO BORA
DOMINICA
MOLOKAI
ROATAN
SARDINIA
THE AZORES

Islands III

AMBERGRIS CAYE
BORNEO
KAUAI
MALLORCA
MILOS
PAPUA NEW GUINEA
SUMBA

BARBADOS
CUBA
KO SAMUI
MARTINIQUE
MOOREA
PAROS
TAHITI

BARBUDA
GUADELOUPE
KORCULA
MAUI
MYKONOS
SAINT BARTHELEMY

Islands IV

ANGUILLA
BONAIRE
IBIZA
KOS
PUERTO RICO
SAINT EUSTATIUS
SAINT VINCENT

ARUBA
GRENADA
ISCHIA
MAJORCA
RHODES
SAINT KITTS
TRINIDAD AND TOBAGO

AZORES ISLANDS
HAITI
JAMAICA
MONTSERRAT
SABA
SAINT MARTIN

Islands V

AEOLIAN ISLANDS
CANARY ISLANDS
FLORES ISLAND
MURANO
RAJA AMPAT
SANIBEL ISLAND
TORCELLO

BALI
CATALINA ISLAND
HAWAII
NANTUCKET
REDANG ISLAND
SAO MIGUEL
ZANZIBAR

BURANO
CEBU
MADEIRA
PERHENTIAN ISLANDS
REUNION
SUMATRA

Countries Galore I

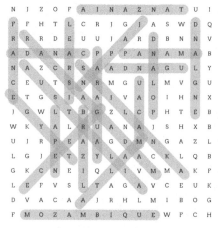

AUSTRALIA
EGYPT
GREECE
MACAU
MOZAMBIQUE
PARAGUAY
TANZANIA

BRAZIL
ENGLAND
ISRAEL
MADAGASCAR
NEPAL
POLAND
UGANDA

CANADA
FRANCE
JAPAN
MALTA
PANAMA
SRI LANKA

Countries Galore II

ARGENTINA, CAPE VERDE, DENMARK, INDIA, MALAYSIA, PERU, SPAIN, BELIZE, CHILE, DUBAI, INDONESIA, MEXICO, PORTUGAL, SWITZERLAND, CAMBODIA, COSTA RICA, ECUADOR, ITALY, MOROCCO, SOUTH AFRICA

Countries Galore III

AUSTRIA, COLUMBIA, FINLAND, LITHUANIA, NEW ZEALAND, SCOTLAND, THAILAND, BELGIUM, CROATIA, ICELAND, NAIROBI, NORWAY, SINGAPORE, VIETNAM, BOLIVIA, ESTONIA, IRELAND, NETHERLANDS, PHILIPPINES, SWEDEN

Countries Galore IV

ALBANIA, BELARUS, CONGO, GHANA, NICARAGUA, PAKISTAN, TOGO, ANGOLA, BOSNIA HERZEGOVINA, EL SALVADOR, HONDURAS, LUXEMBOURG, ROMANIA, VENEZUELA, ARMENIA, BULGARIA, ETHIOPIA, KENYA, NIGERIA, SENEGAL

City Quest I

BOSTON, CANCUN, LISBON, NAPLES, PATTAYA, SAN DIEGO, TORONTO, BUDAPEST, HAVANA, LONDON, NEW YORK, PHUKET, TAIPEI, ZURICH, BUENOS AIRES, JERUSALEM, MILAN, PARIS, ROME, TOKYO

City Quest II

ATHENS, BARCELONA, CAPE TOWN, LAS VEGAS, MIAMI, ORLANDO, VENICE, MONTREAL, BERLIN, CASABLANCA, LIMA, MUMBAI, OSAKA, VIENNA, BANGKOK, CAIRO, ISTANBUL, LOS ANGELES, MUNICH, OSLO

City Quest III

AMSTERDAM, FLORENCE, KINGSTON, MARRAKECH, OXFORD, SAN FRANCISCO, VANCOUVER, BRUGES, HALLSTATT, KYOTO, MELBOURNE, PRAGUE, SAO PAULO, WELLINGTON, DUBLIN, HANOI, MADRID, NICE, SALZBURG, STOCKHOLM

City Quest IV

ADELAIDE, BRUSSELS, GLASGOW, KATHMANDU, MANILA, PANAMA CITY, VALLETTA, APIA, BUCHAREST, HOBART, KUALA LUMPUR, NEW DELHI, SAN JOSE, WHALES, BERN, CASTRIES, JARKARTA, MALE, NEW ORLEANS, TALLINN

World Langauges I

ARABIC, CHINESE, GERMAN, ITALIAN, POLISH, ROMANIAN, TURKISH, BENGALI, ENGLISH, HINDI, JAPANESE, PORTUGUESE, SPANISH, URDU, BURMESE, FRENCH, INDONESIAN, KOREAN, PUNJABI, THAI

World Langauges II

ALBANIAN, CROATIAN, GUYANESE CREOLE, LATVIAN, MALAGASY, QUECHUA, TAGALOG, BULGARIAN, FIJI HINDI, HAITIAN CREOLE, LOMBARD, MALAY, RUSSIAN, ZULU, CANTONESE, GAELIC, HEBREW, MACEDONIAN, PERSIAN, SWEDISH

World Langauges III

BELARUSAN
GUJARATI
MANDARIN
NIGERIAN PIDGIN
SERBIAN
UKRAINIAN
WELSH

CABO VERDEAN
HIRI MOTU
MONEGASQUE
SAMOAN
SLOVAK
UZBEK

EWE
MALAYALAM
NEPALI
SCOTS
SUNDA
VIETNAMESE

YIDDISH

World Currencies

ARUBAN FLORIN
BULGARIA LEVA
EURO
ISRAELI NEW SHEKEL
PERUVIAN SOL
SWEDEN KRONOR
UAE DIRHAM

BRAZIL REALS
CANADIAN DOLLAR
HAITIAN GOURDE
JAPANESE YEN
SOUTH AFRICAN RAND
SWISS FRANC
UNITED STATES DOLLAR

BRITISH POUND
CROATIA KUNA
INDIAN RUPEE
MEXICAN PESO
SOUTH KOREAN WON
THAI BAHT

Foodie Fiesta I

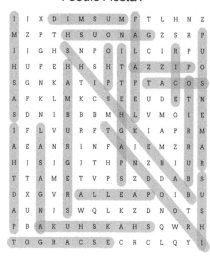

BURRITO
FALAFEL
LASAGNA
PHO
RICE
SHISH KEBAB
TACOS

DIM SUM
GANOUSH
PAD THAI
PIZZA
SASHIMI
SPAGHETTI
TANDOORI

ESCARGOT
HAMBURGERS
PAELLA
RAMEN SOUP
SHAKSHUKA
SUSHI

Foodie Fiesta II

ASADOS
CAVIAR
CHICKEN SATAY
GOULASH
KIMCHI
PIEROGI
STEAK AND KIDNEY PIE

BACALHAU
CHEESE FONDUE
COUSCOUS
GYRO
MOUSSAKA
RENDANG
YORKSHIRE PUDDING

BRATWURST
CHICKEN ADOBO
FEIJOADA
HUMMUS
PEKING DUCK
SPRING ROLLS

Foodie Fiesta III

ANKIMO
CHICKEN PARMIGIANA
DOSA
FRIED CHICKEN
POPCORN
RAMEN
TOFU

APFELSTRUDEL
CHILI CRAB
FISH N CHIPS
MASSAMAN CURRY
POTATO CHIPS
SCHNITZEL
TOM YUNG GOONG

BAGEL
DONUT
FRENCH TOAST
OHMI GYU BEEF STEAK
POUTINE
SOM TAM

Foodie Fiesta IV

AREPAS
BUNNY CHOW
CROISSANT
LECHON
MASALA DOSA
PASTEL DE NATA
PULLED PORK

BIRYANI
CHAMP
DONDURMA
LOBSTER
MISO SOUP
PENANG ASSAM LAKSA
RICE AND BEANS

BRUSCHETTA
CORN ON THE COB
FAJITA
MACARONS
PAN DE BONO
POKE

Sugar Rush I

COCONUT CREAM PIE
DOUGHNUT HOLES
ETON MESS
HONEY CAKE
LEMON MERINGUE PIE
MARBLE CAKE
POLISH CREAM CAKE

COFFEE CAKE
DULCE DE LECHE
FUDGE
ICE CREAM CAKE
LINZER TORTE
MARSHMALLOWS
RED VELVET CAKE

CREAM HORNS
DUTCH BABY PANCAKES
GINGERBREAD COOKIES
LEMON BARS
MANGO STICKY RICE
MILK TART

Sugar Rush II

APPLE CRISP
BLACK FOREST CAKE
CARAMEL APPLES
CHOCOLATE TRUFFLE
KHEER
NUTELLA DOUGHNUTS
POUND CAKE

BANANA BREAD
BREAD BUTTER PUDDING
CARAMEL CUSTARD
CRANBERRY TART
MERINGUE
PETIT FOURS
SCONES

BERRY COBBLER
BROWN BUTTER BLONDIE
CHANTILLY CREAM
JELLO
MILKSHAKE
PINEAPPLE CAKE

Sugar Rush III

OREO CHEESECAKE
PECAN PIE BARS
PUMPKIN BREAD
RUM BALLS
STRAWBERRY SHORTCAKE
TRES LECHES CAKE
VANILLA CUSTARD

PEACH COBBLER
PISTACHIO CAKE
RHUBARB PIE
SMORES
SWEET POTATO PIE
TURKISH DELIGHT
WALNUT BROWNIES

PEANUT BUTTER FUDGE
POPPY SEED CAKE
ROCKY ROAD ICE CREAM
SACHERTORTE
TARTE TATIN
UPSIDEDOWN CAKE

Sugar Rush IV

```
D A T E S Q U A R E S E M N Q J A U S L O B G T
J A R P E K E Y L S E U H L B A E S V F S F E U
A P X U I P K S Z W Z I D X S E I D N O L B O A
U U M F K T D A N I S H P A S T R I E S K Y D C
C E T P O M L Z U O E V E B U C H Q J G C C M T
A V H U O T A K C X O E H S R B N A V N J F G E
R L K D C W D E J M N R L G N B A J K X I M I S T
R I S C S J V S X K E O M A A F Y I X N D I N X R
O B E A N F J P A L O L C F P Q K S D Q Q O O O
T B A Z M H J D R I Z Z L E U U A Y K L A J K T
C U D F T Z N F Q R I D Y Q C M T J Y P W I U S
A C N V S C G I F L R W O D K U T Y L H X G Y O
K H U G I H E N Y U P K B Q O J I U H C R T T B
E E S N R O R H T A M K Q T F N C Z N T Y A H O
P D M T H C S F M R A Y A R J S U E F O B V M D
Y E A M C O U Z Y Z U L R F G X L T A C C Z A Q
S N E K R F O A V I C I A R F I E I S A Z Y B L
U O R X B L L L G Y R Z T E E Z W S V R Z Y C L
C E C N B A O W R T B F Q S U B Q V B E T G P R
G L E M O N D R I Z Z L E C A K E W T D G T C
Y S C T E K E Y L I M E P I E L J U V T A J U W
A N J Z V H T W G R X H O U C Z A M L U N Q T E
Z O S C C X F P D Z M C Q L B Z E S D E L L D J
O K A Q O A C A A N K W M A D E L E I N E S K A
```

BLONDIES
BUTTERSCOTCH PUDDING
CHOCOFLAN
DANISH PASTRIES
DOBOS TORTE
JELLY DONUTS
LEMON DRIZZLE CAKE

BLUEBERRY MUFFINS
CARROT CAKE
CHRISTMAS COOKIES
DATE SQUARES
FRUIT SALAD
KEY LIME PIE
MADELEINES

BUCHE DE NOEL
CHERRY CLAFOUTIS
COCONUT MACAROONS
DEVILS FOOD CAKE
ICE CREAM SUNDAES
LADYFINGERS

Sugar Rush V

```
O Q Y L R R H P R X B D G O P E M S C D O G V
P Z Q M T A E K A C A V A L E T A L O C O H C
X W G I A C B W C Q E V M H A E W L L F S H V
M S K P L E N E J P C U A T N B R O B W L H S
M Y T P E K R U K M A Z D S U X E R G I U G U
S S R W F A R C T A C C O W T D Y N D L M T B
K N A O O C R Z E E C G O Y S M N O B O I U E
J R T L B D Q T B C L E R F U E N M O N L P U
I M E I T S A E I L S M T V N A P N L K C
O D E P G C R Z O A E T A L N L A E I T
G N I E C R D S Z V T X I B E G V N S C F Q E
D I R O D B H C W I D I R H R H C I G F E Z L
U D A I P R K K A N K F V C O C C V D U E B
B D T L K E I E Q R A N B I O A W N J Y J H
X U C C A G Q H Y D A Z V O O E T N O F L O U
J P E A Z N V V P U O M G D K L Q S I M L E R
G E N K N I P U U D T I E I J Q V Y I E E K C
C I A H E D X J J F R U I T T A R T L E T S U
N R O S I C O C O N U T C R E A M C A K E J L
T P I N A C O L A D A C A K E S R K U G W Z P
P A G W N M F K J Q R E D V E L V E T C A K E
W C F C P W P T M C K G I A U N I K U V Q T M
```

CANNOLI
COCONUT CREAM CAKE
GINGERBREAD CAKE
PISTACHIO ICE CREAM
OLIVE OIL CAKE
PINA COLADA CAKE
RICE PUDDING

CHOCOLATE LAVA CAKE
DONUT BREAD PUDDING
LEMON CHEESECAKE BAR
MILLEFEUILLE
PEANUT BUTTER COOKIE
PLUM CRUMBLE
SALTED CARAMEL TART

CINNAMON ROLLS
FRUIT TARTLETS
NUTELLA BROWNIES
NECTARINE TART
PEAR TART
RED VELVET CAKE

Sugar Rush VI

```
S B Q S K Y J J I V Y B H A Z I G V G B Q Z B I Y
E N E T E I P E M I L Y E K W Y O N L O A N E A
C F I I E I P Y R R E H C X I V Q L U K N L Q G
B H P C B G P P U Z D T O N D Q D O E G G T M I
H Z E K K L B M Q I A N L U D N A Y B N E C I V
F W L Y Z E I Q A A U N C H C H E J E P L A F G
B Q P D S K R O C E N W J Q K X R H R B P F D U
E S P A C A M D H L R T U P N F B V R W O L M U
P L A T A C H D O W O C J Q Z H I Y X O A J C
S Y N E J E U E C O H O T L I R N N C F D C B X
G U S P E G Q R O T D T F U X P I Y H E C K L U
I R Z U F N I F L B R L M X N R H P E V A B U W
W G J D F O Y I A V U A E V I Q C X E J K E E Q
P B P D L P S M T I U A T C A P C Q S Y E R B M
S T P I W S Q E E G P C Y Y O O U O E E S R E S
A R Y N J A S S C Q F Q X M R O Z Z C L Q Y R V
S V Y G A L Q U R Y W M D A R K C A G N P R R K
E W O J O L S M E A X J T I P Z E I K Y Y I Y Q
L O P U E I P M A E R C A N A N A B E X P E O Y
P Q M N X M M R G D M B Z G V M U E R A T W E I J
F P G A R A D U P Y O G U R T P A R F A I T E Q
U J R Q E V G D I P P D T K G J C R S K R F U S
R I L E M O N M E R I N G U E P I E J T V T K J
T N Q F L S Q D V Z Q T N T C W P V P P G T S M
```

ANGEL FOOD CAKE
BLACKBERRY PIE
CHERRY PIE
KEY LIME PIE
SNICKERDOODLE COOKIE
TIRAMISU
YOGURT PARFAIT

APPLE PIE
BLUEBERRY CHEESECAKE
CHOCOLATE CREAM PIE
LEMON MERINGUE PIE
STICKY DATE PUDDING
TRUFFLES
ZUCCHINI BREAD

BANANA CREAM PIE
BLUEBERRY PIE
COCONUT CREAM PIE
SEMIFREDDO
STRAWBERRY TART
VANILLA SPONGE CAKE

Sugar Rush VII

```
J V Q L N D V H V D V P X J S K K O W F Z Y
R A S P B E R R Y P I E V A S H D Y O M S X
Y H P M J B K A A I M B H J Z D A D T M K C
M E T A S U R S E X N R X H N B P B J F S T
E I P R E T T U B T U N A E P C O W V V O R
I P S S P T C Q U G E B C O Z Y Z F R L X J
P Y N S K E V A M Q D I G W S N M Q L I C C
D R S E I R Y S P M Q P P E N B U H E W T B
R R X I O S Q O W R M Q N M S U O B I I P Y
A E P P D C S S T E E B E P A U W Y P M E Y
T B Z B L O S I H U E N W I S E W G B C I D
S W K R H T S M P R S T C E P V R M E P E A
U A U A B C R Y Z B J I T O S J C D R G L E
C R G B Q H C Y Z B I I T O S J C D R G L E
Y T X U Q P P A N Z E M Y Z T I G A C U F Y
D S C H F E X J E S J V I U L I A L U E P O Z
L Z A R E E X I E G A G S D H D T K L P O S
H U J W C R A N B E R R Y P I E O P Z H G
G W H X R L O X C P E C A N P I E E P I S D
L M O Q U N S M V D V O E G L R V S X Q C N
B E G G P I E R F S W P U M P K I N P I E Z
N S X J E I P Y R R E B K C A L B M B Z G Q
```

APPLE CRUMB PIE
BUTTERSCOTCH PIE
EGG PIE
PEACH PIE
PUMPKIN PIE
SHOOFLY PIE
SWEET POTATO PIE

BLACKBERRY PIE
CRANBERRY PIE
FRENCH SILK PIE
PEANUT BUTTER PIE
RASPBERRY PIE
SOUR CREAM PIE
TOLLHOUSE PIE

BOYSENBERRY PIE
CUSTARD PIE
MISSISSIPPI MUD PIE
PECAN PIE
RHUBARB PIE
STRAWBERRY PIE

Sugar Rush VIII

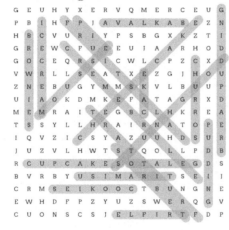

```
G E U H Y X E R V Q M E R C E U G
P B I H F P J A V A L K A B E Z N
H B C V U R I Y P S B G X K Z T I
G R E W C F U E E U J A A R H O D
G O C E Q R S I C W L C P Z C X D
V W R L L S E A T X E Z G J H O U
Z N E B U G Y M M S K V L B U U P
U I M A T I E K F A T A G R X D
M E M R A I T E R I H K H R E A
T S S Y L L H R A I R N A T O P E
I Q V Z I C S U A E O R G R E N O
J U Z V L H W T S T Q O L L P D
R C U P C A K E S O T A L E G D S
B V R B Y U S I M A R I T S E I J
C R M S E I K O O C T B U G N G E
E W H D F P Z Y U Z S W E R Q U Y
C U O N S C S J E L F I R T F D P
```

BAKLAVA
CAKE
COOKIES
DOUGHNUTS
GELATO
PIE
TIRAMISU

BREAD PUDDING
CHEESECAKE
CREME BRULEE
FRUIT SALAD
ICE CREAM
PUDDING
TRIFLE

BROWNIES
CHURROS
CUPCAKES
FRUIT TART
MOUSSE
SORBET

Sugar Rush IX

```
I L I J D T V A Z J X K X H F L G F U T J J
C A N N O L I S I B R C I H O V S Y L D R V
Q X G M P W C U H Z N W L H X F C E H J Q E
C Y G T Z B A K E D A L A S K A B B U H V L
D H R Z W M V K Y F Y B V U F Q S V L R E
X D G I T H C F H Y K S Q L Q T O Y S N J
R R I C E K R I S P I E T R E A T S L K H G
F F I I O N I S K C M B C M D R H B W V A O
Q C S N M L Y M F G L S R I A L C E N N A C
X A L N M J A K R X C P E M P C R A X V U P
W N J A I L V T S E R O F E H H A L C F J I
P C C M F N M A E R C E C I D E I R F R U Z
S E F O I D O A T F K O P E F E J O Q E J
U Y M N K K U I E T O F S K N P R O T N M K
R L M R A P Q T I N T E D S E N V T V N B A
W N C O T V Z D I N T E D S E N V T V N B A
T V V L Y G L A C S S G L U X A C C J F G F
C P Z L H D Z A R R W W V S E L B Y A H R I
T W V S M Q K S E L O R E T I F O R P K S W
Q P M Y I E T V D H O N E Y C O M B X E K
L P J Z T S T O W H W X E T T O L R A H C M
X S W F I D X G A T E A U B A S Q U E A N N
```

BAKED ALASKA
CHIFFON CAKE
CLAFOUTIS
ECLAIRS
GATEAU BASQUE
INDIAN SWEETS
PROFITEROLES

CANNOLI
CHOCOLATE FONDUE
COCONUT CAKE
FLAN
HALVA
MACARONS
RICE KRISPIE TREATS

CHARLOTTE
CINNAMON ROLLS
CREPES
FRIED ICE CREAM
HONEYCOMB
PAVLOVA

Site Seeing I

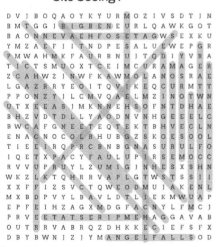

```
D V J B O Q A O Y K Y U R M O Z I V S D T J N
B M T G G J B I G B E N E U R L Q A W K G O T
B A O N N E V A E H F O S E T A U W E X P G R
Y M Z A E F J J T N D P E S A L U E W E P G R
P M W A H M K F A U R B N U J T O D I Y V R A
T I C T S M U O X T C E I M C U R A M A G E R
C A H W Z J N W F K A W M O L A N O S R A E
L G A Z R R Y E O I T Q V I K E Q C U R M T T
P P O N Z Y J L C M V Q A E L M Z I N O T W N
U T X E E A S J M K N N E H S O F N T D H A E
B H Z V D T D L L Y A O D N V N H G E E E L I
B W C A F G N E C O T E K T B H V E C L N
E N A C N O C O L R H U B G Z S K O E S O O L
T I E E I R Q R C B B N G N A S U R U L F O I
I Q E T X P A C Y F A U L U P I R S E M O C C
R V V U P R U Y L Z U M I G J N H A S S S H N
W K Z L K T Q H R R V A P L G T W S T S S I J
X X F F I Z S V C T Q W E O D M U J A K E N L
M X B D P V Y L B A V L D T L I E K M W U A P
E P F E I H Z A G X M D G F A C N Y L F M C J
P R V E E T A S B R J Z P M E H A G A V A R E
O U T R R V A B R Q Z D H K K E C J E F S F X
D B Y B W N J Z J Y M A N G E L F A L L S O D
```

ANGEL FALLS
CHATEAU FRONTENAC
EMPIRE STATE
GUGGENHEIM MUSEUM
MACHU PICCHU
PIAZZA DEL CAMPO
THE COLOSSEUM

BATU CAVES
CHRYSLER BUILDING
GATES OF HEAVEN
LE MONT SAINT MICHEL
MOUNT EVEREST
REED FLUTE CAVE
WASHINGTON MONUMENT

BIG BEN
DANCING HOUSE
GREAT WALL OF CHINA
LINCOLN CENTER
MUSEE DORSAY
SEQUOIA NATL PARK

Site Seeing II

```
W M A L B O R K C A S T L E F F Q A A E L
R N S D A E N Y A K D A O K E G A M P C K
F V N H T S E R O F N I A R N O Z A M A D
Y E R N J O I W M G A D P I X N T I A L N
K B E L Z Y B U K M L W D U I B I K D A A
T U V U H Z V O R E S L U T E W N C R P H
Y R A J E T R P E V I E E H H U E N E M S
Z I C N R W S Z Z U S R M E P D H W V A E
A K D F A C D R B M O M P A M N C O O H H
V H A T Q F P N R I G A S H O E I Q O G T
L A B R S O O Y A G A Y Y E I S H D H Z J
Z L S Q P B F Y B P S P R R Z C Z S I G
E I L E F A Q A Y B P S R P R Z C Z S I G
Q F R T O M I B P V L E Q I E H Z D P C E
L A A I U P I R F A C E N D J D X B U A
F R E T N E C E D A R T L R O W Y X L W
I U T V F W F I G U A Z U F A L L S J O A
M G A O V Q F R E L L I S I S L A N D G L
F E E R R E I R R A B T A E R G E Z K R L
G A C R O P O L I S S G P D E P L D K Z W
```

ACROPOLIS
ARC DE TRIOMPHE
CARLSBAD CAVERNS
FLATIRON BUILDING
GREAT WALL
MALBORK CASTLE
THE SHARD

AMAZON RAINFOREST
BUCKINGHAM PALACE
CHICHEN ITZA
GALAPAGOS ISLANDS
HOOVER DAM
NITEROI ART MUSEUM
WORLD TRADE CENTER

ANGKOR WAT
BURJ KHALIFA
ELLIS ISLAND
GREAT BARRIER REEF
IGUAZU FALLS
THE GHERKIN

Site Seeing III

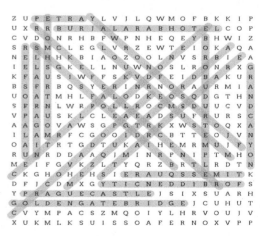

```
Z U P E T R A Y L V J L Q W M O F B K K I P
U X R R B U R J A L A R A B H O T E L C O P
C V D O N R H B F W P N H E Q E Y B H W I Z
S R S M C L E G L V R Z E W T E I O K A Q A
N E L H H K B I A O Z O O L N V S R B I E A
K F A U S I W F K S V D F E I D B A K U R B
B S F R B Q S Y E R I R N O R A U R M I A
U O A T M H L F A L O D K E O S Q D G T N
S F R N L W R P O L L R O J O C S J F A R U
V A A S K S L C L E A E A S U S D F R U R S C
A A G O V A W S G P G T R K X W S T O Q X A
I L A M R F C G O O I D R C B T T E O J Y N
O A I T R T G D T U K A I H E M R M U J F Y
R U N R D D A A Q I M I N R F N I P T M H O
M E I F G V K Z L T Y Q R Z B R T L R D T N
C G K H O H E H S I E R A U Q S S E M I T K
D F J C D M X G Y T I C N E D D I B R O F S
Y P R A G U E C A S T L E J S I X S U A R H
G O L D E N G A T E B R I D G E J C U H U T
C V Y M P A C S Z M Q O J Y L H R V O U J V
X U K M L K S U I S S O A F E R N O X V P P
```

BOROBUDUR TEMPLE
CENTRAL PARK
FORBIDDEN CITY
LONDON EYE
MOUNT RUSHMORE
PRAGUE CASTLE
ST MARKS SQUARE

BRIDGE OF SIGHS
CORCOVADO PARK
GOLDEN GATE BRIDGE
LOUVRE MUSEUM
NIAGARA FALLS
REEFS OF PALAU
TIMES SQUARE

BURJ AL ARAB HOTEL
FJORDS OF NORWAY
GRAND CANYON
MEZQUITA CORDOBA
PETRA
ROCKEFELLER CENTER

Site Seeing IV

Site Seeing V

Site Seeing VI

Famous Bridges I

Famous Bridges II

Modes of Transportation

Famous Rivers I

Famous Rivers II

Famous Lakes

Scenic Drive I

AMALFI COAST	ARCHES NP DRIVE	CHAPMANS PEAK DRIVE
EAGLES ROAD NORWAY	GARDEN ROUTE SA	GREAT OCEAN ROAD
MOUNT COOK ROAD	PANORAMA ROUTE SA	SOSSUSVLEI ROAD
STELVIO PASS	ICEFIELDS PARKWAY	THE RIVER ROAD UTAH
THREE PASSES CH	TIOGA ROAD YOSEMITE	TRAIL RIDGE ROAD RMP
TROLLSTIGEN NORWAY	ULURU KATA TJUTA NP	VALLEY OF ROCKS UK
YELLOWSTONE LOOP	ZION MT CARMEL UTAH	

Scenic Drive II

ATLANTIC ROAD NORWAY	BLUE RIDGE PKWY US	GOING TO THE SUN RD
HANA HIGHWAY	JEBEL HAFEET MT ROAD	KARAKORAM HIGHWAY
MILFORD RD NZ	MONUMENT VALLEY HWY	OVERSEAS HIGHWAY USA
ROUTE ONE CALIFORNIA	ROUTE ONE ICELAND	ROUTE SIXTY SIX
RUTA FORTY ARGENTINA	SEWARD HIGHWAY USA	THE RING OF KERRY IE
THE SNAKE ROAD SPAIN	TIANMEN MOUNTAIN RD	TRANSFAGARASAN HWY
VALLEY OF FIRE USA	VIA AURELIA ITALY	

Scenic Drive III

APPLECROSS SCOTLAND	CABOT TRAIL CANADA	COL DU CHAUSSY
COMBE LAVAL FRANCE	DADES GORGES MOROCCO	DENALI HIGHWAY USA
ER ANTIGA PORTUGAL	FURKA PASS CHE	GREAT ALPINE RD ASTL
HAI VAN PASS VIETNAM	IROHAZAKA JAPAN	LONESOME PINE LOOP
MILLION DOLLAR HWY	NORTH YUNGAS ROAD	PASO DE CARACOLES
ROAD TO EL CHALTEN	ROHTANG PASS INDIA	ROMANTIC RD GERMANY
STRADA DELLA FORRA	WILD ATLANTIC WAY IE	

World Phenomena I

BLUE FIRE VOLCANO	CATATUMBO LIGHTNING	DIRTY THUNDERSTORMS
FLOWERING DESERT	FOREST OF KNIVES	FROZEN BUBBLES CA
HIDDEN BEACH	KJERAGBOLTEN BOULDER	LAKE NATRON
LENTICULAR CLOUDS	LIQUID RAINBOW	MOERAKI BOULDERS
MORNING GLORY CLOUD	RAINBOW EUCALYPTUS	RAINBOW MOUNTAIN
SKY MIRROR	SNOW CHIMNEYS	THE UNDERWATER RIVER
TIDAL BORES	TURQUOISE ICE	

World Phenomena II

AURORA AUSTRALIS	AURORA BOREALIS	CAMEL RIDING
CAMP IN ANTARCTICA	CAVE DIVING	COASTEERING
DOG SLEDDING	EDGEWALKING	FORMULA ONE RACING
GORGE SWINGING	GORILLA TREKKING	GRAND VOYAGE
POLAR PLUNGE	SKINNY DIPPING	SNOWBOARD
SNOWMOBILING	SWIM WITH WHALES	UNDERSEA RESTAURANT
WHITEWATER RAFTING	WING WALKING	

World Phenomena III

BLUE VOLCANO	DANXIA LANDFORM	EYE OF THE SAHARA
FAIRY CIRCLE NAMIBIA	FALLSTREAK HOLE	FIELDS OF WEB
FROST FLOWERS	GREEN FLASH SUNSET	ICE CAVES
KAWAH IJEN LAKE	LIGHT PILLARS	MAMMATUS CLOUD
MARBLE CAVES	NACREOUS CLOUDS	RED CRAB MIGRATION
SARDINE RUN	SOCOTRA DRAGON TREE	STRIPED ICEBERGS
UNDERWATER CIRCLES	WATERSPOUT	

World Phenomena IV

BIOLUMINESCENT SHORE	BISMUTH CRYSTALS	ETERNAL FLAME FALLS
FIRE RAINBOW	FIRE WALLS	GREAT BLUE HOLE
HALOS	LIGHTNING STORM	LIQUID RAINBOW
LUMINOUS WATER	MOONBOW	PINK LAKES
RAINBOW EUCALYPTUS	SAILING STONES	SORT SOL
SPOTTED LAKE	STONEHENGE	TORNADOES
UYUNI SALT FLAT	VOLCANIC LIGHTNING	

Travel Experiences I

CLIFF JUMPING	CLIFF WALKING	DINE IN THE SKY
FLYBOARDING	GOAT YOGA	HORSE RIDING SAFARI
HOT AIR BALLOON RIDE	ICE DIVING	ISLAND HOPPING
PARAGLIDE	RUN WITH THE BULLS	SAND SURF
SHARK CAGE DIVING	SKY SURFING	SKYDIVING
SLEEP ON ICE	SWIM BLUE LAGOON	SWIM WITH DOLPHINS
SWIM WITH SHARKS	VOLCANO BOARDING	

Travel Experiences II

BAMBOO RAFTING	BASE JUMP	BOBSLEDDING
CAMEL RIDE	FIRE EATING	FLY A TRAPEZE
HANGLIDING	HELI SKIING	HOT SPRING BATH
KITESURF	LA TOMATINA	PAINTBALL
RIDE A BULL	RIDE ATVS	SURVIVAL WEEKEND
SWIM JELLYFISH LAKE	WATER POLO	WINDSURFING
ZIP LINING	ZORBING	

Travel Experiences III

AERIAL YOGA
ELEPHANT BATHING
HIKE SOSSUSVLEI DUNE
INSANITY RIDE
LABYRINTH WALKING
MUD RACE
TOUR WAITOMO CAVES
CLIMB KILIMANJARO
FIREWALKING
HIKE THE ANDES
JET SKIING
LAUGHTER YOGA
SALSA IN COLOMBIA
WATER SKIING
CONGO GORILLA TREK
GLASS BLOWING
HIKE TIGERS NEST
KAYAK WITH ORCAS
MASAI MARA MIGRATION
THAI MASSAGE

International Sports I

BASEBALL
CRICKET
FOOTBALL
HANDBALL
ICE HOCKEY
SWIMMING
TRACK AND FIELD
BASKETBALL
CYCLING
GOLF
HORSE RACING
RUGBY
TABLE TENNIS
VOLLEYBALL
BOWLING
FIELD HOCKEY
GYMNASTICS
HURLING
SOCCER
TENNIS

International Sports II

ALPINE SKIING
BOBSLEIGH
DARTS
KARATE
MOTORCYCLE RACING
SAILING
SNOWBOARDING
ARCHERY
CHESS
FENCING
LACROSSE
POLO
SKATEBOARDING
SURF BOARDING
BADMINTON
CURLING
FIGURE SKATING
MOTOCROSS
ROWING
SKELETON SPORT

International Festivals

CANNES FILM FESTIVAL
COMIC CON
FIFA WORLD CUP
JAPAN SNOW FESTIVAL
MANHATTAN SOLSTICE
RUBBER DUCK RACE
THE MASTERS
CARNIVAL OF VENICE
COUPE ICARE
ITALIAN GRAND PRIX
KENTUCKY DERBY
MONACO GRAND PRIX
SUNDANCE FILM
THE US OPEN
CHEESE ROLLING
DIWALI
JAPAN CHERRY BLOSSOM
LE TOUR DE FRANCE
OKTOBERFEST
THE FRENCH OPEN

Animal Safari I

ALLIGATOR
CHEETAH
FIREFLY
GORILLA
KANGAROO
PELICAN
SEAHORSE
BUTTERFLY
CHIPMUNK
FLAMINGO
GRASSHOPPER
LADYBUG
SCORPION
STARFISH
CATERPILLAR
ELEPHANT
GOLDFISH
IGUANA
OSTRICH
SEAHORSE

Animal Safari II

BADGER
EEL
HIPPOPOTAMUS
KOALA
PENGUIN
SALAMANDER
YAK
CAMEL
FERRET
IBEX
LOBSTER
QUAIL
STARNOSED MOLE
ZEBRA
DONKEY
GIRAFFE
JAGUAR
MEERKAT
REINDEER
TOAD

Animal Safari III

ELK
NEWT
OTTER
RABBIT
URIAL
WEASEL
YAK
LEMUR
NIGHTINGALE
PORCUPINE
SLOTH
URUTU
XERUS
ZEBU
MOOSE
ORANGUTAN
QUOKKA
TAPIR
VOLE
XIPHIAS

World's Fastest Trains

ACELA EXPRESS
FLYTOGET
GIRUNO
JR EAST
SIEMENS VELARO
THALYS
THE AVE
AL BORAQ
FRECCIAROSSA TRAINS
ICE FOUR TRAIN
KTX
TALGO
THE ACELA
THE SHINKANSEN
EUROSTAR
FUXING HAO
ICNG
SHANGHAI MAGLEV
TGV DUPLEX
THE AGV ITALO

Musical Instruments I

ACCORDION
BASS GUITAR
CLARINET
GUITAR
MANDOLIN
PIANO
VIOLA
BAGPIPES
BASSOON
DRUMS
HARMONICA
OBOE
SAXOPHONE
VIOLIN
BANJO
CELLO
FLUTE
HARP
ORGAN
TRUMPET

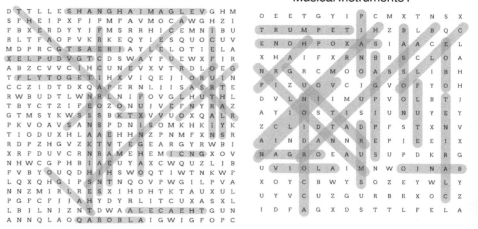

Musical Instruments II

BASS SAXOPHONE
CHAPMAN STICK
CONGAS
KALIMBA
SITAR
TAMBOURINE
WHISTLE
BONGOS
CLAVES
COW BELL
KORA
STEEL DRUM
TRIANGLE
XYLOPHONE
CABASA
CLAVINET
GONG
MARACAS
STEELPAN
VIBRAPHONE

Floral Fiesta I

ASTER
DAFFODIL
HYACINTH
LILY
PEONY
ROSE
VIOLET
CARNATION
DAISY
IRIS
MARIGOLD
PETUNIA
SUNFLOWER
ZINNIA
CHRYSANTHEMUM
GLADIOLUS
LILAC
ORCHID
POPPY
TULIP

Floral Fiesta II

AZALEA
COSMOS
FUCHSIA
HOLLYHOCK
MORNING GLORY
PANSY
SNAPDRAGON
BEGONIA
CROCUS
GERANIUM
JASMINE
NARCISSUS
QUEEN ANNES LACE
TRILLIUM
CAMELLIA
FOXGLOVE
HEATHER
LAVENDER
NASTURTIUM
RUDBECKIA

Floral Fiesta III

ANEMONE
DELPHINIUM
GARDENIA
JONQUIL
MIMOSA
PEPPERMINT
YARROW
BLEEDING HEART
ECHINACEA
HIBISCUS
KANGAROO PAW
NIGELLA
VERBENA
ZANTEDESCHIA
COLUMBINE
FREESIA
IMPATIENS
LARKSPUR
OXETE DAISY
WALLFLOWER

Floral Fiesta IV

AMARANTH
CALLA LILY
FORSYTHIA
IMPALA LILY
ROSEMARY
VINCA
YUCCA
BEARBERRY
DAHLIA
GLORIOSA
JUPITERS BEARD
SALVIA
WATER LILY
ZEPHYRANTHES
BIRD OF PARADISE
EUPHORBIA
HELLEBORE
QUINCE
THISTLE
XERANTHEMUM

Floral Fiesta V

ALSTROEMERIA
DUSTY MILLER
LANTANA
PAEONIA
SCABIOSA
VERONICA
YELLOW FLAG IRIS
BELLFLOWER
EUONYMUS
MALLOW
QUAMOCLIT
TIGER LILY
WISTERIA
ZENOBIA
COREOPSIS
KNIPHOFIA
NIGHT BLOOMING CACTI
RANUNCULUS
UMBRELLA PLANT
XANTHOCERAS

Garden Goodies I

ARUGULA
CARROT
KALE
OKRA
SHALLOT
TARO
YAM
BEETS
CHARD
LEEK
PEAS
SPINACH
TOMATO
ZUCCHINI
CABBAGE
CORN
LIMA BEAN
RADISH
SQUASH
TURNIP

Garden Goodies II

BEETROOT
CARROTS
EGGPLANT
LEEK
PEPPERS
SPINACH
TURNIP
BOK CHOY
CUCUMBER
FENNEL
ONION
RADISH
SQUASH
ZUCCHINI
BROCCOLI
CUCUMBER
GARLIC
PEPPER
SHALLOT
TOMATO

Garden Goodies III

ARTICHOKE
CAULIFLOWER
GINGER
KOHLRABI
MICROGREENS
PARSNIP
SCALLION
BRUSSELS SPROUT
COLLARD
HORSERADISH
LIMA BEANS
MIZUNA
PEA SHOOTS
WATERCRESS
CASSAVA
ENDIVE
JICAMA
MESCLUN
MUSTARD
RUTABAGA

Garden Goodies IV

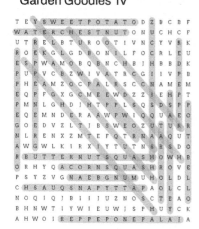

ACORN SQUASH
HUBBARD SQUASH
MUNG BEAN
PORTOBELLO
SNOW PEA
TARO ROOT
YELLOW SQUASH

BUTTERNUT SQUASH
JALAPENO PEPPER
ORANGE PEPPER
RADICCHIO
SPAGHETTI SQUASH
WATER CHESTNUT
ZUCCHINI SQUASH

GREEN PEPPER
KABOCHA SQUASH
PATTYPAN SQUASH
RED PEPPER
SWEET POTATO
YELLOW PEPPER

Garden Goodies V

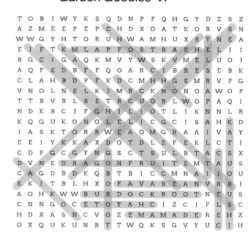

ANAHEIM PEPPER
CHERRY TOMATO
GREEN ONION
OYSTER MUSHROOM
RADICCHIO
SERRANO PEPPER
SWISS CHARD

BEET GREENS
ESCAROLE
HABANERO PEPPER
PEARL ONION
RED ONION
SHALLOTS
VIDALIA ONION

BUTTON MUSHROOM
GRAPE TOMATO
HEIRLOOM TOMATO
PORTABELLA
ROMA TOMATO
SHIITAKE

Garden Goodies VI

CHOW CHOW
DANDELION GREENS
CELERIAC
FAVA BEAN
GARLIC CHIVES
ICEBERG LETTUCE
KANGKONG

DAIKON
EDAMAME
CHAYOTE
FIDDLEHEADS
GOBO ROOT
ITALIAN PARSLEY
KATSUOBUSHI

BITTER GOURD
BURDOCK ROOT
DRAGON FRUIT
ROSELLE
HEARTS OF PALM
KAFFIR LIME LEAVES

Tropical Treats I

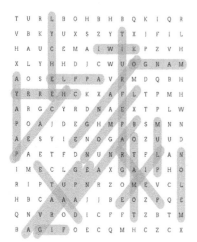

APPLE
DATE
GRAPEFRUIT
LEMON
MANGO
PAPAYA
PLUM

BANANA
FIG
GUAVA
LIME
MELON
PEACH
TOMATO

CHERRY
GRAPE
KIWI
LYCHEE
ORANGE
PEAR

Tropical Treats II

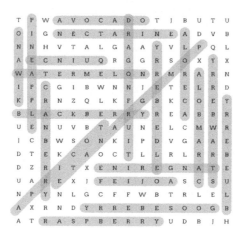

ACEROLA
BLACKBERRY
CRANBERRY
FEIJOA
NECTARINE
QUINCE
TANGERINE

APRICOT
BLUEBERRY
DRAGONFRUIT
GOOSEBERRY
PINEAPPLE
RASPBERRY
WATERMELON

AVOCADO
CARAMBOLA
ELDERBERRY
KIWANO
POMEGRANATE
STRAWBERRY

Tropical Treats III

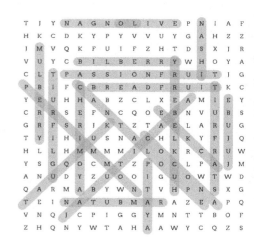

ACKEE
CANTALOUPE
HUCKLEBERRY
KUMQUAT
NASHI
PERSIMMON
STARFRUIT

BILBERRY
CHERIMOYA
JABUTICABA
LONGAN
OLIVE
PITAYA
UGLI FRUIT

BREADFRUIT
COCONA
JUJUBE
MULBERRY
PASSIONFRUIT
RAMBUTAN

Tropical Treats IV

CRABAPPLE
DURIAN
GREENGAGE
JACKFRUIT
LEMONADE FRUIT
MANGOSTEEN
NONI

CUPUACU
FIGWORT
GUANABANA
IMBE
JAMBUL
LOGANBERRY
MEDLAR
OLALLIEBERRY

DAMSON
GOLDENBERRY
KEI APPLE
LOQUAT
MIRACLE FRUIT

Tropical Treats V

AFRICAN CUCUMBER
PEPINO
PLUMCOT
SOURSOP
TAYBERRY
WAX JAMBU
YELLOW WATERMELON

OTAHEITE APPLE
PINEBERRY
POMELO
SUGAR APPLE
UGNI
WHITE CURRANT
YUZU

PAWPAW
PLANTAIN
SASKATOON BERRY
TANGELO
VANILLA BEAN
XIGUA

Furry Friends I

BICHON FRISE
COCKER SPANIEL
GREYHOUND
LHASA APSO
PAPILLON
POODLE
SCHNAUZER

BOSTON TERRIER
DACHSHUND
JACK RUSSELL
MALTESE
PEKINGESE
PUG
SHAR PEI

BULLDOG
FRENCH BULLDOG
LABRADOR RETRIEVER
MINIATURE PINSCHER
POMERANIAN
ROTTWEILER

Furry Friends II

AKITA
BORDER COLLIE
CHIHUAHUA
GERMAN SHEPHERD
GREAT PYRENEES
SHEEPDOG
SIBERIAN HUSKY

AUSTRALIAN SHEPHERD
BOXER
CHOW CHOW
GOLDEN RETRIEVER
IRISH SETTER
SHIBA INU
WELSH CORGI

BEAGLE
BULL TERRIER
DOBERMAN PINSCHER
GREAT DANE
SAINT BERNARD
SHIH TZU

Color Quest I

ALMOND
APRICOT
ASH
BEIGE
BLUE
BROWN
BURNT UMBER

AMARANTH
AQUA
AUBURN
BISQUE
BLUSH
BURGUNDY
CADET BLUE

AMBER
AQUAMARINE
AZURE
BLACK
BRONZE
BURNT SIENNA

Color Quest II

CAMEL
CERULEAN
CHERRY
CINNAMON
COBALT
CORAL
CRIMSON

CARMINE
CHAMPAGNE
CHESTNUT
CITRINE
COFFEE
CORNFLOWER
CYAN

CELADON
CHARTREUSE
CHOCOLATE
CLARET
COPPER
CREAM

Color Quest III

DARK GRAY
DODGER BLUE
EMERALD
FIREBRICK
FUCHSIA
GOLDENROD
GREEN

DENIM
EBONY
FAWN
FLAMINGO
GINGER
GRAPE
HONEYDEW

DESERT SAND
EGGPLANT
FERN GREEN
FOREST GREEN
GOLD
GRAY

Color Quest IV

HOT PINK
IVORY
LAVENDER
LIGHT GRAY
LINEN
MARIGOLD
MIDNIGHT BLUE

INDIAN RED
JADE
LEMON
LILAC
MAGENTA
MAROON
MINT

INDIGO
KHAKI
LIGHT BLUE
LIME
MAHOGANY
MAUVE

Color Quest V

MOCHA
NAVY BLUE
ORANGE
PAPAYA
PERIWINKLE
PLUM
PURPLE

MOSS GREEN
OCHRE
ORCHID
PEACH
PEWTER
POWDER BLUE
RASPBERRY

MUSTARD
OLIVE
PALE PINK
PEARL
PINK
PUMPKIN

Color Quest VI

RED
RUST
SAND
SEPIA
SLATE
SPRING GREEN
TANGERINE

ROSE
SAFFRON
SCARLET
SILVER
SMOKE
STEEL BLUE
TAUPE

ROYAL BLUE
SALMON
SEAFOAM
SKY BLUE
SNOW
TAN

Vocational Voyage I

AUTHOR
BARBER
BUILDER
CHEMIST
FIREFIGHTER
JUDGE
LECTURER

BAKER
BOILERMAKER
BUS DRIVER
DIPLOMAT
FISHERMAN
LANDSCAPER
PHYSICIST

BANKER
BOTANIST
CHEF
FILM DIRECTOR
FLORIST
LAWYER

Vocational Voyage II

BARTENDER
CABINETMAKER
COMPOSER
CRAFTSMAN
SINGER
TYPIST
VIDEOGRAPHER

BIOLOGIST
CALLIGRAPHER
COPYWRITER
CURATOR
SOCIAL WORKER
VETERINARIAN
WAITER

BLOGGER
CARPENTER
COUNSELOR
LIBRARIAN
SOFTWARE ENGINEER
VIDEO EDITOR

Vocational Voyage III

ACTOR, AGENT, ARTIST, HISTORIAN, ILLUSTRATOR, INTERPRETER, JANITOR, LIFEGUARD, LINGUIST, LOCKSMITH, NUTRITIONIST, PLUMBER, POLICE OFFICER, POLITICIAN, PROFESSOR, PROGRAMMER, STATISTICIAN, STOCKBROKER, STONECUTTER, STOREKEEPER

Vocational Voyage IV

ATHLETE, DENTIST, DESIGNER, DETECTIVE, GLASSBLOWER, MINER, MODEL, MUSICIAN, NURSE, REPORTER, RESEARCHER, SALESPERSON, SCIENTIST, SCULPTOR, TUTOR, WAITRESS, WEB DESIGNER, WELDER, WRITER, YOGA INSTRUCTOR

Vocational Voyage V

CLERK, COACH, CODER, DECORATOR, DIETITIAN, DIRECTOR, DOCTOR, EDITOR, DRAFTER, ECONOMIST, EDITOR, DRIVER, HAIR STYLIST, SURGEON, GRAPHIC DESIGNER, SWIMMING COACH, THERAPIST, SURVEYOR, TRAINER, TRANSLATOR, TOUR GUIDE

Vocational Voyage VI

CONDUCTOR, CONSULTANT, DEVELOPER, ELECTRICIAN, ENGINEER, ENTERTAINER, MANAGER, MARKETER, MECHANIC, MEDICAL ASSISTANT, MIDWIFE, PUBLICIST, PUBLISHER, REALTOR, TAILOR, TEACHER, TECHNICIAN, TRAVEL AGENT, TRUCK DRIVER, TUTOR

Vocational Voyage VII

COOK, FARMER, FASHION DESIGNER, FOREMAN, FORESTER, GAMER, GARDENER, GEOLOGIST, GOLDSMITH, HANDYMAN, JOURNALIST, OPTOMETRIST, PAINTER, PARAMEDIC, PASTOR, PHOTOGRAPHER, RECEPTIONIST, REFEREE, SEAMSTRESS, SECRETARY

Vocational Voyage VIII

ASTRONAUT, EVENT PLANNER, LEGO BUILDER, LIFEGUARD, MAGICIAN, MAKEUP ARTIST, MYSTERY SHOPPER, OPTICIAN, PHYSIOTHERAPIST, PILOT, PILOT, PSYCHOLOGIST, SECURITY GUARD, SINGER, SOMMELIER, SOUND TECHNICIAN, SPEECH THERAPIST, SPORTS COACH, TEA TASTER, ZOOKEEPER

Medical Professions I

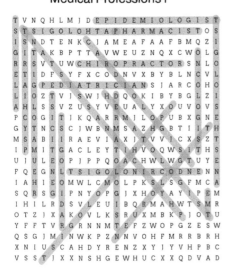

ALLERGIST, ANESTHESIOLOGIST, CARDIOLOGIST, CHIROPRACTOR, DERMATOLOGIST, EMT, ENDOCRINOLOGIST, EPIDEMIOLOGIST, GENETICIST, HEMATOLOGIST, NEUROLOGIST, ONCOLOGIST, OPHTHALMOLOGIST, PATHOLOGIST, PEDIATRICIAN, PHARMACIST, PHYSICIAN ASSISTANT, PSYCHIATRIST, RADIOLOGIST, RHEUMATOLOGIST

Medical Professions II

ACUPUNCTURIST, DENTAL HYGIENIST, GASTROENTEROLOGIST, GERIATRICIAN, HOMEOPATH, HOSPITALIST, IMMUNOLOGIST, INTERNIST, NATUROPATH, NEPHROLOGIST, NUTRITIONIST, ORTHOPEDIST, PHYSIATRIST, PHYSICAL THERAPIST, PROSTHETIST, PULMONOLOGIST, REFLEXOLOGIST, SPEECH THERAPIST, TOXICOLOGIST, TRAUMATOLOGIST

School Subjects I

ART, ASTRONOMY, BIOLOGY, CHEMISTRY, COMMUNICATION, CREATIVE WRITING, CRIMINOLOGY, EARTH SCIENCE, ENGLISH, GEOGRAPHY, HEALTH INFORMATICS, HISTORY, JOURNALISM, LITERATURE, MATH, MUSIC, PHYSICS, PUBLIC HEALTH, SCIENCE, SOCIAL WORK

School Subjects II

ANATOMY
BOTANY
ECOLOGY
GRAPHIC DESIGN
KINESIOLOGY
SPORTS MEDICINE
WEB DESIGN

ANTHROPOLOGY
BUSINESS
EXERCISE SCIENCE
INDUSTRIAL DESIGN
MEDICINE
URBAN PLANNING
ZOOLOGY

ARCHITECTURE
COACHING
GEOLOGY
INTERIOR DESIGN
PHYSIOLOGY
VETERINARY SCIENCE

School Subjects III

ACCOUNTING
BUSINESS
ECONOMICS
FORESTRY
MARKETING
POLITICAL SCIENCE
SOCIOLOGY

AGRICULTURE
CONSTRUCTION
FASHION DESIGN
HORTICULTURE
NEUROSCIENCE
PSYCHOLOGY
TOURISM

ANIMAL SCIENCE
CULINARY ARTS
FINANCE
HOSPITALITY
PHARMACOLOGY
RELIGIOUS STUDIES

School Subjects IV

ARCHAEOLOGY
DRAMA EDUCATION
GLOBAL STUDIES
MARINE SCIENCE
MILITARY SCIENCE
PHYSICAL THERAPY
THEATER

COMPUTER SCIENCE
EDUCATION
HEALTH EDUCATION
METEROLOGY
MUSIC EDUCATION
RECREATIONAL SPORTS
THEOLOGY

DANCE
ETHICS
LIBRARY SCIENCE
MICROBIOLOGY
PHYSICAL EDUCATION
SECURITY STUDIES

School Subjects V

ADULT EDUCATION
DIGITAL MEDIA
FISHERIES
HIGHER EDUCATION
LAW
PHILOSOPHY
SURVEYING

CARTOGRAPHY
EXERCISE PHYSIOLOGY
GEOMATICS
IT
LINGUISTICS
SECONDARY EDUCATION
WILDLIFE MANAGEMENT

COUNSELING
FILM STUDIES
HEALTH SCIENCE
LANDSCAPING
MEDIA EDUCATION
SPEECH THERAPY

Kitchen Appliances I

BLENDER
ESPRESSO MACHINE
GRILL
MICROWAVE
PRESSURE COOKER
SLOW COOKER
TOASTER

COFFEE MAKER
FOOD PROCESSOR
JUICER
MIXER
RANGE
STOVE
TOASTER OVEN

COOKTOP
FRYER
KETTLE
OVEN
RICE COOKER
TEA MAKER

Kitchen Appliances II

AIR FRYER
DEEP FRYER
FOOD STEAMER
HANDHELD MIXER
ICE MAKER
PANINI PRESS
STAND MIXER

BREAD MAKER
ELECTRIC CAN OPENER
GRIDDLE
HOT PLATE
IMMERSION BLENDER
POPCORN MAKER
WAFFLE MAKER

CITRUS JUICER
ELECTRIC SKILLET
HAND BLENDER
ICE CREAM MAKER
INSTANT POT
SANDWICH MAKER

Kitchen Appliances III

BAKING SHEET
CHEESE GRATER
LOAF PAN
MINI FRIDGE
PASTRY CUTTER
ROLLING PIN
WATER DISPENSER

BEVERAGE FRIDGE
DISHWASHER
MANDOLINE SLICER
MUFFIN TIN
PIZZA CUTTER
TRASH COMPACTOR
WINE COOLER

CAKE PAN
GARBAGE DISPOSAL
MEAT TENDERIZER
PASTRY BRUSH
POTATO MASHER
VEGETABLE PEELER

Kitchen Appliances IV

CANDY THERMOMETER
CUTTING BOARD
FOOD DEHYDRATOR
ICE CRUSHER
MEASURING SPOONS
PRESSURE CANNER
THERMOMETER

CASSEROLE DISH
DIGITAL SCALE
FOOD MILL
ICE DISPENSER
MEAT THERMOMETER
ROASTING PAN
VACUUM SEALER

COLANDER
DUTCH OVEN
FOOD SCALE
MEASURING CUPS
MIXING BOWLS
SIEVE

Kitchen Appliances V

BOTTLE OPENER
DISH RACK
GARLIC PRESS
LADLE
SCISSORS
SPATULA
TURNER

CAN OPENER
DISH SOAP
KNIFE SET
NAPKIN HOLDER
SINK STRAINER
SPONGE
WHISK

CORKSCREW
DISH TOWELS
KNIFE SHARPENER
PAPER TOWEL HOLDER
SLOTTED SPOON
TONGS

Kitchen Appliances VI

CHAMPAGNE FLUTE
HIGHBALL GLASS
OVEN MITTS
SALAD BOWL
SERVING PLATTER
SUGAR BOWL
TOASTER BAGS

COFFEE MUG
MICROWAVE COVER
PLACEMATS
SALAD SERVERS
SERVING TRAY
TABLECLOTH
WINE GLASS

CREAMER
NAPKINS
POT HOLDERS
SALT SHAKERS
SLOW COOKER LINERS
TEA POT

Kitchen Appliances VII

BEER MUG
BUTTER DISH
COASTERS
GAS RANGE
KNIFE SHARPENER
RANGE HOOD
WINE AERATOR

BOTTLE STOPPER
CHEESE BOARD
COCKTAIL SHAKER
GRAVY BOAT
PASTA MAKER
SALAD SPINNER
WINE OPENER

BREAD BASKET
CHEESE KNIFE
CROCK POT
ICE BUCKET
PIZZA OVEN
TUMBLER

The Human Body I

CALF BONE
CHINBONE
EYEBROW
FINGERTIP
KNUCKLE
PATELLA
TOENAIL

CHEEKBONE
EARDRUM
EYELASH
HEEL BONE
MOUTHWASH
PELVIS
TRACHEA

CHEEK PAD
EARLOBE
FEMUR
JAWBONE
NOSTRIL
RIBCAGE

The Human Body II

ADRENAL GLANDS
EARS
HEART
LIVER
NOSE
REPRODUCTIVE ORGANS
STOMACH

BLADDER
EYES
INTESTINES
LUNGS
PANCREAS
SKIN
THYROID

BRAIN
GALLBLADDER
KIDNEYS
MOUTH
PITUITARY GLAND
SPLEEN

Feathered Friends I

CRANE
EAGLE
HAWK
PARROT
QUAIL
SPARROW
TOUCAN

CROW
FINCH
KIWI
PELICAN
RAVEN
STORK
WREN

DOVE
GULL
MAGPIE
PUFFIN
ROBIN
SWAN

Feathered Friends II

BEE EATER
FLAMINGO
JACANA
LARK
OSPREY
SEAGULL
VULTURE

CORMORANT
GREBE
KINGFISHER
MYNAH
OSTRICH
SWIFT
WOODPECKER

FALCON
HUMMINGBIRD
KITE
ORIOLE
PLOVER
TERN

Feathered Friends III

ALBATROSS
BLUE JAY
GOLDFINCH
GROUSE
IBIS
PIGEON
SNOWY OWL

BARN OWL
DUCK
GOOSE
HERON
LAPWING
REDSTART
YELLOW WARBLER

BLACKBIRD
EMU
GREAT TIT
HORNBILL
NIGHTINGALE
SNOW BUNTING

Playtime I

BINGO
CHESS
DOMINOES
JENGA
RISK
SPADES
TWISTER

BOGGLE
CLUE
GO FISH
PAC MAN
SCRABBLE
TETRIS
YAHTZEE

CHECKERS
CRIBBAGE
HEARTS
PONG
SOLITAIRE
TRIVIAL PURSUIT

Playtime II

BLACKJACK
CRAZY EIGHTS
GIN RUMMY
OLD MAID
RUMMY
SPADES
UNO

BRIDGE
DURAK
GO FISH
PINOCHLE
SKAT
SPIDER
WAR

CANASTA
EUCHRE
HEARTS
POKER
SOLITAIRE
SPIT

Shapes

I U T V Y Z E V R F W O B I X Q V P
S L W E P F A Q R H T H P M J B H A
B E D U L W S N Y G F X K B Y W B R
E L L I P S E A O P U F S M D D O A
R P C G N F G O R Y S K X F I R L
E X Q R N F W A A N S U X O D T I L
H B Y U I A E D D T E U Z I D I A E
S P I C F J K R C H Q D H I J U Q O
O C T A G O N N T P E B O A U Y L G
B Y O S T P O D F N H Z M M D W Q R
V L G V E G U N L N E H B O Y B K A
O I T R A E H L S P X C U N B I A M
P N Z T Q L H Q A M A X S D T Z K Z
R D N E U M U R M K G W I E H Q K J
Z E L G N A T C E R O K V V R G L R
P R O B R X O Q Q H N W D I E C K I
Q I T E Y M U D R F I V H A J D Z L

CIRCLE	CRESCENT	CUBE
CYLINDER	DIAMOND	ELLIPSE
HEART	HEXAGON	KITE
OCTAGON	OVAL	PARALLELOGRAM
PENTAGON	RECTANGLE	RHOMBUS
SPHERE	SQUARE	STAR
TRAPEZOID	TRIANGLE	

Landform Quest I

P D T N D B Y C R V O W Y R E C
G O H I L L D E L T A X O M M W
R H J X I J M S L L S L Q H K Q
X P K Z S U O W U X I R L G S M
L C A P L E U S X X S S V E F B
E G G R C A N Y O N T B L W Y N
N L R U C I T U F X H L H A E T
Y M R A N H A F D M M K X F N R
B H F E E R I S E O U W C L O D
U P P T I L N P S P S S M N O U
F A S A C C V I E J C F Z D G M
C P E L B N A C R L Q Y U Y A U
P H H P I Z I L T U A M U S L H
E W P A S A W Z G B M G C F Y E
C X L W Z H I Z X Q D L O M A G
B P U W K Q U L O K N Q O M Z I

ARCHIPELAGO	BAY	CANYON
CAPE	CLIFF	DELTA
DESERT	DUNE	GLACIER
HILL	ISLAND	ISTHMUS
LAGOON	MOUNTAIN	OASIS
PENINSULA	PLAIN	PLATEAU
REEF	VALLEY	

Landform Quest II

X J E R X T F K M I V M G S
R L K E E P A L A G G T R C
D L G W P M G F U E V C I P
V O L C A N O U Y G S W D R
U T A R I T U S W W I P Y W
F A S R B W E B N J N M F E
P D R D K R Q T K L C P
J S D V S N E V F I H D V U
L Q R I E V U O R A O F R R
X Z I R A F A T E R L E V N
N A E C O N J D T T E L M M
H Y K L J S O O A S W A M P
S R A Y E G G O R G E L Z X
W A L E N N A H C D N M V I

ATOLL	CAVERN	CHANNEL
CRATER	FJORD	GEYSERS
GORGE	GULF	LAKE
MARSH	OCEAN	RIVER
SEA	SINKHOLE	SPRING
STRAIT	SWAMP	TUNDRA
VOLCANO	WATERFALL	

Insect Buzz I

M Z C Q G U B K N I T S A E F X X B
W V Z H G X M U S E M H Q B Y B W T
L K F T H A P V T K C S A Q R U R N
F Q O K V M S C T I I Z W F H V U
P C S M F E S A N E F M D L K N X
Z R V M O W E R T W I R L L R U T M
D I A H H S E G E E G E F E T D T F
O C Z T L D Q A R R I V T L A E N
H K H C I J L U P A K L J D S A X B
A E C P O N W E I X S I F R K N T M
C T S X P K G W L T R S M A T S P J
O I X D Y Z W M L E O N H G M C U I
N M X G U B Y D A L J J A O Y L S E
Y R Z U A F R R N H I C N F J J Y
Z E K A T I B L R Z T A Z F F P I R
Z T D W A K G Y I P R I M L Q B E E
B H C A O R K C O C W F S Y D G N R
F G A Y L F N O I P R O C S X U V Y

ANT	BEE	BUTTERFLY
CATERPILLAR	COCKROACH	CRICKET
DRAGONFLY	FLEA	FLY
GRASSHOPPER	LADYBUG	MOSQUITO
MOTH	PRAYING MANTIS	SCORPIONFLY
SILVERFISH	SPIDER	STINK BUG
TERMITE	WASP	

Insect Buzz II

Z H B W R O P T L E N B Y T V D V C B A Z
J O D X N T O G E E B E L B M U B Z U K W
Y H F Q P I B S C B H J F S X G B O A K X
G K S U Z J N A O E W V R A Y B H C D P A
N R H V R G X S Z I R A E F O Z O P W E E
Z Q H G E Z Y N F R U I T F L Y K B A Y N
H W C J O L F U V A F N T G N H O V E L C
C A A T P C I C A D A R U R V F B L Z U T
A L O E A A E F G R S B B H U H L R M R C
K K R R I N E E E K W V H K E O A R N E U
L I L I H U G T D O B H C T W R C I Z E T
F N X P Q C N N S Z N Z R J Q N K O F D W
H G E U S E L E W O U H A F F E F A A B O
J S W Z P N A X B T B C N D O T L F N P R
B T K R O T W X I E K S O W W I J Y I U K M
T I A M W I W B O E E S M A G I W R A E A
O C Z D W P Y N T H Q T I T T V T F C C R
Z K P N R E T R A G Q Z L E J S W R H A O
C V K L X D H C G E Y L F E S T E S T T U
S I B T C E W A Q O F B U V C G V K C U Z
P E D A S S A S S I N B U G G H H R V E C L

ASSASSIN BUG	BLACK FLY	BUMBLEBEE
CARPENTER ANT	CENTIPEDE	CICADA
CUTWORM	DEER FLY	EARWIG
FIREFLY	FRUIT FLY	GNAT
HORNET	JUNE BEETLE	MONARCH BUTTERFLY
ROACH	SOW BUG	TSETSE FLY
WALKING STICK	YELLOW JACKET	

Insect Buzz III

Q B B D R R T E T G F J A S I F E S Q R W
Y B R B H T O M A N U L A Q Z Z E M D K R
C A K O U E O E B J D B R M U G B Z Q K B
V Z K L T O R R O A I U N Q R N R D G D A
S L U L M K R A U K H J K I I L E L U A Y
Q V I W B A G U P U P R U G T J I F L
G E Z E X Y D D S A I N R R U Q N B J O F
E L T E E B J A P A N E S E B E E T L E E
G Z H V X V W S D E Z B W R Y D P L F O S
Q S N I R N T H L D A U A C B B R X R W U
D S V L G D J B C M Y N U X G A H D A O
A I Z I P T H O O V B L G F P K C L T S H
M T S E B O J R R E P P O H F A E L I Z L
S N A S J P K E P O W I P N I S Y K B P G
E A I D Y L F R E T T U B E G A B B A C T
L M S F O D W C N C H J T L L F F T V N
F Z Y C L C A S M N B O X E L D E R B U G
L R U O Q T D Y R E N I M F A E L G H Q G
T Q P A Z Z K I R Y B B T N Q X O Q Y O U
C H E K M Z H X U Z T W H V F L O C F E U

APHID	BED BUG	BEETLE
BOLL WEEVIL	BOXELDER BUG	CABBAGE BUTTERFLY
CARPENTER BEE	DADDY LONGLEGS	DAMSELFLY
EMERALD ASH BORER	ENSIGN WASP	HARLEQUIN BUG
HOUSEFLY	JAPANESE BEETLE	JUNE BUG
LEAF MINER	LEAFHOPPER	LOCUST
LUNA MOTH	MANTIS	

Insect Buzz IV

R Q L L I A T E L T S I R B W R K D B
L J E H W J S C X I E B W T P D A N R
K J L G K A C Y Y U C D D H N G S K B
F O T X H N Y U C C Q A K I C Y S R Z
N R E L T E E B D N U O R G M L A G V
K V E L Y Y T N A C H A E I H W S Y F
W N B V L E Z A E T D O L S R T S V M
K Q S Z F Q L O L W N L L B S A I E U
E W S E N E R T T A V I S I Q N L I
E M E A O N B R E P W L K V J F V T
B J B R S E L T E E B F A E L M L E B
Y S W B Y U D B K B U D Q V H Y T E
E Q K I O K E E R G S K A A K W E A
N D W G D S Y N E U A C V C F G H W N
L T L T A T X S V U I I U I D T L
H H Y L F N A S S E H C E V M X S L
D I D Y T A K T I D T A L M N C F K I
L Z A T D A R K L I N G B E E T L E S
R M E S G H N E B M E A L W O R M X L

ALATE	ASSASSIN FLY	BESS BEETLE
BLISTER BEETLE	BRISTLETAIL	CICADA KILLER
CLICK BEETLE	DARKLING BEETLE	DOBSONFLY
EARWIG FLY	ELM LEAF BEETLE	FRUIT BEETLE
GROUND BEETLE	HESSIAN FLY	HONEY BEE
KATYDID	MAYFLY	MEALWORM
MILLIPEDE	VELVET ANT	

Insect Buzz V

S R M P N A W O O D L O U S E R C M P
S Y J R S S F G C C W Q K O P V H K G
I A X D O G W C X W H W B S S K Z Z J
N G T I I W F H K C I T A R F S Q N D
U R Q H X N N K I R P W M Q I C Q Q I
E E J P I S O R E T R J Y R R A E R S
R L Z A G J T W O E E M I L H L C P P
W L Q Y M U O N P H D F Z A T E R I T
H I O L G R B A Y J O I L E O I A W Y
R K D L M O P H L X C T E Y N N N R G
V W J O I A L L S M T B A G W S E A R
C O W O W W Y Q S A R N T M J E F M J
Z C I W K S B L R E U A A D O C L U G
G U E V P B P A G T I Q O O V V T Y E N
M G P V E N J I L K U S V D I H K X
K F A X O T F D Y Y L F K C A L B M
F Z X E U S E L T E E B G A T S Q K Z
C G X L U X H S I F R E V L I S I O K
D Y A F M Y Y D R E C I K B D P T Y A

BLACKFLY	COW KILLER	CRANE FLY
PAPER WASP	PSYLLID	SCALE INSECT
SILVERFISH	SPRINGTAIL	SQUASH BUG
STAG BEETLE	TARANTULA	THRIPS
TICK	TIGER BEETLE	TOMATO HORNWORM
WHITEFLY	WIDOW SPIDER	WIREWORM
WOODLOUSE	WOOLLY APHID	

Dino Discovery

D A I O X V V S U R U A S O E B M A L P O T M
T M A I A S A U R A S X B J J Y Y T D V Q M V
E Q T Q L M U R D J X A E I D L V N Q M V L C
D V S P B A S A A C I F U M W D D X J L L K A
Y W U O R H Q A N K Y L O S A U R U S L A X U
T E C H A I V S A W L F S Y C S Q P G C Q Q Z
G U O X C M Z O K Y G Y Q K U T O I P S G Y Z
A O D A H H B T O F E Z Z H E T W G V N N S Z
L P O P I D X A V O W G C Y A L S U I B H T B
L L L A O Q I R K X R Y K R B X Y A J X Z E F
I O P T S X Q E S T N E C M E R W R G N G G U G S
M C I O A D S C T O X C A B M W P O C Q U O R
I E D S U H T A N G O S P M O C Z D P Z H S O
M P L A R I N I M T R I C E R A T O P S E A V
U H B U L E J U O I O G I C M O U E N N Y G U I
S A O R S D D R X D D N D R T T S P B Q U R R
I L V U P I P B K S U R U A S O L A G E M U A
G U X S B G Z O Y O B O R N I T H O M I M U S P
K S U R U A S O L A H P E C Y H C A P D A I T
E C K L U I N X V W K M G J Q K O T T B H V O
D G S G U O B R Y O S F Y X U L N Y N Z Z S R
Y L P T C P I L M F I S K E A S F I I X Q S K
O O N G W S W A M Z Y O S U R U A S O L L A D

ALLOSAURUS	ANKYLOSAURUS	APATOSAURUS
BRACHIOSAURUS	CERATOSAURUS	COMPSOGNATHUS
DEINONYCHUS	DIPLODOCUS	EUOPLOCEPHALUS
GALLIMIMUS	IGUANODON	LAMBEOSAURUS
MAIASAURA	MEGALOSAURUS	ORNITHOMIMUS
OVIRAPTOR	PACHYCEPHALOSAURUS	PROTOCERATOPS
STEGOSAURUS	TRICERATOPS	

Space Odyssey I

ASTEROID · ASTRONAUT · BLACK HOLE · COMET · ECLIPSE · GALAXY · GRAVITY · METEOR · MOON · OBSERVATORY · ORBIT · PLANET · ROCKET · SATELLITE · SPACECRAFT · STAR · SUN · SUPERNOVA · TELESCOPE · UNIVERSE

Space Odyssey II

APOGEE · ASTROBIOLOGY · CELESTIAL · COSMONAUT · DARK MATTER · EXTRATERRESTRIAL · GALAXY CLUSTER · INTERSTELLAR · IONOSPHERE · LUNAR · MAGNETOSPHERE · MARTIAN · MISSION CONTROL · NEBULA · PARALLAX · PERIGEE · SOLAR SYSTEM · SPACE STATION · SPACEWALK · VACUUM

Space Odyssey III

CERES · EARTH · ENCELADUS · ERIS · EUROPA · GREAT RED SPOT · HAUMEA · HELIOPAUSE · IO · JUPITER · MAKEMAKE · MARS · MERCURY · NEPTUNE · PLUTO · SATURN · TITAN · TROJAN · URANUS · VENUS

Drink Explorer

BEER · BLOODY MARY · CHAMPAGNE · COFFEE · GIN · HOT CHOCOLATE · ICED TEA · JUICE · LEMONADE · MARGARITA · MARTINI · MILK · RUM · SODA · TEA · TEQUILA · VODKA · WATER · WHISKEY · WINE

Tree Trek I

APPLE · ASPEN · BANANA · BIRCH · CEDAR · CHERRY · CHESTNUT · LEMON · MANGO · MAPLE · OAK · OLIVE · ORANGE · PALM · PINE · POPLAR · REDWOOD · SEQUOIA · SPRUCE · WILLOW

Tree Trek II

ACACIA · ALDER · BAMBOO · BANYAN · BAOBAB · BAY · BEECH · BLACKWOOD · BOXWOOD · CATALPA · CRAPE MYRTLE · CYPRUS · DOGBANE · DOGWOOD · ELM · GINKGO · KAURI · MAGNOLIA · MAHOGANY · REDBUD

Tree Trek III

DOUGLAS FIR · EBONY · EUCALYPTUS · FIG · FIR · HACKBERRY · HEMLOCK · HICKORY · HOLLY · JACARANDA · JUNIPER · KATSURA · LARCH · LAUREL · LINDEN · LOCUST · MADRONE · MULBERRY · OLIVE · OSAGE ORANGE

Tree Trek IV

ABIES · AGATHIS · ALBIZIA · ALMOND · AMELANCHIER · ANACARDIUM · ARALIA · ARISTOLOCHIA · AZADIRACHTA · BETULA · PEAR · PERSIMMON · PLANE · QUINCE · REDBUD · SILVER BIRCH · SYCAMORE · WALNUT · WITCH HAZEL · YEW

Tree Trek V

BIGNONIA · BURSERA · BUTTERNUT · CALLISTEMON · CAMELLIA · CARAGANA · CARPINUS · CASSIA · CEDRELA · CELTIS · CERCIS · CHIONANTHUS · CHRYSOPHYLLUM · CLADRASTIS · CORNUS · COTINUS · CRATAEGUS · CUPRESSUS · CYCAS · DACRYDIUM

Greek Alphabet

ALPHA
EPSILON
IOTA
MU
PI
TAU
XI

BETA
ETA
KAPPA
NU
RHO
THETA
ZETA

DELTA
GAMMA
LAMBDA
OMICRON
SIGMA
UPSILON

Chemistry Challenge I

NEPTUNIUM
ARSENIC
COBALT
GADOLINIUM
POTASSIUM
IRIDIUM
CESIUM

NICKEL
BARIUM
COPPER
PLUTONIUM
RADIUM
IRON
CHLORINE

NITROGEN
BERYLLIUM
FLUORINE
POLONIUM
IODINE
CARBON

Chemistry Challenge II

ALUMINUM
BORON
CALCIUM
GERMANIUM
LEAD
PLATINUM
SILVER

ARGON
BROMINE
CALIFORNIUM
GOLD
OXYGEN
SELENIUM
SODIUM

BISMUTH
CADMIUM
CHROMIUM
HELIUM
PHOSPHORUS
SILICON

Weather Watch I

ANEMOMETER
BRISK
COOL
FREEZING
MILD
SCORCHING
WEATHER VANE

BALMY
CHILLY
DOPPLER RADAR
HOT
RAINGAUGE
THERMOMETER
WET

BAROMETER
COLD
DRY
HYGROMETER
SATELLITE
WARM

Weather Watch II

BREEZE
FROST
HAIL
ICE
PRECIPITATION
SNOW
TORNADO

DEW
GALE
HUMIDITY
LIGHTNING
RAIN
TEMPERATURE
WIND

FOG
GUST
HURRICANE
MIST
SLEET
THUNDERSTORM

Weather Watch III

ALTOCUMULUS
CALM
CUMULONIMBUS
FROSTY
MUGGY
STRATUS
SWELTERING

ALTOSTRATUS
CIRRUS
CUMULUS
ICY
NIMBOSTRATUS
SULTRY
WINDY

BREEZY
CLOUD
FOGGY
MISTY
RAINBOW
SUNSHINE

Weather Watch IV

AVALANCHE
CYCLONE
FLASH FLOOD
LANDSLIDE
NOREASTER
STORM
TYPHOON

BLIZZARD
DROUGHT
FLOOD
MONSOON
POLAR VORTEX
TIDAL WAVE
WHIRLWIND

COLDWAVE
DUST STORM
HEATWAVE
MUDSLIDE
SANDSTORM
TSUNAMI

Weather Watch V

ALBEDO
CONDUCTION
INSOLATION
MESOSPHERE
OZONE LAYER
SOUTHERN LIGHTS
SUN

ATMOSPHERIC
CONVECTION
IONOSPHERE
MOON
PRECIPITABLE WATER
STARS
THERMOSPHERE

CELESTIAL
EVAPORATION
JET STREAM
NORTHERN LIGHTS
SKY
STRATOSPHERE

Music Mixtape I

ACOUSTIC
CHAMBER MUSIC
CLASSIC ROCK
CUMBIA
DISCO
HOUSE
RAP

ALTERNATIVE ROCK
CHORAL
CLASSICAL
DANCE
DRUM AND BASS
PUNK ROCK
REGGAE

AMBIENT
CHRISTIAN
COUNTRY
DEATH METAL
DUB
RB

Music Mixtape II

ACAPELLA
BIG BAND
FUNK
HARD ROCK
MERENGUE
NEW AGE
POSTPUNK
BASS
BLUEGRASS
GOSPEL
HEAVY METAL
METALCORE
OPERA
REGGAETON
BEBOP
CELTIC
GRUNGE
LATIN
MOTOWN
ORCHESTRAL

Music Mixtape III

ACID JAZZ
BALLAD
BOSSA NOVA
FOLK METAL
INDIE ROCK
TRIP HOP
VAPORWAVE
AFROBEAT
BLUES
BREAKBEAT
FUTURE BASS
TRANCE
TWEE POP
WORLD MUSIC
AMBIENT HOUSE
BOLLYWOOD
CHIPTUNE
INDIE POP
TRAP
UNDERGROUND

Music Mixtape IV

AVANTGARDE
DUBSTEP
ROCK
SAMBA
SOFT ROCK
SOUTHERN ROCK
SYNTHPOP
BACHATA
NEO SOUL
ROCK AND ROLL
SHOEGAZE
SOUL
SURF ROCK
TECHNO
BAROQUE
POP
SALSA
SKA
SOUNDTRACK
SWING

Music Mixtape V

ELECTRONIC
FLAMENCO
FUNK METAL
INDIE
JAZZ
MATH ROCK
SOCA
EMO
FOLK
GOTHIC METAL
INDUSTRIAL
JAZZ FUSION
PROGRESSIVE ROCK
TRAP METAL
EXPERIMENTAL
FRENCH HOUSE
HIP HOP
JPOP
KPOP
PSYCHEDELIC

House Hunter I

CHALET
CONDOMINIUM
FOURSQUARE
MID CENTURY MODERN
OCTAGON
TINY
TRANSITIONAL
CHATEAU
CONTEMPORARY
FUTURISTIC
MULTI FAMILY
PALACE
TOWNHOUSE
TREE HOUSE
COLONIAL
FARMSTEAD
MEDITERRANEAN
NEOCLASSICAL
PATIO
TRADITIONAL

House Hunter II

APARTMENT
EARTHSHIP
FEDERAL
GEORGIAN
HOUSE ON STILTS
LIGHTHOUSE
MINIMALIST
BUNGALOW
ENGLISH TUDOR
FLOATING HOME
HEXAGONAL
HUF HAUS
LOFT
PASSIVE HOUSE
CABIN
FARMHOUSE
FRENCH COUNTRY
HILLSIDE
I HOUSE
LUSTRON

House Hunter III

A FRAME
ART NOUVEAU
DOUBLEWIDE
GOTHIC REVIVAL
LOG CABIN
MANUFACTURED
SHINGLE STYLE
ADOBE
CRAFTSMAN
GEODESIC DOME
HALL HOUSE
LOW RISE
ROW HOUSE
SHOTGUN
ART DECO
DOME
GER
JAPANESE
MANSION
SALTBOX

House Hunter IV

ASYMMETRICAL
BEACH HOUSE
CAPE DUTCH
COURTYARD
ENFILADE
HIGHRISE
ITALIANATE
BARNDOMINIUM
BIRD HOUSE
CLUSTER
DUPLEX
GOTHIC
HOUSEBOAT
STONE
BAUHAUS
BROWNSTONE
CONTEMPORARY RUSTIC
ECOFRIENDLY
GREEK REVIVAL
IGLOO

House Hunter V

CAPE COD
COTTAGE
MODULAR
QUEEN ANNE
SPANISH COLONIAL
TERRACE
VICTORIAN
CARRIAGE HOUSE
MEDITERRANEAN
PRAIRIE
RANCH
SPLIT LEVEL
THATCHED ROOF
YURT
CASTLE
MID CENTURY MODERN
PREFABRICATED
SINGLEFAMILY
TENTED
TUDOR

Shoe Shuffle I

```
V S L A D N A S R E P P I Z I X Q F W A D B Y
Q T A W H W Z Q B U N U R O X D Z I V C S L N
W O R D N O S E O H S R E T A W K K S Z Y G D U
W U W A G S T O O B H G I H H G I H T D B R P
L G T S I N L F X N I X A C E D U E M H O I Z
K W I N K L E P I C K E R S K C N R X T Z V I
O T T M L R R L U S N W G G A H F M C H T I P
X Q X B U N U M U Q Q A J J N S G N A U X Y N P
M I D B K E K M N D B N B P Y M M N C O P G E
S F S K Y U Q S E N S P X G Y F Z S G S R S R
Q T G E O F U R S S I P J I C B K L A I E R H B
V Z O O I S S H J L U N Z U V A G N V O Q W O
E T J O U L W H X I E O G B W V S D P H Q E O
N A E M B E L L I S H E D S A N D A L S W S T
S Y S I H T X E B K W H H Q H V E L C R O O S
G O B R E T R G J Q J N Y O Y S C O T T Q
K G G T E P C E P V C N R S E R E K M T G T Z
K V W J G N H D S J G Y G M Q T X S R A Q E P
V K C S A O I M C E B E J B X R T B I V N L H
W W F B O F E A V E D S X Q O B N I V E D I B
P J V Q C K C F R H D N B F U O C R K L L T E
T Q T E P Q J I V T H C B Q N R T C S E U S G
O D K D M C L T E N N I S S H O E S L V Z H U
```

DESERT BOOTS	DRIVING SHOES	ELEVATOR SHOES
EMBELLISHED SANDALS	FISHERMAN SANDALS	HIKING BOOTS
JELLIES	KITTEN HEELS	STILETTOS
TENNIS SHOES	THIGH HIGH BOOTS	TRAIL RUNNING SHOES
TRAINERS	VELCRO	WADERS
WATER SHOES	WINKLEPICKERS	YOGA
ZIPPER BOOTS	ZIPPER SANDALS	

Shoe Shuffle II

```
U C Z L T K T L L D Q S J O X G W B K W
D R W H P T S V E T D R B R N I N O N H
Y S B G C W T K T A P S H O E S K O H R
R B R G Q R O X F O R D B O O T S C K F
B N O S N U O S N I S A C C O M A Z S Q
D M G E H G B Z L Y L D E E O T S T E W
M S U L R B N P I E A T R E D E F R O M
A R E L Q Y I F P O D I Y E I E I Z H I
R E S I D B A T H O N G S A N D A L S Y
Y F Q R T O R G D G A K V Q I I V Z T C
J A S D L O Q O S P S X A N W T S F R Z
A O W A J T O A S G M E G F E N I U O
N L H P L S N B O E R B O B O A M R O P
E L P S B D D L E E O N O H O G Y L C Q
S E O E A O C I U O F H S R S O G J P H
I S I L M N N K T A T R S P O Y T T K V
S S N M G X S Z C A P G K A T B S R F
V A I L I Q L R J B L X E N N Z A R D R
L T P W W Z R B T V P S Z E I O N Q E F
R A S W H Z L J S V W B N C P J M K X D
```

BOOTS	BROGUES	CLOGS
COURT SHOES	DERBY SHOES	ESPADRILLES
MARY JANES	MOCCASINS	MONK SHOES
OXFORD BOOTS	PEEP TOE BOOTIES	PLATFORM SANDALS
RAIN BOOTS	RIDING BOOTS	RUGBY BOOTS
T BAR SHOES	TAP SHOES	TASSEL LOAFERS
THONG SANDALS	TOE RING SANDALS	

Shoe Shuffle III

```
E C N B R O T H E L C R E E P E R S Z R S
D C O R C W T B L P O I N T E S H O E S Y
O A N M W H F J E S E O H S E L D D A S D
Z G I S L I P O N S H O E S I X S A W O F
G X M F V S P I K E S U N W F H N D F Y T
P F I E E L S P O L F P I L F R G Q S L Q
A F O N D I D C P M W K X S X H N F T Q G
K P J O S N E A K E R S C X W K Q O O C S
R I D B T G T B B I C H P B Q E V I O F E
U L F U D B L A D X H Y U R Y K W B D O
N R O E Y A A D K E L I K Y S F B K T U H
I G M S Q K B S L H D S A G Y S U W B P W
N Y A H L S E H F B B D B B X I P M M C O
G I L E H A T F Y S O R O M J W K U O E N
S H S B B N D B Y A S O O R W E P Z C T S
H D H O F D W N I N T F T N R I Z N C F T
O J O J I A B H A S S X S S Z R N W V R Z
E T E X N L S X X S N O H K N Z G V E N R
S P S B C S E O H S R E P P I L S K Q X G
O L Q F H N C T K Y C T P O U U O A I C D
```

BROTHEL CREEPERS	CHELSEA BOOTS	CHUKKA BOOTS
COMBAT BOOTS	COWBOY BOOTS	FLIP FLOPS
FOOTBALL BOOTS	FORMAL SHOES	OXFORDS
POINTE SHOES	PUMPS	RUNNING SHOES
SADDLE SHOES	SANDALS	SLINGBACK SANDALS
SLIP ON SHOES	SLIPPER SHOES	SNEAKERS
SNOW SHOES	SPIKES	

Shoe Shuffle IV

```
S Q W E D G E S M X G P S B P V T A Z Y O
P K S F I F G E W D H T I C W Z Q O S T D
I J R G E Q Z N H V I N M Q K C Q M E F T
T G C T L U V S T A L F T E L L A B H V O
G M T S L A G G G O L F S H O E S I C D R
N W D C Y F D B X B I C I T E L H T A G S
I U X D S G K I S K E S U Q B Q R R L T
W W I B A V U K A L B N R Q R A J L A F U
A E F I N D W A H T R I I E Z S L D U D O
K P X D D L X G R B O A T P F O N L H U B
R P B V A Y H L Z D G R M Z M A V Z E G K
C H C F L O Y T D S U Q S F S O H P T R
P Q M K S Z H E E L E D S A N D A L S W O
J O S N O W B O O T S J T M N J M L M H W
X K K U N G F U S H O E S G H D E P K C C
E L A R L E O T G G D E U J E A K T Y B
X D I P B S Z U T X P I C G H Y B L W P P
P F W W E L L I E S I L F H Y H Z T S Z P
K A B L D R R W E Y G J G Z I P N N O A L
W N U N C V I X S Q O N I C W Y I Q B R
D M Q P I I U V O A H I Y R H E Z U C G Z
```

ATHLETIC	BALLET	BALLET FLATS
BOAT	GETA SANDALS	GHILLIE BROGUES
GLADIATOR SANDALS	GOLF SHOES	HEELED SANDALS
HIGH HEELS	HUARACHES	JELLY SANDALS
KUNG FU SHOES	LOAFERS	MULES
SNOW BOOTS	WEDGES	WELLIES
WINGTIPS	WORK BOOTS	

Hair Styles I

```
A I H X O U Z F C N A H Z P P T P L
C Y N L R U C I R E H J G I F M C S
B A D H F R O S T E D T I P S F E F
Y R I F M S S W O R N R O C O A B B
O N A P G N T S B V S C N L Y O R A
Z B X I M O R M O O N L H Z B D N N
D R W X F N A X B Y X S S T I D M G
I A O Y J K I L O I P B U A W G R S
A I N B Q U G G F I D O R I N I Q Y
R D L T C K H I K D D B Y A A V S K
B S J U F Z T Y G E H W W H I D F T
N J W I H T W P C K H D N F D V U
W X L W A P N B E H I V E S C
O K E I G I E T A R P K N O U R R
R F Z R V L R D M E T G A H O R F E
C Q S C F F M B Y C Y I D H S R F P
S H U J S G N A B Y P S I W N R U A
F V P M M F L W I L P Q Q N W K G T
```

AFRO	BANGS	BEEHIVE
BOB	BOX BRAIDS	CORNROWS
CREW CUT	CROWN BRAID	FLIPPED OUT BOB
FRENCH BRAID	FRENCH TWIST	FROSTED TIPS
JHERI CURL	LAYERED HAIR	SPIKY HAIR
STRAIGHT HAIR	TAPER CUT	WIGS
WISPY BANGS	YARN BRAIDS	

Hair Styles II

```
R Q Q W O H I U L I N K L R E P W H C
I O H X Y T U C E U G A E L Y V I I U
T N A F F U O B H R X D V A T O L G R
K V L B X C P M X I U X T P N K S H L
U B F O B V N S B T G B G S V T E L Y
M E U L K D B R C R O N A K E X V I H
F R P F A M Z H P M E B O R P D A G A
F E H B P H B C R F R H B N J M W H I
L X A P F R Y E F A S I H L W E R T R
M X L T A X Y L I Y V G I B T E E S I
Q L F I H S M D N D E H M B W Y G M F
Y I D G A E E D T F K P E D I T N T F
E A O S W D R E A D L O C K S S Z I O X
D T W T U C R E D N U N U Q T W F N U
U Y N P N D M M D V Y Y T F E H E K N
O N D A J V O G R H Q U D O D P U
B O D W C K T T P A A A E E B S L O
C P W G O W X C Z L L I H J U P Z T L
R A P U V U D K R M M L R M N I D A O
```

BOUFFANT	BRAIDED UPDO	BUN
CHIGNON	CURLY HAIR	DREADLOCKS
DUTCH BRAID	FEATHERED HAIR	FINGER WAVES
HALF UP HALF DOWN	HIGH PONYTAIL	HIGHLIGHTS
HIME CUT	IVY LEAGUE CUT	OMBRE
PONYTAIL	TOP KNOT	TWISTED BUN
UNDERCUT	UPDO	

Hair Styles III

```
E T B A P T S B G E I C V R V M M G C
M O K C N L R X O X Y X O U C I E C B
O Y U Y W O C R V I S M O O Y L S L T
H E Y N Y W K I B T M H X D F M S C I
A E M R E P U O H D U R I A U U Y S A
I E D P Z O N U R P K C O P S L B H I
R I A H G N O L T I Z M R M K L U B O
F R I A H Y L L I B A K C O R E N W T
U A F M Q T H W P V I H V P Z T U J F
N A T U R A L H A I R U E K W A H O M
T U I W L I H T T V K Z H N C Q R L M
O F Y I W L S T U H E S I D E P A R T
F S O O B L E R W R E R L T O Q N I S E T
V A N Q B O W R E R L T O Q N I S E T
W Q M F N E L Z I L Q W E U A N Y Q G
S F C T G W B X N G C O R Y E U O Z
G A K P X F L A I C G W B H F I R Z
H F M H W L E H T P U T E I U D A N F O
C S Z P Y F L S H H F H C Q A R L B E J R
```

BOWL CUT	EMO HAIR	FULL FRINGE
LONG HAIR	LOW PONYTAIL	MESSY BUN
MOHAWK	MULLET	NATURAL HAIR
PAGEBOY	PERM	PIXIE CUT
POMPADOUR	QUIFF	RAZOR CUT
RINGLETS	ROCKABILLY HAIR	SCENE HAIR
SIDE PART	WAVES	

Drive In Style I

```
C T P H Y B R I D T I V V U M R J
X N P D S C A R A C R E P U S R G
N L R A I V L T G T V P U S C F I
M A U A Y R R A Q U I L R P R Y Y
X I V C C B B O S C F S C O O W S
W H Q I O E X Y S C V N F C A S O U T
Y B M G N B L U H W I W R T S L A
Q F J C I Q V C C V N F C A S O U T
T D Y L E T M X S D I O C C V W
T U D X R J M N I U K G E A C E H O
E B P U T U U E C M M M U R R U N
T I F S O F G J U Q L E W R P K W
X K E B E U S R P C S T L X S G
A D I P L P C O M P A C T L X S G
B N A D E S H P F L S J L Z T N M Q Z O
M A I Z H F K C A B H C T A H R E N
W V Q W E L E C T R I C P V K U W
```

ANTIQUE CAR	CLASSIC CAR	COMPACT
CONVERTIBLE	COUPE	CROSSOVER
DIESEL	ELECTRIC	HATCHBACK
HYBRID	MINIVAN	MUSCLE CAR
PICKUP TRUCK	PLUG IN HYBRID	SEDAN
SPORTS CAR	STATION WAGON	SUPERCAR
SUV	VAN	

Drive In Style II

```
K U B Z K X V I Z W U K P F O G Y F Q
F C O X R E R A C O R C I M F G I K J
T R U W R A C E L C S U M O F E N S D
K H U R N L R Z Q C Y R W G R P K N F
S F S A T O I H E B K T C Q O S C O G
K I F D K M B E U E K L H W A R U W R
S C C J J T A G J B C A D U D E R P G
V A U Y N K G E X O U T R A V T T L R
R R R X Y Y Z S R F G B C J R T E S E
O R A A T F A S Z C T O K P H D R W L
U A C C W O B D Y E P B C I A I T L
F Y C R R I C T D K A B I G L R X U C
N I L X T R I O R S R Y S S T V C W A
B C O U R D F S X S A U Z T H V B V Q
F P P L R B N G M E G Z C U E K R I X
L K A R A C E C A R S D Z K F R F Z S
S Y E C N A L U B M A E N X V Z P R D
```

AMBULANCE	BUGGY	CITY CAR
DRAGSTER	EXOTIC CAR	FIRE TRUCK
FOOD TRUCK	GARBAGE TRUCK	ICECREAM TRUCK
LUXURY CAR	MICROCAR	MUSCLE CAR
OFF ROAD VEHICLE	POLICE CAR	POSTAL TRUCK
RACE CAR	RALLY CAR	ROADSTER
SNOW PLOW TRUCK	TOW TRUCK	

Book Bonanza I

(word search grid)

ACTION AND ADVENTURE | AUTOBIOGRAPHY | BIOGRAPHY
CHILDRENS BOOKS | COMEDY | DRAMA
FANTASY | FICTION | HISTORY
HORROR | MEMOIR | MYSTERY
NON FICTION | POETRY | ROMANCE
SATIRE | SCIENCE FICTION | THRILLER
WESTERN | YOUNG ADULT FICTION

Book Bonanza II

(word search grid)

ANTHROPOLOGY | ART AND PHOTOGRAPHY | BUSINESS BOOK
COMIC BOOK | COOKBOOKS | ECONOMICS BOOK
EDUCATIONAL BOOKS | ENVIRONMENTAL BOOK | FILM BOOK
GRAPHIC NOVEL | MUSIC BOOK | PHILOSOPHY
POLITICAL BOOK | PSYCHOLOGY | RELIGIOUS
SCIENCE | SELF HELP | SOCIOLOGY
SPORTS BOOK | TRAVEL GUIDES

Book Bonanza III

(word search grid)

ALMANAC | ARCHITECTURE | ATLAS
AUTOMOTIVE | DICTIONARY | DIY
ENCYCLOPEDIA | FASHION AND BEAUTY | FITNESS
GARDENING | HANDBOOK | HEALTH AND WELLNESS
INSPIRATIONAL | INTERIOR DESIGN | PARENTING
PET | REFERENCE | THESAURUSES
TRUE CRIME | YEARBOOK

Furnish Finder I

(word search grid)

ARMCHAIR | BAR STOOLS | BED
BOOKCASE | BUFFET TABLE | CHINA CABINET
COFFEE TABLE | CONSOLE TABLE | DINING CHAIRS
DINING TABLE | DISPLAY CABINET | END TABLE
HUTCH | KITCHEN ISLAND | OTTOMAN
PANTRY CABINET | RECLINER | SIDE TABLE
SOFA | TV STAND

Furnish Finder II

(word search grid)

ARMOIRE | BENCH | BOOKSHELF
CHEST OF DRAWERS | COAT RACK | DESK
DESK CHAIR | DRESSER | FILING CABINET
FOOTSTOOL | HALL TABLE | MATTRESS
MIRROR | NIGHTSTAND | POUF
ROCKING CHAIR | SHOE RACK | STORAGE CABINET
VANITY TABLE | WARDROBE

Furnish Finder III

(word search grid)

BUNK BED | CHAISE LOUNGE | COMPUTER DESK
CREDENZA | DAYBED | FIRE SCREEN
FIREPLACE MANTEL | FUTON | HEARTH RUG
HOME BAR | LOFT BED | LOVESEAT
MEDIA CONSOLE | MURPHY BED | OFFICE CHAIR
POUF OTTOMAN | PRINTER STAND | SECRETARY DESK
SECTIONAL SOFA | WINE RACK

Route Riddle I

(word search grid)

ALLEY | AVENUE | BOULEVARD
CIRCLE | CLOSE | COURT
CUL DE SAC | DRIVE | EXPRESSWAY
FREEWAY | HIGHWAY | LANE
MOTORWAY | PARKWAY | ROAD
STREET | TERRACE | THOROUGHFARE
TURNPIKE | WAY

Route Riddle II

(word search grid)

ACCESS ROAD | BYWAY | CAUSEWAY
CRESCENT | CYCLEWAY | DIVIDED HIGHWAY
FOOTPATH | FRONTAGE ROAD | LANE
LIMITED ACCESS ROAD | MEWS | OVERPASS
PARADE | PLACE | SERVICE ROAD
SLIP ROAD | SQUARE | TRAIL
UNDERPASS | VIADUCT

Garden Adventure I

(word search grid)

COMPOST | FERTILIZER | GLOVES
HARVESTING | HOE | INSECTS
MULCHING | PESTICIDES | PLANTING
PRUNING | RAKE | SEEDS
SHOVEL | SOIL | SUNLIGHT
TRANSPLANTING | TROWEL | WATERING
WEEDING | WHEELBARROW

Garden Adventure II

```
D N E L U Y S U B D B A Q J Y H F S B I L Q
E E G A R D E N D E S I G N C C P S V M C G
O D R W I Z I N A B U T C I M I M M K Y M V
O D G N G A R D E N S C U L P T U R E G G B
E M G F C Y I J Y E V E M O N G N E D R A G
R Y H H U G O P H D C C B F R A A D A D R E
E H W F P V O S H R U B S B Q R S A J G D X
H M K J B X I I X A T M G I E D A Y P A E T
E K A W Y B Y V A G I L A M P E U Y Q R N U
W B F U W V E G E T A B L E S N B M U D D X
A Y H C R A I S E D B E D T C O Q T V E E B
R H F G E J L Z Q H S F E L I R I N T N C B
V M A C N S D Y G F L J Q X M W A M X P P O K
R S H D T I U S W K O B V G R A V V V L R X
N K A T S R P O J L O K I U I M U W E O A M
W J H N C R A A H B T Y F Q G E A F P T T R
S R E W O L F N C N N N C H A N N Q K X I G
O Y R H X T R E E S E W A R T T L X T M O U
N X B U P V Q P Q D D E H E I S G Y O V N E
E A S D A O H W R E R N R S O P L B R K S S
F M P N J S W A Y M A A A G N F A H P D A X
C S Q G G N G H D D G W G L Q C W H Z C V U
```

FLOWERS
GARDEN DECORATIONS
GARDEN GNOME
GARDEN SCULPTURE
HERBS
LAWN
TREES
GARDEN ART
GARDEN DESIGN
GARDEN ORNAMENTS
GARDEN TOOLS
IRRIGATION
RAISED BED
VEGETABLES
GARDEN BED
GARDEN FURNITURE
GARDEN PLOT
GREENHOUSE
LANDSCAPING
SHRUBS

Artistic Adventure I

```
V Q T G Z D I Y E Z H P M R K S
Q C J Y K G C J Q D K R Y N A
L V P V O C I L Y R C A T L B X
T Q Y A J L N D P O B B Q J S K
B O K L L F O P F L M A K A M E
A R N U A E I C M O E P S N F A
K P U E X G T I R C Y R G Z U F
S A C S M V A T M E D I U M E N
H I A E H I R O E J T U H X H
C N N G Z S U E E H D A O G D O
H T V H M E T K M A L C W U H Y
S G A V R V A R N I S H G X M I
T H S U R B S Q O N R E L K L D
S Q A P T B M I U K S P L R D G
J C R D H J B P R S E Z U F G I
L H H U E P A Q O R L E T T I L
```

ACRYLIC
CANVAS
GESSO
OIL
PIGMENT
SHADE
VARNISH
BRUSH
COLOR
HUE
PAINT
PRIMER
TONE
WATERCOLOR
BRUSHSTROKE
EASEL
MEDIUM
PALETTE
SATURATION
VALUE

Artistic Adventure II

```
W V E N M S U L A I O M R F X P P U E Z Y C Q
N X E M S I N O I S S E R P X E L C P J H X K
G Z F J I E I D G N F Q E A E U E O M U B F Y
W S D N K U O O R H J Y G B X I O L K E G R
S O U D O Z M Q O P L A Y E R I N G I N W X K
R O Y U I D V A I V B C X T M O A A T K B W U
M Y U B S P Q W O N M L M T C I J G H C H E X
S U K O S D A I P F H C E H S L R R A T E F P
U F P O E L D I F L T C R N Q V P W T V E I I
R C A Y R Y M W N I H O E D D V A T A G E N O
R C B S P U U H M V A T V T A I I L E S Y K D
S C A S M M C P T A I M T D G A N J Y T H G S
A Y T E I Z A S T Q G N A Y R N T G J I P N L
L Y R H O S F I O Z R E G T E Q I A J L F I D
I N A Q T S C X N R V G R S N D N T X L M T G
S J C O W O R S M A O E N I Q G H N P A L U N
M L T J S C S G T E P I S O S R C T G I T I Z
G L A Z I N G I S I F I H C Y Z F R K F A A O
K W R C G P N R L K H Q A C Y D Z A L E Z P H
I L U Y R Q R U X U E M Z X A K S X X E J E V
C T Z M R B K J F I H R X V T N A O W H P X B
G N V N X Q Y S F R K E N O Q L Y Y O S P B N
```

ABSTRACT ART
EXPRESSIONISM
IMPRESSIONISM
MONOCHROMATIC
PAINTING TECHNIQUES
REALISM
TINT
BLENDING
GLAZING
LANDSCAPE
PAINTING KNIFE
PLEIN AIR PAINTING
STILL LIFE
WASH
CHIAROSCURO
IMPASTO
LAYERING
PAINTING SURFACE
PORTRAIT
SURREALISM

Fashionista I

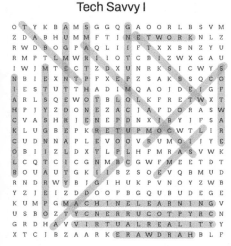

```
T R I K S S Z T J I J Y S Z Q F
E N S N Z U E G T E K C A J V N
I A S Q U N V Z A J A O B S Z Z
G U C T V G W R H V C R K B M Y
U V Z C N L G A F G T L P J U B
S L S W E A T E R F I B H N J L
B T I D C S Y Y N O D Z D V
Z I R F C S S T L L B U Q V F G
S D L E A E E O N A X E A V O P
S S E R D S T O R U A E N L S G
S I O S U H F I S I C I D F T X
M I K O I V A I W U E T R R Y T
A Q L N D G T C O A T S I A L Z
H B G Z S K N X F N I H Q C E V
J A V T I F T U O L S M W S A W
U U R H Y V Z K D N E R T I J C
```

ACCESSORIES
COAT
FASHION
JACKET
SCARF
STYLE
TIE
BLOUSE
DESIGN
FOOTWEAR
OUTFIT
SHIRT
SUNGLASSES
TREND
CLOTHING
DRESS
HAT
PANTS
SKIRT
SWEATER

Fashionista II

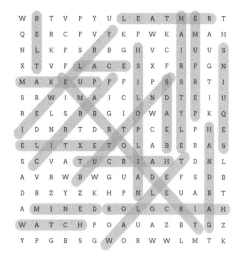

```
W B T V P Y U L E A T H E R T
Q E R C F V V Y K F W K A M A H
N L K F S R B G H V C I U U S
X T V F L A C E S X F R F G N
M A K E U P F F I P S R T I
S R W I M A J C L N D T E J U
R E L S B B G I O W A Y P K Q
I D N R T D R T P C E L B E R
E L I T X E T O L A B E R A S
S C V A T U C R I A H T D N L
A V R W B W G U A D E F S D B
D B Z Y Z K H P N L E U A B T
A M I N E D R O L O C R I A H
W A T C H P O A U A Z B Y G Z
Y P B A G S Q O R W W L M T K
```

BEADS
DENIM
HAIR COLOR
HANDBAG
LEATHER
PERFUME
WALLET
BELT
EMBROIDERY
HAIRCUT
JEWELRY
MAKEUP
SEQUINS
WATCH
BUTTONS
FABRIC
HAIRSTYLE
LACE
NAIL POLISH
TEXTILE

Fly High

```
A M G E O T I S X R T K C C I E K P S T N L F G
I V O G H X F B U S H P L A N E X W M Y X Z E
Q Z J N O R A U W P O U E P E N B O X I I A S I
R E Q U L T R A L I G H T P L A N E O V C A J K
X C E N Y F T X V B V U L C C P P H N K E U R S
F W A T A Q P P S E T D T E B E R G A G N C T K
O R Y R P L X Z A Y R F H N T C I G L T A B D S
W E A F G O U O W I X J T A R N V R P T L Z A G
X G F H B O C B G Y I E G L A A A U S V P L G Z
Q I Q R T N H I M U K G Y P I S T U U X C N G V
O O K L K V Q E L A K P T A N S E Z O N I L S K
C N L N R N V D L E R P N E E I J B I P T Y V T
R A D Y S Z U P U I H I C S R A E L B J A U O Q
X L R N X N Y U T Y C R A Z P N T D I F B Z O Q
G A E G O E R N G Z O O E I L N R R H X O H C V
Y I K M O L E E P C G P G A O N I P Y R P P P
K R N F N P G F D L P E M T N C E W M T E I Z A
K L A N B I L U V I L H A E E E W Y A T A U A D
R I T K X A S A T J L Y N S E R S H D X X S H K
Y N R D Q T K P N K B G X T E I S S E N I S U B
B E I I E J R X R E T P O C I L E H A J F J Q
O R A R C Z J X M T I S H T F X T V B P X P Q Z
I A R N I A Y G I I B W J F A Z Q L G E S I L C
```

AEROBATIC PLANE
AMPHIBIOUS PLANE
CARGO HELICOPTER
CROP DUSTER
HELICOPTER
RECONNAISSANCE PLANE
TRAINER PLANE
AIR AMBULANCE
BUSH PLANE
CARGO PLANE
DRONE
PASSENGER HELICOPTER
REGIONAL AIRLINER
ULTRALIGHT PLANE
AIR TANKER
BUSINESS JET
COMMERCIAL AIRLINER
GLIDER
PRIVATE JET
SEAPLANE

Tech Savvy I

```
O T Y K B A M S G G Q G A O O R L B S V M
Z D A B H U M M F T J N E T W O R K N L Z
R W D B O G P A Q L I F T X X B N Z Y U
R M P T L M W R I I O T C B I Z W X G A U
I W J M T E C T Z D X U N R K S I C W Y S
N B I E X N T P F X E P Z S A K B S Q C G
I E S T U T T H A D I M Q A O I D E I G F
A R L S Q E W O T B L O L K F R E T W X T
H P J Y Z D O N E Z A C J A P D O R A S
C V A S H R J E N E P D N X I B J Y T F S A
K L U G B E P K R E T U P M O C W T L I R
C U D N N A P L E V O O V R U M O I J J E
O B I Z L D X T L P I H F M R A S V W K
L C Q T C I C G N M G C G W F M E E T D T
B O U A U T G K L I B Z S O E V Q B M U D
R N D R W Y Z I J H U K P V N O J Z W B
Y Z I J Z I D D O O P B G Q U B U D E G E
K U M P G M A C H I N E L E A R N I N G A
U S B O Z T Y C N E R R U C O T P Y R C N
G R D H A V V I R T U A L R E A L I T Y Y
X T C I B Z A A R K E R A W D R A H B L F
```

AUGMENTED REALITY
CLOUD COMPUTING
EMAIL
LAPTOP
OPERATING SYSTEM
SOCIAL MEDIA
VIRTUAL REALITY
BIG DATA
COMPUTER
HARDWARE
MACHINE LEARNING
ROBOTICS
SOFTWARE
WEBSITE
BLOCKCHAIN
CRYPTOCURRENCY
INTERNET
NETWORK
SMARTPHONE
TABLET

Tech Savvy II

```
N V C J J H X W L E F N V T V C P X M Y
O O T W E F K K C V I D E K I J J G Q L S
I X S X G O J F R W U A S M R X N E N P
T U F T W Y Q U T T Q S Z D U J I Y W A
P T E C N E I R E P X E R E S U K N E C
Y O N C O E A L G O R I T H M A C T E E
Q G E A M D P S O A H U T M A P B T
C J X P M F T P E R Y S M A R T H O M E
N E X Q U P R R O B J G G K Q R D N A C
E Q R Z B O E O L W E M M C R S N S H
A F D A E Q H L T L E C G A O O I V R N
T S X F W A Q E T R N S N R D D C W D O
A X H L I L F H J V I E E U T I L F L
D U P W X R A Q E S E R R D A V N A N O
W E K B R V E M X H Z D E D B F P U N G
K P D S J U M S X X S T P S M B W Y Y
B I V G N I M M A R G O R P U B W Y L M
G A M I N G E P S L T E S D A E H Z C C
J U B T Z B R U E B L K E O U Q G K C J
T Y T I R U C E S R E B Y C O N S O L E
```

ALGORITHM
CONSOLE
DATA ENCRYPTION
GAMING
MALWARE
SPACE TECHNOLOGY
VIRUS
APP DEVELOPMENT
CONTROLLER
DRONE
HACKING
PROGRAMMING
USER EXPERIENCE
WEB DEVELOPMENT
CODING
CYBERSECURITY
FIREWALL
HEADSET
SMART HOME
USER INTERFACE UI

Tech Savvy III

```
V P K A M I X E D R E A L I T Y K T Q O S
H D Q S C E E U X V U O E A N M K J D E R
Z G U Y I T R M M F O B R U A L N P N G D
V E T H J N H O E I O L Q Z T P R E N G I
A O M P X K T B T L M S U S E H I N X I
G T C A Z I P I G S G Y S E I W G I L L R
E A M R C X O L N L P Y S R S A P H L C I
V G B G M D A E F S L P R M S P O C Q Q L
J G A O Q U K P C H Y A A S A Z W F J X N
N I G T T E H A B M C G E M E R H C R W E
I N N R V S C Y B L T M E T C N T J F Y S
W G I A V H N M J E T L I Z I M G C N J G
T V M C G Y I E F N I Y U Y O N D R I A A
L R A D E T Q N A B J M W D L O T D A H X
A X O T O P S T O H E L I B O M Z N H F Y
T J R B P E S M K N S L L T Y Q F H D S E
H F I N E T D L M E S B A Y F Y Q H R G
G O T S I G F Z H D F P A E L I B O M V Z
I C D Y H M R B A P C R O Z B M X N V O Y
D S N I Q S N T E S A B A T A D O E G D Z
D R X Z L L A C O E D I V W B Q R C T A Y
```

APP STORE
DIGITAL TWIN
INSTANT MESSAGING
MOBILE DATA
MOBILE PAYMENT
SMART CITY
VOICE ASSISTANT
CARRIER
GEODATABASE
MIXED REALITY
MOBILE HOTSPOT
NFC
VIDEO CALL
VOLTE
CARTOGRAPHY
GEOTAGGING
MOBILE APP
MOBILE MAPPING
ROAMING
VIRTUAL GLOBE

Tech Savvy IV

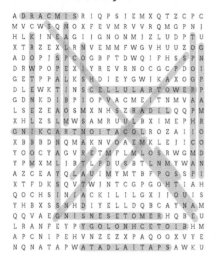

AUTONOMOUS VEHICLES • BIO TECHNOLOGY • CELL PHONE
CELLULAR TOWER • DATA TRANSMISSION • INDOOR MAPPING
LIDAR • LOCATION TRACKING • LTE
MDM • MMS • MOBILE NETWORK
MOBILE PLAN • REMOTE SENSING • SIM CARD
SMS • SPATIAL ANALYSIS • SPATIAL COMPUTING
SPATIAL DATA • TOPOGRAPHIC MAP

Tech Savvy V

ANTIVIRUS SOFTWARE • CLOUD STORAGE • COMMAND PROMPT
DATA BACKUP • DATABASE • EMAIL CLIENT
EMULATOR • FTP CLIENT • LINUX
MACOS • MICROPHONE • MICROSOFT OFFICE
SCANNER • SEARCH ENGINE • SPREADSHEET
VIRTUAL MACHINE • WEB BROWSER • WEBCAM
WINDOWS • WORD PROCESSOR

Tech Savvy VI

AUDIO JACK • CPU • ETHERNET CABLE
GRAPHICS CARD • HARD DRIVE • KEYBOARD
MONITOR • MOTHERBOARD • MOUSE
OPTICAL DRIVE • POWER SUPPLY UNIT • PRINTER
RAM • SOLID STATE DRIVE • SYSTEM SETTINGS
TASK MANAGER • TECHNOLOGY • TEXT MESSAGE
USER EXPERIENCE • WIFI CALLING

Tech Savvy VII

BIOMETRIC TECHNOLOGY • BLUETOOTH • DIGITAL ELEVATION
DISPLAYPORT • GPS • GREEN TECHNOLOGY
HDMI • INTERNET OF THINGS • MODEM
QUANTUM COMPUTING • RENEWABLE ENERGY • RENEWABLE TECH
ROUTER • SATELLITE • USB
VGA • WEARABLE TECHNOLOGY • WEARABLE TECHNOLOGY
WIFI • WIRELESS ADAPTER

Sea Explorer I

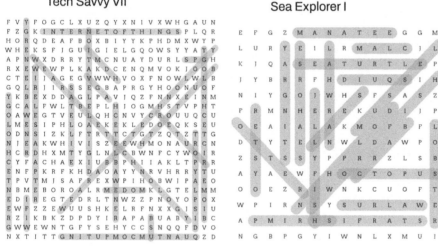

CLAM • CRAB • DOLPHIN
JELLYFISH • LOBSTER • MANATEE
MUSSEL • NARWHAL • OCTOPUS
OTTER • OYSTER • SEA TURTLE
SEAHORSE • SEAL • SHRIMP
SQUID • STARFISH • STINGRAY
SWORDFISH • WALRUS

Sea Explorer II

ANGLERFISH • BARNACLES • BARRACUDA
BLUE TANG • CLOWNFISH • CORAL
CUTTLEFISH • DUGONG • ELECTRIC EEL
HORSESHOE CRAB • LIONFISH • MANTA RAY
MORAY EEL • NAUTILUS • PUFFERFISH
SEA ANEMONE • SEA DRAGON • SEA LIONS
SEA URCHIN • TUNA FISH

Sea Explorer III

ANCHOVY • BARRAMUNDI • BASS
CARP • COD • GROUPER
HADDOCK • HALIBUT • MACKEREL
MAHI MAHI • OCTOPUS • OYSTERS
PERCH • PIKE • SALMON
SARDINE • SNAPPER • TILAPIA
TROUT • TUNA

Sea Explorer IV

ANGEL SHARK • BLACKTIP • BLUE SHARK
BULL • DOGFISH SHARK • FRILLED SHARK
GOBLIN SHARK • GREAT WHITE • HAMMERHEAD
LEMON SHARK • MAKO SHARK • NURSE SHARK
PORBEAGLE SHARK • SAND TIGER SHARK • SILKY SHARK
THRESHER SHARK • TIGER • WHALE SHARK
WOBBEGONG SHARK • ZEBRA SHARK

Sea Explorer V

BAIRDS BEAKED WHALE • BEAKED WHALE • BELUGA WHALE
BLUE WHALE • BOWHEAD WHALE • BRYDES WHALE
FALSE KILLER WHALE • FIN WHALE • GRAY WHALE
HUMPBACK WHALE • KILLER WHALE ORCA • MELONHEADED WHALE
MINKE WHALE • NARWHAL • PILOT WHALE
RIGHT WHALE • SEI WHALE • SOUTHERN RIGHT WHALE
SPERM WHALE • STRAP TOOTHED WHALE

Engineering Expedition I

ANALYSIS
BLUEPRINT
CALCULATION
CONSTRUCTION
CONTROL SYSTEMS
DESIGN
DEVELOPMENT
DYNAMICS
KINEMATICS
MACHINE LEARNING
MANUFACTURING
MATERIALS SCIENCE
MECHANICS
MECHATRONICS
OPTIMIZATION
PROCESS ENGINEERING
PROTOTYPING
STRUCTURAL ANALYSIS
TESTING
THERMODYNAMICS

Engineering Expedition II

CHEMICAL ENGINEERING
CIVIL ENGINEERING
FLUID DYNAMICS
HEAT TRANSFER
MARINE ENGINEERING
NANOTECHNOLOGY
OPTICAL ENGINEERING
POLYMER ENGINEERING
QUANTUM MECHANICS
RENEWABLE ENERGY
ROBOTICS
ROBOTICS ENGINEERING
SOFTWARE ENGINEERING
SYSTEMS ENGINEERING
THERMOELECTRICITY
URBAN PLANNING
VIBRATION ANALYSIS
WELDING ENGINEERING
XENOTRANSPLANTATION
YIELD STRENGTH

Architectural Quest I

AESTHETICS
ARCHITECTURAL STYLES
BLUEPRINT
BUILDING CODES
BUILDING MATERIALS
BUILDING SCIENCE
DAYLIGHTING
DESIGN
DRAFTING
ELEVATIONS
FLOOR PLAN
INTERIOR DESIGN
PROJECT MANAGEMENT
SITE ANALYSIS
SITE PLAN
SKETCH
SPACE PLANNING
SUSTAINABILITY
THREE D MODELING
URBAN DESIGN

Architectural Quest II

ACOUSTICS
ARCHITRAVE
ART DECO
BALUSTRADE
COLUMN
FACADE
FENESTRATION
GREEN BUILDING
HVA
LIGHT AND SHADOW
MATERIALITY
PASSIVE SOLAR DESIGN
POSTMODERNISM
RESTORATION
SKYSCRAPER
SOUNDPROOFING
STRUCTURAL ANALYSIS
THERMAL COMFORT
URBAN PLANNING
WATER MANAGEMENT

Architectural Quest III

BIM
BUILDING ENVELOPE
CANTILEVER
CLERESTORY
CORNICE
DRAWING
FACADE ENGINEERING
FOUNDATION
GARGOYLE
GLAZING
GOTHIC
GREEN ROOF
INTERIOR DETAILING
IONIC ORDER
KEYSTONE
LANDSCAPING
MEZZANINE
NEOCLASSICAL
PARAPET
REVIT

Casting Call

ANTAGONIST
COMIC RELIEF
FEMME FATALE
HENCHMAN
LOVE INTEREST
MENTOR
PROTAGONIST
SIDEKICK
THE ANTIHERO
THE ARTIST
THE ATHLETE
THE DETECTIVE
THE EVERYMAN
THE FALLEN HERO
THE OUTSIDER
THE POLITICIAN
THE REBEL
THE SCIENTIST
THE SURVIVOR
VILLAIN

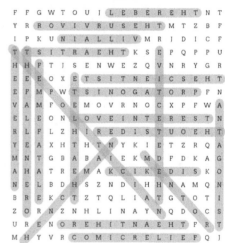

Reel Roundup

ACTION
ADVENTURE
BUDDY
COMEDY
DISASTER
DRAMA
FANTASY
HEIST
HISTORICAL
HORROR
MARTIAL ARTS
ROMANCE
SCIENCE FICTION
ESPIONAGE
SUPERHERO
SURVIVAL
THRILLER
TREASURE
WAR
WESTERN

Writing 101

AUTHOR
CHARACTER
CONFLICT
DIALOGUE
DRAFT
EDITOR
GENRE
JOURNAL
MANUSCRIPT
NOTEBOOK
PAPER
PEN
PENCIL
PLOT
POETRY
POINT OF VIEW
PROSE
REVISIONS
SETTING
THEME

Artistic Evolution I

CLAUDE MONET
BAROQUE
EDVARD MUNCH
EUGENE DELACROIX
EXPRESSIONISM
FAUVISM
GUSTAVE COURBET
HENRI MATISSE
IMPRESSIONISM
JACQUES LOUIS DAVID
JN HONORE FRAGONARD
LEONARDO DA VINCI
NEOCLASSICISM
POST IMPRESSIONISM
REALISM
REMBRANDT
RENAISSANCE
ROCOCO
ROMANTICISM
VINCENT VAN GOGH

Artistic Evolution II

```
P N E U V L T B W V F I F Q S F S O L N L N A
G E K T L B X F Y A Y B T U L L U V O P R M Y
Z G V K R R N T N T Z Y B I J J E K U H E U D G
F A T V T A G O F N C D A Q X O M R R B E E R
G P K C D F P X S G Z H D B H B U B A F M F M
H X K C O L L O P N O S K C A J J E E W O I B V
F T I J L Y M E P Z S T K S F U F R Y R V A F
D R U Z J M S I R U T U P K Z F Z T D M R X C
I A B S T R A C T E X P R E S S I O N A O K L
I L Z R O B E R T S M I T H S O N B A N Q M D
M A A C H K Z D I D D U J D L A N O D C N M D
J U N D H S H E K N T S P Z O F W C V E H H A
P T D U R C S P P M A H C U D L E C R A M X B
Y P D N C O Z U E M L A N D A R T I B R S L O
O E L A N M D X R S B E B I X N Z O T T I S K
X C M G D D T A J R O Q L R G A V N I C L V X
H N M X L A V A V N E J J C B A M I I K M A J Y
U O S S A C I P O L B A P U W M P T H T M C K
N C D C G N Q S I X A S L O B S O U H H I B G
W D D J V L D X M I F S F I H I N V X Q N N E
S R Q Q M U W N O E D S D N S V S S I H I Z X
L M M W E L F K U K Q I G B M M L M M C M Q O
G J W J X C Z I I R C G Q Z R O P U J M J T X
```

ABSTRACT EXPRESSION	ANDY WARHOL	CONCEPTUAL ART
CUBISM	DADAISM	DONALD JUDD
FUTURISM	JACKSON POLLOCK	JOSEPH KOSUTH
LAND ART	MARCEL DUCHAMP	MARINA ABRAMOVIC
MINIMALISM	PABLO PICASSO	PERFORMANCE ART
POP ART	ROBERT SMITHSON	SALVADOR DALI
SURREALISM	UMBERTO BOCCIONI	

Artistic Evolution III

```
X S S D N P R M U X F X N T F K A N B P Y
S A N U I C A M E G R O E G M T B V B D H
N L T G Z N G R L L G W D P J O W N M N V
N E U E W I L D E N S Z E N I O K X B J T
N X O O U K F P O S T M O D E R N I S M R
G A D E R I T G Y U P R A X S E H P R V A
H N X A X A F F L X Z U S L O H N F B E C
T D O Q G P C U E U U A A G M L G R S Y I
C E N W H E R U R L J I E S U N A O N P T
R R E U H N Z E A F D O I A O B L D A E E
V C W A R U G E S K G L A M E C R N M T N
F A M H U J F P A S A R Y F K L S E R E I
O D D X Y A O O R I U O U W L D C M H H O
H E I H E N V O O H P H N M Q T S I S A P
K R A O T A T Z T U C F K I Z Y A G Y L A
K L A N N O Z A C U N I S Y S F B R D L R
K S R X H C Q N I G E V P T Z M W J N E T
Z B T P A L Y M V F M A L O B M B U I Y H
A Q G O B Y R K E I T H H A R I N G C E D
B X A T Z S G R A F F I T I A R T W F B A
```

ALEXANDER CALDER	ANSELM KIEFER	CHUCK CLOSE
CINDY SHERMAN	FLUXUS	GEORGE MACIUNAS
GRAFFITI ART	JRG IMMENDORFF	KEITH HARING
KINETIC ART	NAM JUNE PAIK	NEO EXPRESSIONISM
NEO GEO	NEUE WILDEN	NEW MEDIA ART
OP ART	PETER HALLEY	PHOTOREALISM
POSTMODERNISM	VICTOR VASARELY	

Artistic Evolution IV

```
Y C T P O R T R A I T U R E X X T L H X Z F
G W S U Z G N G P A U L C E Z A N N E O W I
Y S U J K Q Z B A P J K I Y C N Z H P Y N R
E Q R W R H O D O R V M Q E D T E Q T J I V
P D E A L F N P E I S E T M D T F A R G T Q
A K M H C U M S D L I T U P M Q L Z A Y C M
C C A I U F A E I O B G I O Z L G C T F A I
S X T S T D O W V Y A N L A L K L K S G R W
D C I G I A X I E L G D T T L G E A I A T E
N P S Z R M T Z C A R E I S Z L N D N Y S D
A N M T R Y I B N I L O R K N O I O I E B U
L J X A X I T R A W N O G S J O G F M F A A
R Y O W M R O N M A X A I N A R C D E Z O L
T C O G D V Z Q R A C M A V U R S N F V E C
E U V S B X M T O K L O L O L N G F H N G E
F K N F J C O Q F N J E J O N L F E C O F N
G X H C N L K K R S T R V L M R I B N R J N
R L T R M G L M E N S C R I O B R E B J V A
Z N V K U P A B P I T R A T C A R T S B A E
A N Q D E H L Z Q J J R H D S H D W P E I J
R L E W E K A Z I M I R M A L E V I C H E Y
```

JEANNE CLAUDE	INSTALLATION ART	BILL VIOLA
VIDEO ART	JUDY CHICAGO	FEMINIST ART
JOAN JONAS	PERFORMANCE VIDEO	JOHN CONSTABLE
LANDSCAPES	PAUL CEZANNE	STILL LIFE
JOHN SINGER SARGENT	PORTRAITURE	KAZIMIR MALEVICH
ABSTRACT ART	PIET MONDRIAN	GEO ABSTRACTION
KASIMIR MALEVICH	SUPREMATISM	

Artistic Evolution V

```
A L E X A N D E R R O D C H E N K O F N P M B
C V F O V S V B I G A L C M J P Y E V Q A L W
D Q W Z G A Y L D J O H Q M V U O W M Z W S B
W D V C U E K I I L T M I L K V A T S U G P Q
F W E N S O C I A L R E A L I S M M V T A X H L
O A E E T Y W M N A T D B D S B O I G O R S P
F W G U A L U B A G E J M I K C G E P L D E L
G T M E V M N D C S O N L D G T R N I K N I D
B M P S K G S H T N S Y V E S R D N U E M V X
F F M A L O G I Y E K I P W I A C E C S G G F
W P Y C I G J C V A G Y A T Y Z W S J E R G G
E J O H M L D G N I A Z R N U A N E T H A A S
M B K L T C K D R A T I K A E A O S Z O C N S
C Y W I J D I S H A E C E V C R N E T G X P O
W T N C W N D L R T N V U J A Z M C T J M H X
I J R H S E N D V H U T R R X O C E D T R A L
Y Y P K U Z M E O O B E W U T F R S L P P A Q
Y B Y E A Z L Q N H M J D O Y S N S F R E U Q
K L S I H D F T E A B Q T C O L N I W G A Z E
V L K T U G R N K S A L G U O D N O R A A H A
G A U V A A R E V I R O G E I D X N C C J F X
Q E Z I H Z P K Z P C X U Y V J C Q A N L
M L E P Y A K C I P M E L E D A R A M A T J S
```

ALEXANDER RODCHENKO	CONSTRUCTIVISM	GERRIT RIETVELD
DE STIJL	WASSILY KANDINSKY	BAUHAUS
GUSTAV KLIMT	ART NOUVEAU	TAMARA DE LEMPICKA
ART DECO	GUSTAV KLIMT	VIENNESE SECESSION
OTTO DIX	NEUE SACHLICHKEIT	DIEGO RIVERA
SOCIAL REALISM	GRANT WOOD	AMERICAN SCENE
AARON DOUGLAS	HARLEM RENAISSANCE	

Artistic Evolution VI

```
I I E X H J G E O R A L S U R U S J T I V K W
Y T S H S K M I N I M A L I S M V M C M A V E
F E Q Y O K O O N O N W D X E Z Z R X M O P S
W D A Q B T X C O L O R F I E L D O G J C D K
T A E R J A Z C W V Y E V A X O S X U B H S R
Z S B L H Q K M N E O N D J X K T H A H A X O
E T M S D P I X D L R C I S A H M T G F R J W
W J J U T E H W Z J Z E K T L D E X G L M H
D E R X V R N Z C E O W N W R O O Y U M E E T
M C X U I F A H V T G E W C E R D T P U S L R
Y K D L I O A C D J J I O R G K L R Q Y S R A
M W K F E R J Y T H D N N E G R O A Z Y H Y E
A O R T D M L P D E C E B O U A G T Y Y E C D
H G L L Z A R I J E X R O Y V M G S E S E T G
A G O M C N D G P V E P K A B S N I C Y L I A
R N Y J L C P T F C I U R C R X I N V B E Q K
G H R A G E U J H L S K C E T T R I Q G R F S
N D A A L A B T A I G D X S S Z H M N T A I Z
A H M E L R C I C K I P Q G H S T E J B J Z Z
D K E A O T V R S K P P S L V Z I F P T I R Z
A P R E C I S I O N I S M C S X A O V P P T H
G T O A Y V D A N F L A V I N M F T N F W L I
U C K W I L L E M D E K O O N I N G Y Q T N D
```

ABSTRACT EXPRESSION	CHARLES SHEELER	COLOR FIELD
CONCEPTUAL ART	DAN FLAVIN	DAN GRAHAM
EARTHWORKS	FAITH RINGGOLD	FEMINIST ART
FLUXUS	GEORGE BRECHT	LAWRENCE WEINER
MARK ROTHKO	MINIMALISM	PERFORMANCE ART
PRECISIONISM	RICHARD LONG	VIDEO ART
WILLEM DE KOONING	YOKO ONO	

Artistic Evolution VII

```
H P Y M N M O J N H H Q V S H J O J P X D C
U N E W R E A L I S M M Y P X F F W P U Z S
I W J J Q F O J G Q Q G L F W B Q E J Q I T
U C G E G W Z P J X X V S O C J O M E H M
P G X T J A L H X N K T R A C I T E N I K D
L Y W M E L L A H P T N I A S E D I K I N Q
A G R G S K V Z T W R N N W O N N K J X Y J
F E J Y U I O T X W N E W T C I M G E X I U
J K T K S X N K R Z G W S H A T F K F U X Q
S U K B R K H R C T F R A S S V V S F F M R
L R L R A B N T E N J R A T I N B U K M V L
H N C I F F Z Z A R D D U R F D O U F O O E Y
D Q H D A A D B B A O E K H F V N Q O G F X
D N X G E N J Q V Q E M R N I I I N K Q H
X Z I E L C S I G T N S T R I U T A S R O O
F X P T S S E C A I J E T S Z P C I A M P G
X H I R O S Y R H W T U O E O R Y I A X A D
Y X O I T E T W C N A Z T G A P L D N R R K
P D E L O T A N U L A N L Y E D N H A L T M
F G R E G U R K A R A B R A B O E C E L V S
S U Q Y C P G R J A K O E B R X L V R V Z C
G M B U W P T T W U C C D L Q T Q P C C A L
```

NIKI DE SAINT PHALLE	NEW REALISM	JESUS RAFAEL SOTO
KINETIC ART	BRIDGET RILEY	OP ART
JEFF KOONS	NEOGEO	JULIAN SCHNABEL
NEO EXPRESSIONISM	BARBARA KRUGER	POSTMODERNISM
BANKSY	STREET ART	LADY PINK
GRAFFITI ART	CORY ARCANGEL	DIGITAL ART
CHAR DAVIES	VIRTUAL ART	

Hobby Hunt

```
B E A O T Z L N J B J E A G E A J I D R V Y S
V O H W S U L P G J X P C N X C A U V I J Y P
P Q T U A E S K G I U P L I H C T U F T Y H U
G N I T C A U K Z Z S G Q K Y Y H Y D H Y P D
S V H V B B F Q M A R E S O A S I R P R L A X
B P G M D A N C I N G P D O U M A A B A F R V
S N D G V U P P N T K Q X C R W R O Y C V G A
Q P R O G R A M M I N G F K I G N I R O L O C
X T W R H I F C R V P A P N O H N K A M X C W
L E O E N X S K X B K T G E Q G P I Z K C O B
N T N T B T L O W Z K B D N V T U A E H K H F
Y S I X A D Y V E J F I V I I C O A R F I P O
E N S L W F E E N D V R D L G T C M J G F A F
G N I D A E R S E N J E Q N I F C I G O O N D
V M U Y F M V E I S O V I I N J K E O H Z W O
I I F V H J E X G S G K G G L W I H S L S H I B
D Q W Q F R W E A J N S G N S F A F F L N V L
P L R J T C T M G I J P H K I Q J A Q J O P P
X M I L H C E M S A C P O E N T C L K Y S C I
L K T F H S S O T O H P G N I T I D E V M A V
E E I I A Q V U D G C O N Q E L W D U T Q V G
Y S N I O C G N I T C E L L O C Y H E K I H I
L G G R V T G E I R M Z D M T K N N T O K V L
```

ACTING	COLLECTING ANTIQUES	COLLECTING COINS
COLORING	COOKING	DANCING
DRAWING	EDITING PHOTOS	EDITING VIDEOS
GRAPHIC DESIGN	PAINTING	PHOTOGRAPHY
PLAYING VIDEO GAMES	PROGRAMMING	READING
SINGING	SKETCHING	VIDEOGRAPHY
WEB DESIGN	WRITING	

Made in United States
North Haven, CT
12 July 2023

38840861R00128